토론이 된다 논술이 된다

NIE 인성교육 — 토론 논술 프로그램

- 원리편 -

사□계절

이 책을 내면서

　성공하기 위해서는 EQ가 높아야 한다고들 말한다. IQ가 성공의 20%를 결정하면 EQ는 나머지 80%를 좌우한다고 한다. 인간 교육은 모름지기 지식 교육 못지않게 정서 함양에도 신경을 써야 한다는 점을 강조하고 있는 것이다.

　또 한편으로는 MQ 즉 도덕 지수를 높여야 한다고 주장하는 사람들이 있다. 감성 지능 이론가들도 감성 지능은 도덕 지능과 함께 개발되어야 한다는 것을 강조하고 있다. 다시 말해 건전한 도덕 판단이 없는 감성 지능은 눈이 먼 것이나 마찬가지란 이야기다. EQ나 MQ는 그 자체를 독립적으로 높이는 것보다는 상호 보완적으로 높이는 것이 바람직하다.

　인간은 지정의(知情意)를 골고루 개발해야만 온전한 인간이 된다는 점을 생각한다면, 교육이 학생들의 도덕성과 정서, 즉 인성을 함양하는 데도 관심을 기울여야 함은 당연한 이치다. **NIE 인성교육** 시리즈 '토론이 된다 논술이 된다'는 신문 자료를 활용하여 학생들의 인성을 효과적으로 함양할 수 있는 방안을 제시하고 있다.

　신문 활용 교육(NIE : Newspaper in Education)은 미국에서는 1970년대 이후부터 본격적으로 각급 학교에서 실시하여 좋은 반응을 얻고 있다. 유럽의 여러 나라에서도 현재 활발하게 실시하고 있고 일본에서도 1980년대 중반부터 실시해 오고 있다. 우리 나라에서는 신문 활용 교육이 최근에야 시작되어 '열린교육'의 한 방법으로서 확산되어 가고 있지만 아직 체계화나 전문화가 되어 있지 않은 실정이다.

　신문은 '살아 있는 교과서'로서 학생들의 흥미를 끌 수 있다는 점에서 교육 자료로 훌륭하다. 추상적이며 일반적인 개념을 주로 다루고 있는 교과서와 달리, 신문은 생동하는 우리 삶의 현실을 그대로 담고 있다.

　신문에 나타난 우리의 모습은 아름다울 수도 있고 그렇지 않을 수도 있다. 우리의 다양한 삶의 모습을 신문을 통해 확인하고, 그러한 삶의 모습들이 어떤 점에서 좋고 나쁜지를 학생들이 스스로 토론하고 논술함으로써 건전한 가치관과 아울러 바람직한 인성을 함양할 수 있다.

NIE 인성교육 시리즈 '토론이 된다 논술이 된다'의 1권은 원리편으로, 기초편인 2권과 완성편인 3권에서 문제를 해결하기 위한 원리와 방법을 제시하였다. 사례를 연구할 때 토론과 논술 기법이 적용되므로, 1권에서는 토론과 논술의 기초로서 여러 가지 논증 방식과 오류 피하는 법, 가치 판단과 논쟁의 해결 방법, 논술문 쓰는 법을 다양한 예와 함께 제시하였다. 그리고 여러 가지 신문 자료를 가지고 NIE 토론·논술 학습법을 설명하고 예시하였다.

2권과 3권은 최근에 신문에서 기사화되고 논의된 다양한 사회 · 윤리적인 문제를 제시하여 일정한 탐구 질문에 따라 토론과 논술을 할 수 있도록 워크북 형식으로 구성되어 있다. 탐구 질문의 순서에 따라 토론을 하면 논술은 어렵지 않게 할 수 있을 것이다.

2권과 3권이 같은 체제로 되어 있지만 주제의 난이도와 소재는 서로 다르다. 학생들은 각자의 수준에 맞춰 적절한 가치지를 선정해서 탐구해 나가면 될 것이다. 2권과 3권의 각 사례에는 '교수·학습을 위한 도움말'이 제시되어 있다. 학생들은 도움말을 보지 말고, 〈가치지〉만을 가지고 문제를 해결하려고 노력하기 바란다. 그렇게 해야만 스스로 생각하는 힘을 기를 수가 있을 것이다.

끝으로 이 책의 집필에 많은 도움을 준 한국교원대 학부생들과 대학원생들 그리고 졸업생들에게 고마움을 전한다. 좋은 아이디어를 많이 제공해 주신 김주성 교수와 신헌제 교수께 감사드린다. 출판을 맡아주신 사계절출판사 강 맑실 사장과 직원들에게도 감사드린다.

1997년 6월 저자 씀

학부모님과 선생님께

이제 사람 만드는 교육을 해야 합니다

요즈음 우리 사회는 입시 위주의 교육으로 인해 아이들에 대한 인성 교육은 소홀히 하고 있습니다. TV에서 입시 교육 방송을 하는 나라는 우리 나라밖에 없다고 합니다. 가정에서는 자녀가 어찌 됐든 대학만 가주면 효도가 되고 소위 일류 대학만 들어가면 최고의 효도인 것처럼 생각합니다. 자녀가 버릇없이 굴어도 꾸중을 하면 혹시나 공부를 안 하고 딴 짓을 하지 않을까 해서 뭐든지 다 들어주려고 합니다. 그 결과 우리 청소년들은 무절제하고 버릇없고 남을 생각할 줄 모르는 이기주의적인 심성을 기르게 됩니다.

이제는 가정이나 학교에서 사람 만드는 교육을 해야 합니다. 몇몇 학교나 몇몇 가정에서가 아닌 모든 학교와 모든 가정이 공동으로 노력해야만 인성 교육은 성공할 수 있습니다.

그런데 많은 학부모와 교사들은, 취지는 좋지만 여건상 인성 교육은 입시 준비에 방해가 된다고 생각합니다. 그리고 가정이나 학교에서는 입시 준비 때문에 인성 교육에는 미처 신경 쓸 겨를이 없다고들 말합니다.

신문으로 두 마리의 '토끼'를 잡을 수 있습니다

인성을 함양하면서 동시에 입시 준비를 하는 방법이 있습니다. 그것은 바로 신문을 활용하는 방법입니다.

대학 입시 논술 문제들의 상당 부분이 시사적인 문제이며 인성 교육과 관련되어 있습니다. 그것은 대입 시험에 논술을 도입한 취지 중 하나가 학생들의 인성을 함양하는 것이었기 때문에 당연한 것인지도 모릅니다. 그리고 인성을 함양하기에 좋은 방법 중 하나는 신문을 보게 하는 방법입니다. 그래서 실제로 신문 기사 내용을 제시하고 논술을 하도록 하는 대학도 있습니다.

앞으로 더욱 비중이 높아지게 될 대입 면접 시험에서도 신문에 자주 기사화되는 시사적인 문제에 대하여 가치 판단을 요구하는 질문을 던지는 경우가 많습니다. 그리고 면접 시험은 도덕성이나 인성을 알아보는 시험이 되어야 한다고 주장하는 사람들도 있습니다. 수학능력시험에서도 언어 영역과 사회탐구 영역에서는 시사적인 문제가 다수 출제됩니다.

따라서 학부모는 자녀의 대학 입시 준비를 위해서도 인성 함양과 관련되는 신문 기사나 사설, 칼럼, 시평, 독자 의견 등을 읽고 비판적으로 생각해 보도록 유도하는 것이 좋습니다. 자녀의 입시 준비를 위해서뿐만 아니라 인성 교육을 위해서도 각 가정에서는 권위 있는 신문을 적어도 한 종류, 수험생을 둔 가정에서는 가능하면 두 종류 정도는 구독하도록 하고, 자녀가 아무리 학교 공부에 바쁘더라도 매일 적어도 20분 정도는 신문을 읽도록 하는 것이 좋습니다.

이제는 학생 중심의 '열린교육'을 해야 합니다

각종 정보가 폭발적으로 쏟아지는 요즈음의 정보화 시대에 여전히 교과서에만 매달려 주입식으로 학생들을 가르치고 있을 수는 없습니다. 방대한 자료와 정보를 학생 스스로 찾아 주어진 문제를 해결할 수 있는 능력을 길러주는 것이 중요합니다.

선진국과 비교하면 우리 나라 학생들의 독서량은 정말 보잘것 없습니다. 단순히 교과서와 그것에 딸린 문제 풀이용 참고서 몇 권 정도일 뿐입니다. 우리 청소년들의 독서량과 질을 놓고 보면 우리 나라가 선진국의 대열에 같이하기란 정말 어렵다고 봅니다.

이제는 정보화 시대입니다. 정보화 시대에는 다양한 자료와 정보를 스스로 찾아 활용할 줄 아는 능력이 요구됩니다. 다양하고 풍부한 최신 자료와 정보를 얻을 수 있는 가장 손쉬운 길은 신문 활용입니다. 신문 활용은 인터넷을 통해 이전의 신문 기사나 문제되는 주제를 찾아 이용할 수도 있기 때문에 편리합니다.

물론 각 신문사는 신문을 활용하는 열린 인성 교육이 가능하도록 기사 내용의 선정과 작성 그리고 편집에 신경을 써주면 좋을 것입니다.

1997년 6월 저자 씀

1부 학생을 위한 지침

도덕 수준 알아보기

1. 의식은 행동으로 나타난다

"의식은 행동으로 나타난다"는 말이 있다. 평소에 생각하는 것이 행동으로 나타나게 된다는 말이다. 평소에 남을 위해 좋은 일을 해야겠다고 생각하는 사람은 남을 위해 좋은 행동을 잘한다. 반면 평소에 자기밖에 모르는 이기적인 생각을 하는 사람은 이기적인 행동을 보이게 마련이다.

물론 행동은 굳어진 습관에서 나올 수도 있다. 나쁜 습관은 빨리 고치는 것이 좋을 것이다. 예를 들면 식사할 때 쩝쩝거리며 먹는 습관이라든가, 늦잠 자는 습관이라든가, 부모에게 대드는 습관 등은 좋은 습관이라고 볼 수 없다. 잘못된 습관을 고치기 위해서는 부모의 도움이 필요하기도 하지만, 여러분 자신의 의식 또한 바뀌어야만 한다.

개인의 행동에 대한 도덕적인 평가는 그의 윤리 의식 수준 또는 도덕 판단 수준에 따라 다르게 내려진다. 여기에 어려운 사람을 도와주는 두 사람이 있다고 하자. 한 사람(갑)은 인심을 얻어 반장 선거에서 당선될 속셈으로 도와주고, 다른 한 사람(을)은 아무 대가 없이 그저 어려운 사람을 도와야 한다는 의무감에서 도와준다고 할 때, 두 사람의 행동이 똑같은 정도로 평가되어야 할까?

갑은 어려운 사람을 도와줘도 반장에 당선될 것 같지 않다고 판단하면 도와주지 않을 것이다. 즉, 자기에게 이익될 게 없다고 판단하면 도와주지 않는다는 말이다. 그런 점에서 갑의 행동은 오로지 도덕적인 의무감 때문에 도와주는 을의 행동과는 다르게 평가되어야 할 것이다. 행동에 대한 평가는 그렇게 행동하는 사람의 의식이나 판단에 의해 달라진다는 것을 이제 알 수 있을 것이다.

2. 나의 도덕 수준은 얼마인가

수학 시험 시간이다. 주관식 한 문제가 아무리 해도 풀리지 않는다. 어제 저녁에 한 번 풀어봤는데 해법이 좀처럼 떠오르지 않는다. 시간이 다 되어간다. 그런데 그 문제를 풀던 연습장이 쉽게 손닿는 곳에 있다. 감독 선생님의 눈도 피할 수 있다. 이 시험은 내신 성적에 반영되는 중요한 시험이다.

여러분은 어떻게 하겠습니까? 솔직하게 답변하기 바랍니다.

답변 : ____

이유 : ____

도덕 발달 이론가이며 하버드대 교수였던 콜버그(Kohlberg)는 사람이 성장하면서 도덕 판단 능력이 1단계부터 6단계까지 발달해 간다고 주장했다. 도덕 발달 이론가들은 높은 단계에서 판단하는 사람일수록 도덕적 행동을 하는 경향이 높다고 주장한다.

만약 발각되어 처벌받을 위험성이 전혀 없다는 것이 확실하다면 부정 행위를 하겠다고 말할 수도 있다. 또는 감독 선생님의 눈을 피할 수 있다 해도 만에 하나 발각되면 선생님으로부터 매를 맞는 등 신체적 고통을 받을 수 있기 때문에 부정 행위를 안 하겠다고 말할 수도 있다. 이처럼 처벌과 신체적 고통의 회피를 판단과 행동의 이유로 삼으면 1단계 사고를 하는 것이다.

선생님으로부터 매맞는 것을 걱정하기보다는, 발각될 경우 내신상의 불이익을 받을까봐 부정 행위를 하지 않겠다고 말하는 학생도 있다. 또는 내가 부정 행위를 함으로써 상대적으로 다른 학생의 내신이 불리해져도 나의 내신만 높이면 된다고 생각하고 부정 행위를 할 수도 있을 것이다. 이처럼 남이야 어떻게 되든 자기 이익만을 생각하는 이기주의적 사고는 2단계 사고이다.

선생님에게 발각되지 않아도 옆의 친구들이 보고 나서 나를 "부정 행위 잘하는 놈이야"라고 놀려댈까봐 하지 않을 수도 있을 것이다. 이처럼 소속 집단으로부터의 따돌림을 두려워하거나 다른 사람이 나를 어떻게 보느냐에 신경을 쓴다면 3단계 사고를 하는 것이다.

처벌에 상관없이, 나에게 이익이 되느냐 안 되느냐에 상관없이, 다른 사람이 나를 어떻게 보느냐에 상관없이, 부정 행위를 하는 것은 일종의 속임수이며 교칙에도 어긋나기 때문에 무조건 해서는 안 된다고 생각하고 안 할 수도 있을 것이다. 이처럼 오로지 법이나 사회 규범에 어긋나는 짓을 해서는 안 된다고 생각하는 것은 4단계 사고이다.

단순히 교칙이나 사회 규범에 어긋나기 때문이 아니라, 부정 행위가 사회에 보편화되면 사회 구성원들이 살기 힘들게 될 것이라고 아주 넓은 시야에서 생각하고 부정 행위를 안 할 수도 있을 것이다. 이처럼 어떤 행위가 사회 전체에 미치는 결과를 고려하는 공리주의적 사고를 하거나, 아니면 다른 사람의 기본적인 인권을 침해해서는 안 된다고 생각하고 그에 따라 행동한다면 이는 5단계 사고이다.

마지막으로 6단계 사고는 극히 일부의 철학자들에게나 나타나며, 보통 사람들에게는 별로 나타나지 않는다고 한다. 6단계 사고의 인간은 모든 사람들이 다 받아들일 수 있는 보편적인 정의 원리에 따라 공평하게 사고하고 행동한다.

이처럼 단계가 올라갈수록 생각하는 대상의 범위가 넓어진다. 즉, 단계가 올라갈수록 자기만을 생각하는 단계에서 벗어나 소속 집단, 사회, 국가, 그리고 모든 인간으로 그 대상이 확대되어 간다.

자 그렇다면, 위에서 여러분이 제시한 답변과 이유에 비추어볼 때 여러분의 도덕 판단 수준은 몇 단계인가요? (여기서 주의할 것은 단계는 부정 행위를 하느냐 안 하느냐에 따라서 결정되는 것이 아니라, 그런 행동을 하거나 안 하는 이유에 따라 결정된다는 점이다.)

물론 단 하나의 사례만을 가지고 여러분이 언제나 위와 같은 단계에서 사고를 한다고 단정하기는 어려울 것이다. 그러나 대부분의 경우에 위와 같은 단계에서 사고를 한다면 여러분은 평소에 그 단계에서 사고하고 행동한다고 봐야 할 것이다.

미국 등 선진국 국민들은 준법 정신이 강한 것으로 보아 대체로 4단계적 사고를 한다고 생각된다. 우리 나라 사람들은 법을 지키는 것보다 대체로 체면과 염치를 중시하며 좋은 인간 관계를 맺는 데 신경을 많이 쓰는 것으로 보아 3단계적 사고가 강하다고 볼 수 있다.

물론 3단계적 사고와 행동이 좋은 점도 있긴 하지만 그 부작용도 심각하다고 생각된다. 요즈음 우리 사회에서 말썽이 되고 있는 허례허식 · 과소비 현상이나 부정부패 현상이 바로 그러한 부작용이라고 볼 수 있다. 우리 나라 사람들이 특히 학연이나 혈연, 지연 관계를 따지는 것도 3단계적 사고에서 비롯된 태도이다.

우리 나라가 선진국이 되려면 대부분의 국민들이 법과 사회 규범을 중시하는 4단계 이상의 사고와 행동을 해야 한다. 물론 누구보다도 여러분들이 먼저 그러한 사고와 행동을 할 수 있도록 노력해야 할 것이다.

콜버그의 도덕 발달 단계를 다시 정리해 보면 다음과 같다.

콜버그의 도덕 발달 단계

1단계 : 처벌, 신체적 고통의 회피.

2단계 : 이기주의적 사고. 손해 날 짓은 하지 않음.

3단계 : 소속 집단으로부터 인정받으려고 함. 타인의 시각을 염두에 둠.

4단계 : 법이나 사회 규범을 중시함.

5단계 : 최대 다수의 최대 행복 추구(공리주의). 기본적 인권의 존중.

6단계 : 보편적 정의 원리에 따름.

🐢 다음은 몇 단계 도덕 판단을 하고 있는지 말해 보세요.

① 여기서 담배 피우면 안 돼. 선생님께 들켜 혼날라.　　　　＿＿단계

② 네가 도와주지 않으면 나도 안 도와줄 거야.　　　　＿＿단계

③ 길에다 쓰레기를 버리면 벌칙금을 물게 될 거야.

　그러니까 안 버리는 게 좋겠다.　　　　＿＿단계

④ 엄마, 나 아디다스 운동화 사줘요.

　친구들은 다 신고 다닌단 말이에요.　　　　＿＿단계

⑤ 교통 법규를 잘 지켜야 해.

　모두가 자기 편한 대로 법규를 위반한다고 생각해 봐.

　이 사회가 어떻게 되겠어.　　　　＿＿단계

⑥ 화장실에 낙서를 하면 안 돼.

　공공 시설을 아껴야 한다는 규칙은 형식으로 있는 게 아니야.　　　　＿＿단계

⑦ 우리 주변의 굶주린 사람들을 돌봐야 하겠지만, 아프리카 대륙의

　굶주린 사람들에게도 도움의 손길을 내밀어야 한다고 생각해.　　　　＿＿단계

해답 ① 1단계　② 2단계　③ 1단계　④ 3단계　⑤ 5단계　⑥ 4단계　⑦ 6단계

토론과 논술의 기초 1
— 연역 추론과 귀납 추론 —

　　토론과 논술은 어떤 근거를 가지고 주장을 펼치는 언어 활동이다. 토론은 두 사람 이상이 근거를 제시하면서 자기 주장을 상대방에게 정당화하는 상호 작용의 활동인 데 반해, 논술은 근거를 제시하면서 자기 주장을 읽는 사람에게 일방적으로 정당화하는 개별적인 활동이다.

　　토론과 논술은 근거를 가지고 주장을 논리적으로 뒷받침하기 때문에, 근거와 주장 간에는 논리적인 연관성이 있어야 한다. 이 경우 근거에서 주장에 이르는 과정은 논리적 추론의 과정이다.

　　논리적 추론은 연역 추론과 귀납 추론으로 나눌 수 있다.

1. 연역 추론

　　연역 추론은 근거(전제)가 주장(결론)을 필연적으로 뒷받침해 주는 추론이다. 즉 타당한 연역 추론에서는 근거 또는 전제가 참이라면 그 주장 또는 결론도 필연적으로 참이 될 수밖에 없다.

1) 직접 추론

　　다른 명제의 매개를 통해 추론하는 삼단 논법(간접 추론)과는 달리, 직접 추론은 한 명제에서부터 다른 명제를 직접 이끌어내는 추론이다. 직접 추론에는 여러 가지가 있으나 토론과 논술에서 자주 이용되는 이환법(대우)만을 살펴보기로 한다 (* 직접 추론의 다른 형태, 즉 명제의 반대 관계, 모순 관계, 환위, 환질 등에 관해서는, 『논리와 가치탐구』 1권 「논리」, 조성민 · 정선심 지음, 철학과 현실사를 참고할 것).

　　"모든 인간은 죽는다"가 참이라면, 그것의 이환 명제인 "죽지 않는 존재는 비인간이다"도 참이다. 주어진 명제 가운데 술어의 모순 개념을 주어로 삼고 주어의 모순 개념을 술어로 삼으면 그 명제의 이환 명제가 된다("모든 비인간은 죽지 않는다"
는 '모든 인간은 죽는다'의 이환 명제가 아니다).

"어떤 존재가 인간이라면 그것은 죽는다"와 같은 조건 명제는 마찬가지 방식으
로 "어떤 존재가 죽지 않는다면 그것은 인간이 아니다"로 바꿀 수 있다. 이들 조건
명제의 관계는 특히 '대우'라고 일컫는다(수학의 '대우'를 상기할 것).

🐸 다음 명제를 이환법(대우)을 이용하여 바꾸어보시오.

(1) 정의로운 사회는 법을 잘 지키는 사회이다.
(2) 다른 사람을 잘 도와주는 사람은 도덕성이 높은 사람이다.
(3) 자신을 이길 줄 모르는 사람은 큰사람이 될 수 없다.
(4) 젊어서 고생하면 어른이 되어 편히 산다.
(5) 꿈을 크게 갖는 자만이 성공할 수 있다.

해답

(1) 법을 잘 지키지 않는 사회는 정의로운 사회가 아니다.
(2) 도덕성이 높지 않은 사람은 다른 사람을 잘 도와주지 않는다.
(3) 큰사람이 될 수 있는 사람은 자신을 이길 줄 안다.
(4) 어른이 되어 편히 살지 못하는 사람은 젊어서 고생한 사람이 아니다.
(5) 꿈을 크게 갖지 않는 사람은 성공할 수 없다.

("A만이 B이다"의 형식은 "A는 B이다"가 아니라 거꾸로 "B는 A다"라는 점에 주의할
필요가 있다. "B는 A다"는 이환에 의해 "A가 아니면 B가 아니다"로 고칠 수 있다. "꿈
을 크게 갖는 자만이 성공할 수 있다"는 "성공할 수 있는 사람은 꿈을 크게 갖는다" 또
는 그것의 이환 명제인 "꿈을 크게 갖지 않는 사람은 성공할 수 없다"와 같은 명제이다.)

이와 같이 이환법을 이용할 줄 알면, 토론이나 논술을 하면서 같은 내용을 반복
할 필요가 있을 때 다른 말로 자유롭게 표현할 수 있다.

특히 논리적으로 정확하게 써야 하는 논술에서는 위와 같이 명제의 논리적 특성
을 정확하게 이해하고 있어야만 독자들에게 자신의 생각을 정확하게 전달할 수 있
다. 그렇지 않아서 독자들에게 혼란을 주는 경우가 가끔 있다.

예를 들면, 어떤 글에서 "꿈을 크게 갖는 자만이 성공할 수 있다"고 앞에서 말하
고 나서 나중에 "꿈을 크게 갖는 자는 성공할 수 있다"고 말한다면, 필자가 정확하

게 말하려고 하는 것이 무엇인지 알 수 없다.

"꿈을 크게 갖는 자만이 성공할 수 있다"는 명제를 나중에 같은 말로 되풀이 하지 않으면서 그 내용을 전달하려고 할 때에는, "꿈을 크게 갖지 않는 자는 성공할 수 없다" 또는 "성공할 수 있는 사람은 꿈을 크게 갖는다"고 말해야 한다.

"A는 B이다"를 "B는 A다"로 바꾸게 되면 뜻이 달라질 수밖에 없다. "사람은 동물이다"를 "동물은 사람이다"로 바꿀 수는 없지 않은가!

2) 삼단 논법

삼단 논법은 다음과 같이 세 개의 명제로 구성되어 있는 연역 추론이다.

모든 사람은 죽는다. (대전제)
김복동은 사람이다. (소전제)
그러니까 김복동도 죽는다. (결론)

위의 추론에서 "모든 사람은 죽는다"가 참이고, "김복동은 사람이다"가 참이라면 "김복동도 죽는다"는 참이 될 수밖에 없다.

여기서는 연역 추론의 형식 가운데 토론과 논술에서 자주 쓰이고 잘 알려져 있는 전건 긍정식과 후건 부정식 그리고 전제나 결론이 생략된 생략 논법에 대해서만 설명하겠다(추론에 관한 더 자세한 설명은, 『논리와 가치탐구』 1권 「논리」를 참고할 것).

(1) 전건 긍정식

전건 긍정식은 조건 명제('p이면 q이다')의 전건(p)을 긍정해서 후건(q)을 결론으로 이끌어내는 다음과 같은 추론 형식을 지니고 있다.

p이면 q이다.
p이다.
따라서 q이다.

위의 형식에 맞는 몇 개의 예를 들면 다음과 같다.

a. 그것이 고양이라면 죽는다.   (p이면 q이다)

   그것은 고양이다.   (p이다)

   그러니까 그것은 죽는다.   (따라서 q이다)

b. 거짓말하는 것은 옳지 않다.

   너는 거짓말을 했다.

   따라서 너의 행위는 옳지 않다.

c. 범법 행위자들을 법에 따라 처벌하지 않으면 사회 질서가 유지되기 어렵다.

   사법 당국은 범법 행위자들을 법에 따라 처벌하지 않았다.

   따라서 사회 질서가 유지되기 어렵다.

d. 학생이 교칙을 위반한 경우에만 학교는 처벌을 내린다.

   철수는 교칙을 위반하지 않았다.

   따라서 철수는 처벌을 받지 않는다.

("교칙을 위반한 경우에만 학교는 처벌을 내린다"는 명제는 "학생이 교칙을 위반하지 않으면 학교는 처벌을 내리지 않는다" 또는 이것의 이환 명제인 "학교가 처벌을 내리면 학생은 교칙을 위반한 것이다"와 똑같은 명제라는 것을 유념할 필요가 있다. 만약에 "학교가 처벌을 내리면 학생은 교칙을 위반한 것이다"로 바꾸면 나중에 검토하게 될 후건 부정식이 된다. 어떤 형태로 바꾸든 타당한 연역 추론이 된다.)

전건 긍정식을 다음의 후건 긍정의 오류와 혼동하면 안 된다.

그것이 고양이라면 죽는다.
그것은 죽는다.
그러니까 그것은 고양이다.

위의 추론은 후건(죽는다)을 긍정하고 전건(그것은 고양이다)을 결론으로 이끌어 낸 것이다. 그러나 이것이 오류라는 것을 쉽게 알 수 있다. 왜냐하면 전제를 모두 받아들인다 할지라도 결론이 반드시 귀결되어 나오는 것은 아니기 때문이다. 원숭이나 다람쥐도 죽지만 고양이가 아니다. 위와 같이 논증의 형식 때문에 생기는 오류를 다음에 우리가 III장에서 다루게 될 '비형식 오류'와 구별하여, '형식적 오류'라고 한다.

이제 전건 긍정식이 실제 주장이나 논증에서 어떻게 이용되고 있는지를 구체적인 사례를 통해서 알아보기로 한다.

> ① 나는 오늘 수학 시간에 문제를 풀지 못해서 종아리를 10대 맞았다. ② 물론 선생님이 학생을 올바로 지도하기 위해 매를 들 수 있다고 생각한다. ③ 하지만 체벌은 나쁜 행동을 했을 때에만 가해져야 한다고 생각한다. ④ 그런데 나의 머리가 나빠 수학 문제를 풀지 못한 것도 나쁜 행동이라고 할 수 있을까? ⑤ 하여간 나는 억울하다는 느낌을 지울 수 없다.
>
> 중3 여학생의 일기 중에서

위의 글에서 ①은 문제 제기를 하기 위한 문장이고, ②는 반대 입장에서 제기할 수 있는 반론을 미리 차단함으로써 자신의 입장을 좀더 설득력 있게 보이도록 하기 위한 문장이다. 필자는 ③과 ④를 근거로 해서, ⑤ 즉 "나는 억울하다는 느낌을 지울 수 없다"를 주장하고 있다. 다시 말해 필자는 결국, "수학 문제를 풀지 못했다는 이유로 선생님이 나에게 체벌을 가한 것은 옳지 않다"는 것을 주장하고 있는 것이다.

위의 글 가운데 ③, ④, ⑤를 논리적으로 분석해 보면 다음과 같은 전건 긍정식이 된다.

③ 체벌은 나쁜 행동을 했을 때에만 가해져야 한다.
　(나쁜 행동을 하지 않았으면 선생님이 체벌을 가해서는 안 된다.)
④ 수학 문제를 풀지 못한 것은 나쁜 행동을 한 것이 아니다.
⑤ 따라서 수학 문제를 풀지 못했다는 이유로 선생님이 나에게 체벌을 가한 것은 옳지 않다.

> "옛날 어느 왕국에서 밀밭 농사가 풍년이 들었는데 한 무리의 탕아들이 말을 타고 와 밀밭을 쑥대밭으로 만들어놓자 그 나라 왕은, ① '다시 한 번 이런 일이

있으면 그 사람의 두 눈알을 빼놓겠다'고 약속했다. 그런데 얼마 후 ②'다시 그 런 일이 발생했는데 범인은 알고 보니 왕의 아들이었다. 왕은 ③'약속을 지켜야 하지 않겠느냐'고 했으나 주변의 신하들은 '어떻게 아들의 눈을 뽑느냐'고 반대 했다. 왕은 고민 끝에 자신의 오른쪽 눈과 아들의 왼쪽 눈을 뽑았다."

　　현 시국을 타개하기 위해선 김 대통령 본인의 희생도 필요하다는 고언을 한 것으로 풀이되는 대목이다.

중앙일보, '조용기 · 김장환 목사 청와대 찾아 시국 논의', 1997. 3. 28

🦁 위에서 전건 긍정식을 추려내면 다음과 같다.

① 다시 한 번 그런 일을 하면 그 사람의 두 눈알을 빼놓겠다.

② 왕자가 다시 그런 일을 했다.

③ 따라서 왕자의 두 눈알을 빼놓겠다.

(2) 후건 부정식

후건 부정식은 조건 명제('p이면 q이다')의 후건(q)을 부정해서 전건(p)의 부정 을 결론으로 이끌어내는 다음과 같은 추론 형식을 지니고 있다.

p이면 q이다.
q가 아니다.
따라서 p가 아니다.

위의 형식에 맞는 몇 개의 예를 들면 다음과 같다.

a. 컴퓨터 게임에 몰두하는 사람은 눈이 나빠진다.　　　　(p이면 q이다)
　 복동이는 눈이 나쁘지 않다.　　　　　　　　　　　　　(q가 아니다)
　 그러니까 복동이는 컴퓨터 게임에 몰두하지 않았다.　　(따라서 p가 아니다)

("컴퓨터 게임에 몰두하는 사람은 눈이 나빠진다"와 같은 전칭 명제는 조건 명제의 성 격을 갖는다. 그것은 "컴퓨터 게임에 몰두하면 눈이 나빠진다"는 조건 명제로 고칠 수 있다. 그러나 "컴퓨터 게임에 몰두하는 일부의 사람은 눈이 나빠진다"와 같은 특칭 명 제는 조건 명제로 고칠 수 없다. 이에 대한 더욱 자세한 설명은 『논리와 가치탐구』1 권 「논리」를 참고할 것.)

b. 그 사람이 범인이라면 범행 당시 서울에 있었어야 한다.

그런데 그는 그 시간에 미국에 있었다.

따라서 그는 범인이 아니다.

c. 사회 질서를 유지하려면 범법 행위자들을 법에 따라 처벌해야 한다.

사법 당국은 범법 행위자들을 법에 따라 처벌하지 않았다.

따라서 사회 질서를 유지하기 어렵다.

d. 어떠한 경우에도 거짓말을 해서는 안 된다고 한다면, 악의가 없는 거짓말도 해서는
안 될 것이다.

그러나 분위기를 부드럽게 하기 위해 악의 없이 거짓말을 하는 것은 나쁘다고 볼 수
없다.

따라서 어느 경우에나 거짓말을 해서는 안 된다는 말은 타당하지 않다.

(경우에 따라 거짓말을 할 수도 있다.)

후건 부정식은 상대방의 주장을 반박할 때 자주 사용하는 논법이다. 그런데 후건 부정식을 다음과 같은 **전건 부정의 오류**와 혼동하면 안 된다.

컴퓨터 게임에 몰두하면 눈이 나빠진다.
복동이는 컴퓨터 게임에 몰두하지 않는다.
그러니까 복동이는 눈이 나쁘지 않다.

이 추론은 소전제(두번째 전제)가 대전제(첫번째 전제)의 전건을 부정하여 후건의 부정을 결론으로 이끌어내고 있다. 복동이가 컴퓨터 게임에는 몰두하지 않아도 책을 너무 많이 읽거나 TV를 지나치게 오래 시청하면 눈이 나빠질 수 있을 것이다. 따라서 복동이가 컴퓨터 게임에 몰두하지 않는다고 해서 반드시 눈이 나쁘지 않다고 결론을 내릴 수는 없다. 위와 같은 형식을 갖는 모든 논증은 오류를 범하게 되는데, 이 경우의 오류를 **전건 부정의 오류**라고 한다.

이제 후건 부정식이 실제의 주장이나 논증에서 어떻게 사용되고 있는지를 구체적인 사례를 통해서 알아보기로 한다.

> ① 도덕이 필요 없을 정도로 모든 사람이 서로 사랑한다면 그건 아름다운 세상일 것이오. ② 하지만 냉엄한 현실은 우리가 그런 세상에 살고 있지 않다는 점이오. ③ 그러므로 도덕이 필요한 것이오.
>
> 『도란 무엇인가』

① 도덕이 필요 없다면 이 세상은 아름다울 것이다.

② 이 세상은 아름답지 않다.

③ 따라서 도덕이 필요하다.

> ① 원장님께서 원장님이 생각하시는 천국을 이 소록도에 만드신다면 그것은 섬 밖에 있는 사람들의 천국일 뿐입니다. ② 겉으로만 아름다울 뿐, 거기에 그것을 누리고자 하는 사람들(나환자들)의 선택은 들어가 있지 않습니다. ③ 하지만 진정한 천국이라면 그것을 누리고자 하는 사람에게 먼저 선택이 있어야 할 것이고, 적어도 어느 땐가는 더 나은 자기 생의 실현을 위해 그 천국을 버릴 수도 있어야 할 것입니다.
>
> 이청준, 『당신들의 천국』

윗글에서는 ①이 주장(결론)이고, ②와 ③은 그것을 뒷받침해 주는 근거이다. 위의 추론을 간추리면 다음과 같다.

③ 진정한 천국이라면 그것을 누리고자 하는 사람의 선택이 있어야 한다.

② 그런데 원장이 만들려는 소록도는 나환자들의 선택이 들어가 있지 않다.

① 따라서 원장이 만들고자 하는 소록도는 나환자들의 진정한 천국이 아니다.

  (그것은 소록도 밖의 육지 사람들의 천국일 뿐이다. 나환자들을 소록도에 가두어놓고 다른 곳으로 나가지 못하게 하기 때문에 소록도 밖의 사람들, 즉 나환자 아닌 사람들에게는 좋다.)

> 강원도 모 초등학교에서 학급 반장을 '으뜸 도우미', 분단장을 '해바라기 도우미' 등으로, 또 주번은 '생활 도우미'로 바꾸기로 했다고 8월 31일자 29면은 보도하고 있다. 도우미란 낱말은 아직 큰 사전에도 미등재인 신조어지만 조어술이 슬기롭고 발음도 고운데다가 새 이름과 함께 처음 등장한 88올림픽의 여성 도우미의 인상이 좋아서 퍽 친근감을 주는 낱말이긴 하다.
>
> 그런데 이렇게 개명한 이유가 반장, 분단장, 주번의 호칭이 일제 시대부터 사

용해 온 명칭이어서 비교육적이라고 판단한 결과, 왜색 문화를 청산하고 효율적
인 인성 교육을 위해서였다는 데는 어쩐지 씁쓸하고 어색하다.

　왜색 청산이란 말만 사용하면 명분이 선다는 단세포적인 사고는 이제 고쳐야
한다. 자동차도 따지고 보면 일제 명사다. 중국에선 자동차는 기차(汽車)다. 그래
서 자동차란 말도 바꾸어야 하는가. 한자의 종주국인 중국에서도 일제 용어인
철학(哲學), 사회(社會) 등 허다한 용어를 그냥 사용하고 있다. 출처가 일본이라고
해서 바꾸기만 하면 애국이 된다는 생각은 잘못된 국수주의나 편협한 반일 교육
의 탓일 수도 있다.

조선일보, '옴부즈맨 통신', 1996. 9. 5

위에서 전개한 논증을 간추리면 다음과 같다.

① 일제 시대부터 사용해 온 명칭이라고 해서 바꿔야 한다면, '자동차' '철학'
'사회' 등의 명칭도 바꿔야 할 것이다. ② 왜냐하면 '자동차' '철학' '사회' 등의
말들은 일제 시대부터 사용해 온 용어들이기 때문이다. ③ 그런데 이와 같은 용어
들을 꼭 바꿀 필요는 없을 것이다. ④ 따라서 일제 시대부터 사용해 온 명칭이라고
해서 꼭 바꿔야 할 필요는 없는 것이다.

① 일제 시대부터 사용해 온 명칭이라고 해서 바꿔야 한다면, '자동차' '철학' '사회'
　등의 명칭도 바꿔야 할 것이다.
③ '자동차' '철학' '사회' 등의 명칭을 꼭 바꿀 필요는 없다.
④ 따라서 일제 시대부터 사용해 온 명칭이라고 해서 꼭 바꿀 필요는 없다.

이것은 후건 부정식이다. 그러나 ①은 ②에 의해 지지되고 있으므로 실제로는
①과 ②로 구성되는 또다른 논증이 선행한다. 위의 논증은 다음의 도식이 보여주
는 바와 같이 실제로는 두 개의 논증으로 구성된 연쇄 논법이다.

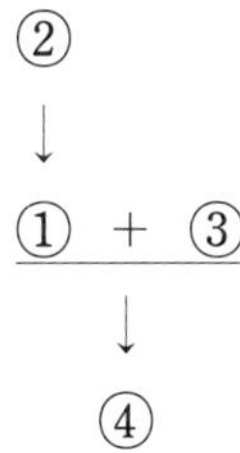

(3) 생략 논법

실제로는 완전한 형식의 삼단 논법보다 전제나 결론이 생략되는 생략 논법을 더 많이 사용한다. 생략 논법은 삼단 논법의 전제 중 하나를 생략하거나 아니면 두 전제를 제시하면서 결론을 생략하는 두 가지 경우로 나눌 수 있다(* 생략 논법은 직접 추론이 아니다. 그리고 생략 논법은 연역 추론에만 적용된다).

"창섭이는 부정 행위를 했기 때문에 처벌받아야 한다."

이 추론은 "부정 행위를 한 사람은 처벌받아야 한다"는 전제를 생략하고 있다. 완전한 삼단 논법은 다음과 같다. 이것은 전건 긍정식의 생략 논법이다.

(부정 행위를 한 사람은 처벌받아야 한다.) ― (생략된 전제)
창섭이는 부정 행위를 했다.
따라서 창섭이는 처벌받아야 한다.

"오늘 담배를 피운 애들은 모두 변소 청소를 했는데, 영석이는 변소 청소를 하지 않았다."

이 추론은 "영석이는 오늘 담배를 피우지 않았다"는 결론을 생략하고 있는 후건 부정식이다. 완전한 삼단 논법은 다음과 같다.

오늘 담배를 피운 애들은 모두 변소 청소를 했다.
영석이는 변소 청소를 하지 않았다.
(따라서 영석이는 오늘 담배를 피우지 않았다.) ― (생략된 결론)

🚩 다음의 생략 논법에서 생략된 전제나 결론을 보충해 보시오.
① 약물 남용은 옳지 않다. 그것은 건강을 해치는 행위이다.
② 동성동본 금혼 제도는 인권을 침해한다. 그러니까 그것은 철폐해야 한다.
③ 인간이 신의 영역을 침범하면 안 되기 때문에 동물 복제를 해서는 안 된다.
④ 능력 있는 자만이 미인을 아내로 맞이할 수 있다. 그런데 나는 미인을 아내로 맞이할 수 있다.
⑤ 미국이 우리 나라의 소비 절약 운동을 비난하는 것은 옳지 않다. 그것은 다른

나라의 주권을 침해하는 행위이다.

① 전건 긍정식

　(건강을 해치는 행위는 옳지 않다.) ― (대전제 생략)

　약물 남용은 건강을 해치는 행위이다.

　따라서 약물 남용은 옳지 않다.

② 전건 긍정식

　(인권을 침해하는 제도는 철폐해야 한다.) ― (대전제 생략)

　동성동본 금혼 제도는 인권을 침해한다.

　따라서 동성동본 금혼 제도는 철폐해야 한다.

③ 전건 긍정식

　신의 영역을 침범하면 안 된다.

　(동물 복제는 신의 영역을 침범하는 행위이다.) ― (소전제 생략)

　따라서 동물 복제를 해서는 안 된다.

④ 후건 부정식

　능력이 없으면 미인을 아내로 맞이할 수 없다.

　나는 미인을 아내로 맞이할 수 있다.

　(따라서 나는 능력이 있다.) ― (결론 생략)

⑤ 전건 긍정식

　(다른 나라의 주권을 침해하는 행위는 옳지 않다.) ― (대전제 생략)

　미국이 우리 나라의 소비 절약 운동을 비난하는 것은 타국의 주권을 침해하는 행위이다.

　따라서 미국이 우리 나라의 소비 절약 운동을 비난하는 행위는 옳지 않다.

---

　① 만일 그들이, 신이 인간의 마음에 말하고 있는 것에만 귀를 기울였더라면 이 땅 위에는 오직 하나의 종교밖에 존재하지 않았을 것이다. ② 그러나 이미 이 땅에는 여러 종파가 갈라져 존재하고 있다.

루소, 『에밀』

　이것은 ②가 ①의 후건을 부정하는 후건 부정식의 생략 논법이다.

① 만일 그들이 신의 말씀에만 귀를 기울였더라면 이 땅에는 오직 하나의 종교만 있을

것이다.

② 그러나 이 땅에는 하나의 종교만 있는 것이 아니다.

　（따라서 그들은 신의 말씀에만 귀를 기울였다고 말할 수 없다.） ― （생략된 결론）

　（그들은 신의 말씀에 귀 기울이는 것을 소홀히 하였다.）

　① 민주 사회를 이룩하기 위해서는 서로 간의 의견을 존중해야 한다. ② 그러나 그것은 말만큼 쉽지 않다. ③ 자기 의견만이 옳다고 생각하여, 남의 의견을 귀담아듣지 않고 자기 의견만 주장하는 경우가 있다.

손길천, 『제3의 탄생』 중에서

★ ②는 "서로 간의 의견을 존중하는 것이 쉽지 않다"는 뜻이다. ③은 ②와 똑같은 의미를 갖는 것으로 볼 수 있다. 이것은 ②(또는 ③)가 ①의 후건을 부정하는 후건 부정식의 생략 삼단 논법이다.

① 민주 사회를 이룩하려면 서로 간의 의견을 존중해야 한다.

② 서로 간의 의견을 존중하기가 쉽지 않다.

　（따라서 민주 사회를 이룩하기가 쉽지 않다.） ― （생략된 결론）

　① 사람의 마음이란 간사하여 한가하고 시간과 경제적 여유가 있으면, 방탕과 사치와 유혹에 빠지기 쉽다. ② 반대로 너무 바쁘면, 자기의 마음을 돌보지 못하고 본성을 잃기 쉽고 몸이 피곤하여 생활에 찌들리게 된다. ③ 그러나 사람의 마음이란 때에 따라서 한가하고 시간과 경제적 여유가 있는가 하면 시간과 경제적 여유가 없어 바쁠 때가 있다.

손길천, 『제3의 탄생』 중에서

★ 이것은 두 개의 전건 긍정식이 결합된 것으로 보면 된다.

③의 전반부("사람의 마음이란 때에 따라서 한가하고 시간과 경제적 여유가 있다")는 ①의 전건을 긍정하고, ③의 후반부("시간과 경제적 여유가 없어 바쁘다")는 ②의 전건을 긍정하고 있다. 따라서 이로부터 "사람은 방탕과 사치와 유혹에 빠지거나, 아니면 자기의 마음을 돌보지 못하고 본성을 잃기 쉽고 몸이 피곤하여 생활에 찌들리게 된다"는 생략된 결론을 이끌어낼 수 있다.

① 사람이 한가하고 시간과 경제적 여유가 있으면, 방탕과 사치와 유혹에 빠지기 쉽다.

② 사람이 너무 바쁘면, 자기의 몸을 돌보지 못하고 본성을 잃기 쉽고 몸이 피곤하여 생
　활에 찌들리게 된다

③ 사람은 한가하고 시간과 경제적 여유가 있거나, 아니면 너무 바쁘다.
　(따라서 사람은 방탕과 사치와 유혹에 빠지기 쉽거나, 아니면 자기의 몸을 돌보지 못
　하고 본성을 잃기 쉽고 몸이 피곤하여 생활에 찌들리게 된다.) ― (생략된 결론)

위의 추론을 구조화하면 다음과 같다.

① p이면 q이다.
② r이면 s이다.
③ p이거나 r이다.
　(따라서 q이거나 s이다.)

---

　① 청소년들은 예절을 가지고 있는가? ② 예절은 남에게 양보하는 마음이라
할 수 있다. ③ 일부 청소년들은 남에게 양보하는 마음을 가지고 있지 않다. ④
그들은 노인을 보고도 자리에 그대로 앉아 있다.

손길천, 『제3의 탄생』 중에서

위에서 ①은 문제 제기를 위한 문장이다. ④는 ③의 예시이다.
위의 추론은 ③이 ②의 후건을 부정하는 후건 부정식의 생략 논법이다.

② 예절이 있는 사람은 남에게 양보하는 마음을 갖는 사람이다.
③ 일부 청소년들은 남에게 양보하는 마음을 가지고 있지 않다.
　(따라서 일부 청소년들은 예절이 없다.) ― (생략된 결론)

---

2. 귀납 추론

귀납 추론은 결론이 전제에서 필연적으로가 아니라 확률적으로만 이끌려 나오
는 추론이다. 전제가 참이면 결론이 필연적으로 참이 될 수밖에 없는 연역 추론과
는 달리, 귀납 추론에서는 전제가 참이라 할지라도 결론이 반드시 참이라고 말할
수는 없다. 단지 확률적으로 또는 개연적으로만 참이 될 뿐이다.

귀납 추론은 크게 일반화와 유비 추론으로 나눌 수 있다.

1) 일반화

일반화는 몇 개의 개별적인 사례에서 일반적인 명제를 이끌어내거나, 일반성이 적은 명제들을 근거로 하여 좀더 일반성이 큰 명제를 이끌어내는 추론이다.

> ① 한국인은 숙명 의식이 강하다. ② 대소 기업체의 주인도 새로운 사업을 벌일 때는 점쟁이를 찾아가고 흥행업자가 개봉 전에 점쟁이를 찾아가는 것은 상식이 돼 있다. ③ 처절한 가난을 겪고 있는 자기 아이들을 보고 흥부는 "다 너희들 타고난 팔자다"라고 뇌까린다. ④ 구미 언어에서 '한다'는 말이 한국말에서는 곧잘 '된다'라는 피동적인 표현으로 사용되는 것도 그렇다. ⑤ "주 1회 모이기로 했다"보다는 "주 1회 모이게 되었다"를 우리는 더 많이 선택한다. ⑥ "결혼한다"는 표현보다 "결혼하게 되었다"는 표현을 우리는 더 선호한다.
>
> 이규태, 『한국인의 의식구조』

위의 추론에서는 ① "한국인은 숙명 의식이 강하다"는 주장을 뒷받침하기 위해 여러 가지 사례를 들고 있다. 그러한 사례들이 모두 타당하다 할지라도 "모든 한국인이 숙명 의식이 강하다"고 필연적으로 말할 수는 없다. 위의 추론을 도식화하면 다음과 같다.

$$⑤ + ⑥$$
$$\downarrow$$
$$② + ③ + ④$$
$$\downarrow$$
$$①$$

> ① 유태인의 생활은 검소하다. ② 허영이나 분에 넘치는 사치를 찾아보기 어렵다. ③ 옷차림에 있어서도 겉으로 화려하게 치장하는 것보다도 어떤 추위에도 몸을 따뜻하게 보온할 수 있는 속옷에 더욱 신경을 쓴다. ④ 유태의 격언 "항아리의 겉보다는 속을 봐라"는 말은 바로 이런 식의 의식 구조를 말해 준다. ⑤ 값비싼 밍크 코트는 아무리 돈이 많은 부자라도 40세 이하의 여성은 입지 않는다. ⑥ 돈 많은 사람이 새 옷을 맞출 때에도 천은 고급으로 선택하지만 색깔이나 모양에서는 지나치게 유행적이고 화려한 것을 피한다. ⑦ 그런 옷을 입게 되면 마음이 편하지 않기 때문이다.
>
> 정원식, 『머리를 써서 살아라』

위의 추론에서는 ①이 결론이다. 그리고 ②는 ①과 똑같은 말이다. ①(또는 ②)을 ③, ④, ⑤, ⑥이 귀납적으로 뒷받침해 주고 있다. 여기서 ④는 ③과 같은 말로 볼 수도 있다. ⑦은 ⑥을 인과적으로 설명해 주는 진술로 보는 것이 좋을 것이다. 위의 논증을 구조화하면 다음과 같다.

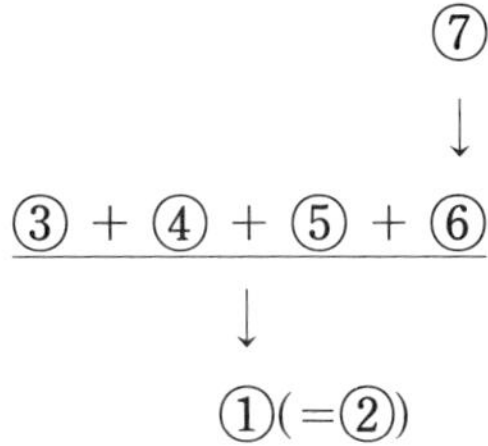

① 여성은 사회적 지도자, 예컨대 정치가나 기업인으로 대성하기가 어렵다. ② 일반적으로 여성은 남성에 비해 위기 상황에 대처하는 결단력이 약하며, 복잡한 사회 현상을 단순화시켜 보는 경향이 있다. ③ 또한 여성은 개인적인 일뿐만 아니라 사회적인 일에까지도 합리적으로 판단하기보다는 감정적으로 결정한다. ④ 여성들이 지니고 있는 이러한 특성들은 사회적 지도자로서 여성이 갖는 한계이다.

고3 국어 교과서

위의 추론에서는 ① 또는 ④가 결론이다. ②와 ③이 참이라 할지라도 결론이 필연적으로 참이 되지는 않는다. 영국의 대처 수상, 인도의 간디 수상, 우리 나라의 박순천 야당 총재는 정치인으로서 대성한 사람들이다. 또 우리 주위에는 여성 기업인으로 남자 못지않게 대성한 사람들이 많다.

① 한국의 가옥 구조는 서양의 그것에 비해 잠을 잘 수 없게끔 돼 있다. ② 독립된 침실을 갖는다는 법이 없고 거의가 한 방에서 복수의 가족이 함께 자게끔 돼 있다. ③ 좁은 방에 이부자리를 같이하고 자는 잠이 숙면이 될 수는 없다. ④ 사람이 자면서 열두 번 몸을 뒤집는다는데 그런 과정에서의 부딪힘이나 발과 발끼리의 접촉과 그리고 요란스런 코 고는 소리, 애 우는 소리, 이빨 가는 소리, 잠꼬대 소리, 그 모두를 가면 속에서 들으면서 자야 한다. ⑤ 비록 옆방에서 혼자 잠을 잔다 해도 한국의 방과 방은 서양의 그것처럼 밀폐된 것이 아니고 미닫이나 장지문 등 한 겹이나 몇 겹 종이로 된 차단물로 가려져 있기에 소리는 거침없이 내왕한다. ⑥ 한국의 가옥 구조는 아예 잠이 깊이 들 수 없게끔 되어 있다.

이규태, 『한국인의 의식구조』

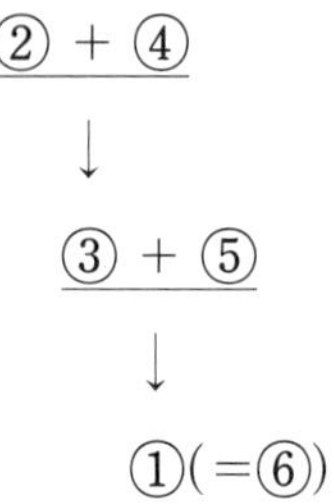

위의 추론에서는 ①과 ⑥이 똑같은 명제로, 결론이다. ①(또는 ⑥)을 ③과 ⑤가 귀납적으로 뒷받침해 주고 있다. 그리고 ③을 다시 ②와 ④가 귀납적으로 뒷받침해 주고 있다. 위의 추론 과정을 간단하게 도식화하면 다음과 같다.

$$\frac{② + ④}{}$$
↓
$$\frac{③ + ⑤}{}$$
↓
①(=⑥)

고르바초프(옛 소련 공산당 서기장)가 목욕탕에 들어왔는데, 사람들이 허겁지겁 밖으로 나갔다. 고르비가 왜 그러느냐고 물었더니 사람들이 대답하기를, '조금 있다가 라이사 여사(고르비의 부인)가 들어올 테니까요.'

동아일보, 1994. 12. 30

아마 목욕탕에 있었던 사람들은 다음과 같이 추론을 했을지도 모른다.

① 고르바초프가 공식 만찬회에 참석하면 라이사 여사도 참석한다.

② 고르바초프가 시장에 물건 사러 가면 라이사 여사도 따라간다.

③ 고르바초프가 침대에 들면 라이사 여사도 같은 침대에 든다.

④ 고르바초프가 목욕탕에 왔다.

⑤ 그러니까 라이사 여사도 들어올 것이다.

위의 추론에서 고르바초프가 목욕탕에 들어왔다고 해서 라이사 여사도 반드시 들어올 것이라고 추론할 수는 없을 것이다. 따라서 위의 추론은 귀납 추론이다. 만약 "라이사 여사도 들어올 것이다"라는 확실한 결론을 내리려면, "고르바초프가 가는 곳에는 언제나 라이사 여사가 따라간다"는 것이 전제되어야 한다. 그러나 위의 전제들 ①, ②, ③으로부터 이 명제가 필연적으로 이끌려 나오지는 않는다. 전제 ①, ②, ③을 가지고 "고르바초프가 가는 곳에는 라이사 여사가 따라간다"고 결론을 내리면 이는 일반화 귀납 추론이다.

2) 유비 추론(유추법)

어떤 대상이 다른 대상들과 어떤 측면에서 유사하다는 것을 지적하고 다른 측면에서도 유사할 것이라고 추론하는 방법이다.

> ① 맹자라는 책은 맹자의 사상을 담고 있고, ② 순자라는 책은 순자의 사상을 담고 있습니다. ③ 그러므로 노자라는 책도 노자라는 인물의 사상을 담고 있어야 할 것입니다. ④ 그러나 노자라는 인물은 맹자나 순자만큼 행적이 확실치 않습니다.
>
> 김교민, 이현구, 『동양철학 에세이』

① 『맹자』라는 책은 맹자라는 사람의 사상을 담고 있다.

② 『순자』라는 책은 순자라는 사람의 사상을 담고 있다.

③ 따라서 『노자』라는 책도 노자라는 사람의 사상을 담고 있을 것이다.

『맹자』라는 책과 함께 맹자라는 인물이 실제로 있었다는 것이 밝혀졌고, 『순자』라는 책과 함께 순자라는 인물이 실제로 있었다는 것이 밝혀졌다. 그런데 노자라는 인물은 정체가 불분명하다. 아마 ①과 ②로부터 유추해 보건대, 『노자』라는 책은 노자라는 인물의 사상을 담고 있을지도 모른다. 이것은 필연적인 결론이 아니라 확률적인, 개연적인 결론이다. 따라서 위의 추론은 귀납 추론이다.

연역 추론과 귀납 추론이 혼합된 사례

> ① 어린이들의 개성과 인격을 존중한 사람은 그들로부터 존경을 받는다. ② 서머힐에서는 어린이들의 개성과 인격을 존중한다. ③ '내가 그렇게 하라고 했어, 그렇게만 해' 하는 커다란 목소리가 없다. ④ 어린이들의 의사 표현을 무시하지 않고 항상 귀 기울인다.
>
> A. S. 닐, 『서머힐』

③과 ④는 ②를 귀납적으로 뒷받침해 준다. 그리고 ①과 ②로부터 생략된 결론인 ⑤ "서머힐의 선생님들은 어린이들로부터 존경을 받는다"를 연역적으로 이끌어낼 수 있다.(전건 긍정식)

① 어린이들의 개성과 인격을 존중한 사람은 그들로부터 존경을 받는다.

② 서머힐에서는(선생님들이) 어린이들의 개성과 인격을 존중한다.

⑤ (따라서 서머힐의 선생님들은 어린이들로부터 존경을 받는다.) — (생략된 결론)

생략된 결론(⑤)을 보충하여 위의 추론을 도식화하면 다음과 같이 두 개의 논증으로 구성된 연쇄 논법이 된다(③과 ④가 전제가 되어 중간 결론인 ②를 뒷받침해 주고, 다시 ②와 ①이 전제가 되어 생략된 최종 결론(주장)인 ⑤를 뒷받침해 준다).

$$\frac{③\ +\ ④}{↓}$$

$$\frac{①\ +\ ②}{↓}$$

$$(⑤)$$

---

① 검찰이 '청와대 밀가루 북한 제공설'을 보도한 〈시사저널〉 기자를 긴급 구속해 철야 조사한 것은 납득하기 어렵다. ② 우선 사법부가 구속 수사 위주의 반(反)인권적 관행을 불구속 위주로 바꿔가고 있는 판인데도 검찰은 여전히 '구속하고 보자'는 식의 수사 관행과 의식에서 벗어나지 못하고 있는 점이 실망스럽다. ③ 긴급 구속은 판사의 영장을 기다릴 수 없을 정도로 긴급을 요하는 특수한 경우에만 가능한 것이다. ④ 과연 이번 경우가 그런 특수한 경우에 해당하는가. ⑤ 검찰은 문제의 기사를 쓴 기자가 사건 후 베이징에 머무르면서 소환에 불응해 '도주 우려가 있다'고 판단했다는 긴급 구속 이유를 밝히고 있다. ⑥ 그러나 문제 된 사안이 도주할 만한 것이라고 여겨지지도 않거니와 도주할 생각이 있는 사람이 제발로 귀국하지도 않을 것이고 보면 검찰의 판단에 동의하기 어렵다.

중앙일보, 사설, 1996. 12. 4

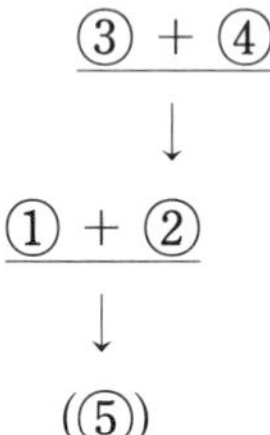 ⑤와 ⑥은 ④를 지지하고 있다. 그리고 ④와 ③으로부터 생략된 중간 결론인 ⑦ "이번 경우는 긴급 구속 사항이 아니다"를 연역적으로 이끌어낼 수 있다.(후건 부정식)

③ 긴급 구속하려면 판사의 영장을 기다릴 수 없을 정도로 긴급을 요하는 경우이어야 한다.

④ 이번 경우는 그러한 특수한 경우가 아니다.

⑦ (따라서 이번 경우는 긴급 구속 사항이 아니다.) — (생략된 중간 결론)

　마지막으로 ②와 ⑦에서 최종 결론(주장)인 ①을 귀납적으로 이끌어낼 수 있다. 이것을 도식화하면 다음과 같이 세 개의 논증으로 구성된 연쇄 논법이 된다(⑤와 ⑥이 전제가 되어 중간 결론인 ④를 지지해 주고, 다시 ④와 ③이 전제가 되어 중간 결론인 ⑦을 뒷받침해 준다. 마지막으로 ⑦과 ②가 전제가 되어 최종 결론(주장)인 ①을 뒷받침해 준다).

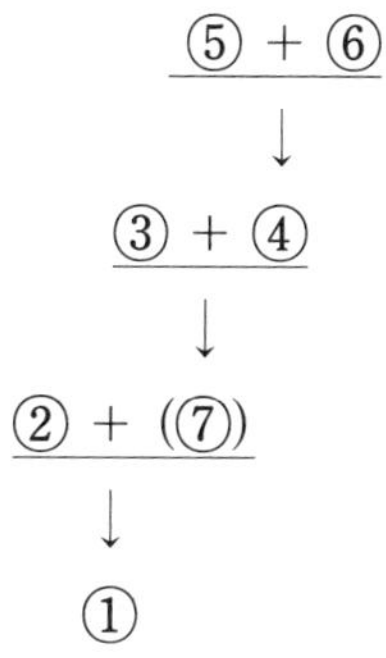

토론과 논술의 기초 2
— 논리적 오류 피하는 법 —

논리적 오류는 토론을 하거나 논술을 할 때 범하기 쉽다. 토론과 논술을 통해 합리적으로 문제를 해결하려면 논리적 오류를 피해야 할 것이다. 논리적 오류를 피하려면 먼저 어떤 경우에 논리적 오류를 범하게 되는지를 알아야 한다.

'오류'는 넓은 의미에서 잘못된 생각이나 믿음을 의미하는 말로 사용한다. 그러나 좁은 의미로는 추론상의 잘못을 오류라고 한다. 즉 어떤 근거를 제시하면서 주장을 할 때 범하게 되는 잘못을 오류라고 일컫는다.

오류는 크게 형식적 오류와 비형식적 오류로 구분된다. 형식적 오류는 논변(또는 논증) 자체의 내용 때문이 아니라 그 형식 때문에 범하게 되는 오류이다. 즉 논변의 형식이 올바르지 않기 때문에 범하게 되는 오류이다(앞에서 검토한 후건 긍정의 오류와 전건 부정의 오류). 이에 반해 비형식적 오류는 논변의 형식 때문에 생기는 오류가 아니라, 제시된 근거가 주장을 논리적으로 뒷받침하는 데 관련성이 없거나 사용하는 언어가 애매하기 때문에 발생하는 오류다. 비형식적 오류는 크게 관련성의 오류와 애매성의 오류로 나눠진다.

형식적 오류는 앞에서 간략하게 검토했으므로, 여기서는 비형식적 오류만을 생각해 보기로 한다. 비형식적 오류는 학자들에 따라 구분하는 방식에 약간 차이가 있으며, 그 종류도 다르다. 다음에 우리가 자주 범하게 되는 오류만을 선별하여 다루겠다.

어떤 주장을 뒷받침하는 데 논리적으로 관련성이 없는 근거를 제시할 때 범하게 되는 오류이다. 관련성의 오류를 범하는 논변은, 제시하는 근거가 주장을 뒷받침하는 데 심리적으로는 관련성이 있을지는 몰라도 논리적으로는 관련성이 없기 때문에, 주장이 참이라는 것을 증명해 주지 못한다.

1) 힘에의 호소 또는 위협에의 호소

힘에의 호소는 힘에 호소하거나 위협함으로써 자신의 주장을 받아들이게 하는 오류이다. 합리적인 방법으로 자신의 주장을 정당화할 능력이 없거나, 그런 방법이 먹혀들어 가지 않을 때 흔히 범하게 되는 오류이다.

바로 그 곳에서 훌륭한 옷차림을 한 귀부인이 지나가다 말을 건네었다.
"아가야, 너는 루스벨트댁 애가 아니냐?"
하자 그들 중 귀여운 얼굴을 한 애 하나가
"그래요, 아주머니 무슨 일이에요?"
하고 반문하였다. 귀부인은 그들 중 초라한 옷을 입고 있는 한 아이를 가리키면서
"너는 저런 천한 애들과 함께 놀면 후에 어머니로부터 꾸중듣는다."
고 타이르듯 말하였다.

하만수, 『감동감화 200예화집』

귀부인은 아이가 어머니로부터 꾸중듣는 것을 무서워할 것이라 생각한 모양입니다. '어머니로부터의 꾸중'이라는 위협적인 말을 사용하지 않고, "너는 저런 천한 애들과 함께 놀면 못써" 하는 투로 말을 하면, '힘에의 호소'가 아니라 다음에 다루게 될 '인신 공격의 오류'를 범하게 됩니다.

2) 인신 공격의 오류

상대방이 말한 내용을 들어 공격하는 것이 아니라, 그 말을 하는 사람의 인격을 손상하면서 그의 주장을 꺾으려고 할 때 범하게 되는 오류이다. 격렬한 논쟁에서 감정을 통제하지 못할 때 빠지기 쉬운 오류이다.

여당 대변인의 말 : (야당의 12·12 기소 요구에 대하여) "정신 분열증 환자가 아니

라면 그런 발상을 하지는 못할 것이다."

어느 일간 신문에서

12·12 기소 요구가 부당하다는 것을 어떤 객관적인 사실과 원리에 입각해서 밝히려 하지 않고, 정신 분열증에 걸린 사람들이기 때문에 그런 요구를 하고 있다고 말하고 있습니다. 정당 대변인들끼리 상대방의 주장에 대하여 인격 모독적인 저속한 발언을 일삼는 일이 종종 있는데, 그렇게 해서는 의회 정치가 건전하게 발전할 수 없을 것입니다.

어제 김 의원이 유세장에서 라이벌인 박 의원에 대해 이렇게 말했다고 한다.
"박 의원은 이번 선거에서 기권해야만 합니다. 그는 사생활이 너무 문란한 나머지 얼마 전 이혼을 했기 때문입니다."

동아일보 기사 중에서

선거 때만 되면 인신 공격성 발언이 난무하는 것을 볼 수 있습니다. 상대 후보가 제시한 정책을 공격하지 않고 그의 인격을 모독하는 발언을 하는 것은 올바르지 않은 태도입니다. 특히 상대 후보가 이혼을 했는가 안 했는가는 후보의 자질을 평가하는 일과 관련성이 없을 것입니다. 물론 이혼 과정에서 심각하게 부도덕한 행위를 해서 비난받을 점이 있다면 문제가 되겠지만…….

그녀는 소년에게 몸을 기울인 채 미소를 지으며 물었다.
"자, 아폴론, 넌 초콜릿을 넣은 케이크 좋아하지, 응? 맛이 어떻던? 좋지?"
"정말 맛있었어요."
소년이 대답했다. 자기도 모르게 튀어나와 버린 것이다.
"네 말이 맞다. 정말 맛있는 케이크지, 요리사에게 감사해야 할 거야. 적어도 신사라면 맛있는 식사를 했을 땐 반드시 주방장에게 감사의 말을 해야 하는 법이란다. 아폴론, 아직 모르고 있었니? 응? 하기야 찢어지게 가난한 범죄자들이나 사귀다 보니 그런 예절을 배울 틈이 없었겠지?"
소년은 아무 말도 하지 않았다.

로알드 데일, 『꼬마 친구 마틸다』

"찢어지게 가난한 범죄자들이나 사귀다 보니 그런 예절을 배울 틈이 없었겠지?"라고 말한다면 기분 좋아할 사람은 아마 없을 것입니다. 아무리 어린애라고 하지만 자존심은 누구에게나 있지 않을까요?

3) 정황적 논증의 오류, 피장파장의 오류

두 사람 간의 논쟁에서 상대방이 그가 처한 정황 또는 상황으로 미루어보아 자기의 생각을 받아들일 수밖에 없다고 주장하거나, 상대방도 자기와 마찬가지 상황이므로 자기의 입장이 정당화된다고 주장하는 오류이다. 특히 후자의 경우를 피장파장의 오류라고 한다.

> 똥 묻은 개가 겨 묻은 개 나무란다더니, 몇 억대 횡령한 사람이 내가 100만 원을 받았다고 비리라고 말할 수 있나.
>
> 어느 일간 신문에서

그렇게 변명한다고 이미 묻은 겨가 떨어져 나갈까요? 몇 억대 횡령한 사람이나 100만 원 횡령한 사람이나 비리를 저지른 점에서는 마찬가지 아닙니까?

> 선생님 : 얘들아, 선생님들의 화장실을 사용해서는 안 되는 거야. 학생 출입 금지 구역에는 들어가지 않아야 하겠지.
> 학　생 : 선생님들도 학생 화장실을 자주 이용하시면서 그런 말씀을 하세요?

선생님들도 학생 화장실을 사용하니까 학생들도 선생님 화장실을 사용할 수 있다는 주장으로, 피장파장의 오류를 범하고 있습니다. 학생 화장실이 '선생님 출입 금지 구역'이라고 해도(설마 그럴까마는), 선생님이 학생 화장실을 사용한다는 사실을 들어 학생이 선생님 화장실을 사용해도 된다는 것을 정당화하지는 못합니다. 물론 선생님 출입 금지 구역인 학생 화장실을 선생님이 사용하는 것도 옳지 않은 것은 말할 나위도 없지요. 상대편도 옳지 않다는 것을 드러내 보인다고 해서 자기의 옳지 않은 행동을 정당화할 수는 없습니다. 둘 다 옳지 않은 것은 마찬가지죠. 만약 학생들이 "죄송합니다. 다음부터는 선생님 화장실을 사용하지 않겠습니다. 그런데 학생 화장실을 선생님들이 사용하시는데(만약 그렇다면) 그것도 옳지 않다고 봅니다"라고 말한다면 오류에 빠지지는 않을 것입니다.

　"검찰 수뇌들도 반란자들이 주축이 된 5, 6공화국의 정권 유지에 봉사했으므로, 그들도 반란 세력에 동조한 것이다. 자기들도 똑같은 상황에 있었으면서 어떻게 우리의 거사를 '반란'이라고 단죄할 수 있느냐. 우리가 죄가 있다면 검찰 수뇌들도 죄가 있기는 마찬가지다. 똑같은 죄를 저지른 사람에게 그 죄를 심판할 수 있는 권위를 부여하는 것은 옳지 않다." 대체로 이런 취지의 주장일 것입니다. 정황 면에서 보면 검찰 수뇌들이나 12·12 주모자들이나 마찬가지이므로 그들이 처벌 대상이 될 수 없다면 자기들도 처벌받는 것은 옳지 않다는 주장입니다. 그러나 반란을 적극적으로 주도한 사람과 서슬이 퍼런 반란 정부하에서 숨죽이고 몸을 사릴 수밖에 없었던 사람이 같은 상황에 있었다고 말할 수 있을까요?

4) 무지로부터의 논증

　참이라고 밝혀진 것이 없으니까 거짓이라고 주장하거나, 거짓이라고 밝혀진 것이 없으니까 참이라고 주장하는 오류이다.

　독성 물질이 함유된 물을 끓여 먹는 경우, 인체에 부작용을 낳는다는 것이 아직 밝혀지지 않았으므로 부작용을 낳지 않을 것이라고 주장하고 있습니다. 그러나 독성 물질이 조금씩이라도 장기간 체내에 축적되면 언젠가는 부작용을 낳을 수도 있지 않을까요?

"우리가 미래로부터 현재로 시간 여행을 온 사람들을 아직 만나보지 못했
다"고 해서 시간 여행이 불가능하다고 말할 수는 없습니다. 그와 같은 근거로 시간
여행이 불가능하다고 주장하면 무지로부터의 논증의 오류를 범하게 되는 것이죠.
호킹 박사는 종전에 시간 여행이 불가능하다고 주장함으로써 그런 오류를 범했는
데, 이번에는 시간 여행이 가능하다고 인정했다는 것입니다. 글쎄, 어떻게 그것이
가능하다고 증명했는지 궁금하지요?

5) 허수아비 공격의 오류

　상대방의 주장을 공격하기 쉬운 주장, 즉 허수아비처럼 쉽게 무너지는 주장으로
제멋대로 바꾸어놓고 상대방을 공격하는 오류이다. 이런 경우에는 공격당하는 사
람이 "내 주장은 그런 취지가 아닌데" 하면서 그 부당성을 지적하는 경우가 있다.
'허수아비'가 무너진다고 해서 원래의 주장이 무너지는 것은 아닐 것이다.

광산 도시 태백을 관광 도시로 만들자는 제안에 대하여,
찬성자 : 우리는 이 도시를 거대한 관광 도시로 만들어야 지역 경제를 10년 안에
　　　　　살릴 수 있습니다.
반대자 : 당신은 이 도시에 돈 많은 사람들이 드나드는 골프장을 만들어 생태계
　　　　　를 파괴하자는 말입니까?

관광 도시로 만들자는 말이 돈 많은 사람들이 드나드는 골프장을 만들어 생
태계를 파괴하겠다는 것을 의미하는가요? 돈 많은 사람들이 드나드는 골프장을
만들어 생태계를 파괴한다면 그 지역 사회의 어느 누구로부터도 지지를 받지는 못
할 것입니다. 지지를 받을 수 없는 이 '허수아비' 주장이 쉽게 무너진다고 해서 태
백시를 관광 도시로 만들자는 찬성자의 주장이 반박되는 것은 아닐 것입니다.

학생 : 학생들의 두발을 자유롭게 할 수 없는 이유는 어디에 있습니까?
교사 : 너희들도 선생님처럼 머리를 자유롭게 하고 싶다는 말이냐?
　　　어떻게 선생님과 똑같은 대우를 받으려고 하니.

🐸 학생들이 두발을 자유롭게 하고 싶다는 말이 선생님과 똑같은 대우를 받고 싶다는 말을 의미하지는 않을 텐데, 마치 학생들이 선생님과 똑같은 대우를 받고 싶어하는 것처럼 해석하고 상대방을 반박하고 있습니다. 이 오류는 다음에 다루게 될 '의도 확대의 오류'로도 분류할 수 있습니다.

6) 발생학적 오류

어떤 사람, 생각, 제도, 관행 등의 기원이 어떤 특성을 지니고 있기 때문에 그것들도 그러한 특성을 지닐 것이라고 추론하는 오류이다.

선생님 : 넌 어떻게 짝이랑 똑같은 문제를 틀렸니?
선생님께서 이렇게 나무라자 학생이 대답했다.
학　생 : 같은 선생님에게서 배웠으니까요.

서정범, 『너덜별곡』

🐸 발생하는 원천이 똑같다고 해서 반드시 똑같은 특성을 갖는 것은 아니죠. 부모가 같아도 형제들의 특성이 다를 수 있는 것 아닙니까? 이 경우는 '위기'를 유머러스하게 잘 넘기는 경우라고 볼 수 있지요.

영철이의 어머니가 선생님을 찾아와 영철이의 짝에 대해 말했다.
"선생님! 순이의 아버지는 괴팍하고 신경질이 많은 사람이에요. 그는 정신 질환자입니다. 그의 딸인 순이도 자기 아버지를 닮았을 것입니다. 그래서 우리 영철이와 짝이 되면 좋지 않은 영향을 줄까 걱정이 됩니다."

🐸 순이의 아버지가 정신적 결함을 지니고 있다고 해서 순이도 꼭 그런 결함을 가지고 있을 것이라고 추론할 수 있을까요? 좋지 않은 가정 환경에서 자란 애들이 건전하게 성숙한 경우를 우리는 주위에서 얼마든지 볼 수 있습니다. 순이가 좋지 않은 환경 때문에 성격이 좀 나쁘면 어떻습니까? 그런 애들과 가깝게 지내는 경험

을 가져보는 것도 인격의 균형 있는 발전을 위해서는 오히려 바람직하지 않을까요? 물론 언제나 그런 애들과 지내는 것은 문제겠지만 말입니다. 사람이 살다 보면 장차 성격이 좋은 사람뿐만 아니라 좋지 않은 사람도 만나게 될 수 있습니다. 이런 경우에 사람을 어떻게 대해야 하는지 학교 생활을 통해서 자연스럽게 터득할 수 있을 것입니다.

극성스런 엄마들이 학교를 자주 들락거리면서 선생님들에게 이래라 저래라 간섭하는 것은 교사의 자율적인 교육 활동을 방해할 뿐만 아니라, 오히려 자기 아이들의 건전한 성장을 가로막는 일인지도 모릅니다.

7) 우물에 독 뿌리는 오류

어떤 사람이 물을 떠마시고 나서 공동 우물에 독을 뿌려버리면 다음 사람은 그 물을 마실 수가 없을 것이다. 이와 마찬가지로 함께 토론이나 대화를 하다가 자기 주장에 반대하면 불건전하거나 나쁜 생각이라 규정함으로써, 상대방으로 하여금 자기 주장에 반론을 제기할 수 있는 가능성을 원천적으로 봉쇄하는 것은 '우물에 독 뿌리는 오류'이다.

너 우리 생각 찬성하지? 찬성 안 하는 놈은 진짜 미친 놈이지.

이원호, 『밤의 대통령』

미친 놈이라는 말을 듣기 좋아하는 사람은 아마 없을 것입니다. 찬성 안 하면 진짜 미친 놈이라고 하니, 반대하기가 참으로 어려울 것입니다.

목포, 무안 지역의 통합이 재추진되고 있다. 목포 시민 절대 다수는 통합에 찬성하지만, 무안 군민의 56%는 반대하고 있다. 이러한 반대의 입장에 서서 어떤 사람이 다음과 같은 말을 하였다. "목포, 무안의 통합은 무안 군민의 의사를 무시한 처사이다. 따라서 이를 찬성해서는 안 된다. 찬성한다면 그는 무안 군민이 아니다."

어느 일간 신문에서

무안 군민이라는 말을 듣고 싶으면 찬성해서는 안 될 것입니다. 무안 사람들이라면 무안 군민이라는 말을 듣고 싶어할 것이므로 통합에 찬성하기가 어렵게 되었습니다. 이는 찬성 가능성을 원천적으로 봉쇄해 버리는 비신사적인 말투입니

다. 사람들은 이런 말투를 일상 대화에서 흔히 사용하는데, 이건 합리적인 의사 결정을 방해하는 좋지 않은 태도입니다. "국가 보안법을 폐지해서는 안 됩니다. 국가 보안법 폐지를 주장하는 사람은 빨갱입니다." 이것도 '우물에 독 뿌리기'입니다. '빨갱이'라는 말을 듣고 싶어하는 사람은 별로 없을 것이기 때문입니다.

목포, 무안 통합을 반대하는 사람은 무안 군민이라는 다중의 의사에 호소하고 있으므로 다음에 검토하게 될 '다중에의 호소'라는 오류도 범하고 있습니다.

> 우루과이 라운드 협상은 세계의 거의 모든 국가들이 참여하여 만든 새로운 무역 기구이다. 그 협상에 반대하는 사람들은 국제화의 시대에 역행하는 시대 착오적인 사람들이며 그들은 곧 우리의 선진화 노력에 찬물을 끼얹는 사람들이다.
>
> 어느 일간 신문에서

우루과이 협상에 반대하면 시대 착오적인 사람, 선진화를 방해하는 사람이 될 것이기 때문에 반대하기가 참으로 어려울 것입니다. 누구나 '시대 착오적인 사람' '선진화를 방해하는 사람'이라는 말을 듣고 싶어하지 않을 것이기 때문입니다.

협상에 반대하는 주장을 사전에 봉쇄할 의도로 위와 같이 주장하면 '우물에 독 뿌리기'가 됩니다. 한편 이미 협상에 반대한 사람을 향하여 "시대 착오적인 사람들이기 때문에 협상에 반대한다"고 주장한다면 이건 인신 공격의 오류가 될 것입니다.

8) 연민(동정)에의 호소

상대방에게 연민의 정 또는 동정심을 유발하여 자신의 입장을 받아들이도록 하는 오류이다.

> 모 재벌 그룹 회장은 뇌물 수수 사건에 대한 최후 변론에서 징역형이 구형되자 서러운 듯이 갑자기 울먹이며 손수건으로 눈물을 훔치면서 말하였다. "학교를 졸업하고 월급 생활 7년과 창사 이후 27년 동안 단 하루도 쉬어본 적이 없습니다. 아직 할 일은 많은데 좀더 열심히 일할 수 있도록 재판부의 옳은 판결을 부탁드립니다."
>
> 어느 일간 신문에서

무죄를 주장하는 것인지, 형량을 감해 주어야 한다고 주장하는 것인지 알 수 없습니다. 피의자가 눈물을 흘리면서 재판부의 동정심을 유발하려고 하는 행위는 그가 저지른 범죄 자체의 경중을 결정하는 일과 아무런 관련성이 없습니다. 물론 형량을 결정할 때 피의자가 한국 경제 발전에 기여한 '공로'를 어느 정도 참작할지는 모르지만.

크리톤이 소크라테스를 찾아와, 몇 가지 이유를 들어 그에게 탈옥할 것을 권유하였다. 그 중 하나는 이렇다 : 가장은 누구나 자식들을 바르게 교육하고 가족을 부양할 의무가 있는데, 소크라테스가 부당하게 죽음을 당하면 그의 자식들을 교육하고 가족을 부양할 사람이 없게 된다는 것이다.

크리톤은 소크라테스에게 그의 죽음으로 불행하게 될 가족을 생각해서라도 탈옥할 것을 권유하고 있습니다. 그의 가족에 대한 연민의 정을 유발하여 소크라테스가 마음을 바꿔 먹도록 시도한 것입니다.

박씨는 "가정을 갖고 사업에 전념하며 정상적인 생활을 하는 것이 꿈이었지만 퇴근 후나 휴가 때면 언제나 외톨이여서 마약의 유혹을 떨칠 수가 없었다. 회사에서 일에 몰두할 때는 마약 생각이 나지 않았으나 일이 끝나 항상 혼자 남게 되고 찾아주는 사람마저 없을 때면 마약의 유혹에서 벗어날 수 없었다. 하지만 히로뽕을 투약할 때마다 심한 죄의식에 시달렸다"고 괴로워했다.
변론을 맡은 조배숙 변호사는 "마약을 끊기 위해서는 실형보다 빨리 배우자를 만나게 해주는 것이 좋겠다"며 선처를 호소했다.

중앙일보, 1997. 1. 11

피의자의 범법 행위는 배우자가 없어서 외로움 때문에 저지르게 된 것이니 선처를 부탁한다는 것입니다. 이와 같이 재판관의 연민의 감정에 호소하는 것은 저지른 죄의 경중을 결정하는 일과는 관련이 없습니다. 물론 재판을 할 때 피고인의 정상이 참작되는 경우가 있긴 합니다만 언제나 그렇지는 않습니다. 만약 위의 경우 정상이 참작되어 피고인에게 실형을 내리지 않고 풀어준다면, 배우자가 없어 외로움 때문에 마약을 복용한 사람 모두에게는 어떤 판결을 내려야 할까요?

9) 군중(다중)에의 호소

군중의 심리를 자극해서 자기의 주장을 받아들이도록 유도하거나, 다수의 사람들이 어떤 신념을 갖거나 행동을 하기 때문에 그것이 옳다고 주장하는 오류이다.

"S우유를 마셔본 분은 나가도 좋습니다."
"와와……"(모두 일어서서 나간다.)

어느 방송 광고 중에서

TV나 신문 등의 광고에서는 흔히 많은 사람들이 자기 회사의 제품을 사용한다고 하면서 소비자에게 그 제품을 사용하라고 선전합니다. 그러나 현명한 소비자는 그러한 선전에 쉽게 넘어가지 않습니다. 다수의 사람들이 어떤 제품을 사용한다고 해서 그 제품이 반드시 좋은 것은 아니기 때문입니다.

동성동본 결혼 금지는 폐지해야 한다고 봅니다. 그건 세계 어느 나라에도 없는 제도입니다. 유일하게 우리 나라에서만 유지하고 있습니다.

TV 방송, 「그것이 알고 싶다」에서 어느 국회의원의 말

동성동본 결혼 금지는 세계 거의 모든 나라가 폐지했기 때문에 우리 나라에서도 폐지해야 한다고 주장하고 있습니다. 제도나 정책을 새로 도입하거나 바꾸는 데 다른 나라의 경우를 참고할 수는 있습니다. 다른 나라에서 문제의 제도나 정책을 시행하고 있다면, 그것의 좋은 점과 나쁜 점을 조사하여 의사 결정에 참고하는 것은 오히려 바람직합니다. 그러나 한 국가의 제도나 정책을 결정하는 데에는 그 사회의 독특한 역사 전통, 경제 상황, 지리 조건, 구성원의 정서나 의식 등도 고려되어야 합니다. 그 사회의 특성을 무시하고 단순히 다른 나라들도 어떻게 하고 있기 때문에 그에 따라야 한다고 주장하는 것은 올바르지 못합니다.

동성동본 간의 결혼 금지 문제와 관련해서는, 동성동본 간의 결혼을 법적으로 금지하게 된 역사적 배경은 무엇인가, 입법 당시의 배경이 지금의 사회 상황에서도 타당한가, 동성동본 간의 결혼이 후손에게 미칠 유전적인 영향은 없는가, 친족 간의 위계 질서에 미치는 영향은 무엇인가 등등, 동성동본 간의 결혼 자체가 지닐 수 있는 문제점을 고려해서 그것의 허용 여부를 결정하는 것이 합리적입니다.

도로 건설 과정에서 한 가옥 전체가 도로에 수용될 수밖에 없는 상황이 발생했다. 국토청에서 주는 보상으로는 충분하지 않았는지 계속 남아 있었다. 도로변의 다른 모든 집은 철거되어 도로가 완성되어 가고 있지만, 모든 차량들이 임시로 만든 우회 도로로 갈 수밖에 없었다. 지역 주민과 유관 기관, 도로를 지나가

는 사람들마저도 이전할 것을 주장하고 있다. 그래서 국토청 관계자는 그 집 주인에게 이렇게 말했다. "지역 발전을 위해 주민 모두가 바라는 숙원 사업입니다. 협조하셨으면 합니다."

어느 일간 신문에서

도로 건설이나 도시 재개발 사업 과정에서 보상이 충분하지 못하다며 '끝까지 버티는' 상황이 가끔 벌어지곤 합니다. 어느 정도의 보상이 충분한지 결정하기란 어려운 일이겠지만, 충분한 보상을 해준대도 끝까지 버티고만 있다면 공익 사업을 진행하기가 여간 어려워지지 않을 것입니다. 그런데 충분히 보상해 주지도 않고 다수의 뜻이라고 하면서 사업을 밀어붙이려고 한다면 이 또한 문제가 아닐 수 없습니다. 이는 개인의 재산권을 부당하게 침해하는 결과를 가져옵니다. 주민 모두가 바라는 사업일지라도 개인의 재산에 부당한 침해를 가져온다면 그것은 옳다고 볼 수 없을 것입니다.

10) 권위에의 호소

어떤 대상이 좋다거나 옳다는 것을 증명하기 위해서 어떤 권위자나 권위 있는 기관을 들먹이는 오류이다. 권위자가 그 대상을 인정한다 할지라도 그것이 좋다거나 옳다는 것을 엄밀히 증명해 주지는 못한다.

그는 관 속에 넣어졌고, 장례식이 거행되었다. 묘지 앞에 이르렀을 때 다시 의식을 되찾은 그는 관 뚜껑을 밀치며 도와달라고 소리쳤다.
"이게 무슨 소리지? 죽은 사람이 다시 살아날 리 없잖아."
사람들이 수군거렸다.
"그의 죽음은 제일 가는 명의가 증명한 거야."
"하지만 난 살아 있단 말야. 살아 있다구!"

박상준 편서, 『동냥그릇』

명의도 때로는 실수를 해서 사람을 잡는 경우가 있습니다.

11) 우연의 오류, 원칙 혼동의 오류

일반적인 법칙이나 원칙이라고 해서 항상 모든 경우에 적용되는 것은 아니다. 자연이나 사회의 법칙이라도 어떤 경우에는 적용이 안 될 수도 있다. 도덕이나 예절의 원칙 역시 마찬가지다. 그런데도 그러한 법칙이나 원칙을 모든 경우에 적용

할 수 있는 것처럼 생각하고, 적용할 수 없는 우연적인 상황, 즉 예외적인 상황에
까지 적용하는 오류를 우연의 오류 또는 원칙 혼동의 오류라고 한다.

> 어떤 손이 나에게 이런 말을 했다.
> "어제 저녁엔 아주 처참한 광경을 보았습니다. 어떤 불량한 사람이 큰 몽둥이
> 로 돌아다니는 개를 쳐서 죽이는데, 보기에도 너무 참혹하여 실로 마음이 아파
> 서 견딜 수가 없었습니다. 그래서 이제부터는 맹세코 개나 돼지의 고기를 먹지
> 않기로 했습니다."
> 이 말을 듣고, 나는 이렇게 대답했다.
> "어떤 사람이 불이 이글이글하는 화로를 끼고 앉아서 이를 잡아 그 불 속에
> 넣어 태워 죽이는 것을 보고, 나는 마음이 아파서 다시는 이를 잡지 않기로 맹
> 세했습니다."
>
> 이규보,『슬견슬』

🄴 "동물을 잔인하게 취급해서는 안 된다"는 도덕 법칙은 물론 이로운 동물에
해당되는 말일 것입니다. 그러나 그러한 법칙을 인간에게 해로운 동물에까지 적용
하기는 어렵지 않을까요?

> 일요일 아침 예배 시간에 한 경건한 신도가 맨 앞줄에 앉아 있었다. 설교가 시
> 작되었는데 그가 왠지 신발 한 짝을 벗는 거였다. 예배 중에 그가 이처럼 기이
> 한 행동을 하자 사람들이 소리를 죽이며 웃었다. 사람들의 관심이 모두 그에게
> 쏠렸다. 신발을 벗은 그 신도는 다시 양말을 벗기 시작했다. 그러자 목사가 설교
> 를 중단하고 그에게 무슨 일이냐고 물었다.
> 그 경건한 신도가 말했다.
> "별일 아닙니다. 양말 한 짝을 뒤집어 신은 것을 발견해서요."
> 목사가 점잖게 말했다.
> "그렇다면 형제여, 예배가 끝날 때까지 기다렸다가 양말을 고쳐 신을 순 없겠
> 는가?"
> "아닙니다 목사님. 잘못된 것이 있으면 당장 고쳐야죠. 성경 말씀처럼요."
>
> 오쇼 라즈니쉬,『배꼽』

🄴 "잘못된 것은 당장 고쳐야 한다"는 원칙을 적용할 수 없는 상황에 적용하고
있습니다. '당장'이라는 말이 언제나 '지금 곧'을 의미하지는 않을 것입니다. 물론
양말을 바꿔 신은 것은 잘못이긴 하지만 그것을 고치기 위해 예배 시간을 산만하
게 만들 수는 없지 않을까요?

> 옹달샘 가에 빨래하는 기혼의 아낙네들이 모여 있었다. 이 아낙네들은 아무개 처녀가 애를 뱄다고 히히닥거리며 흉을 본다. 이 말을 들은 처녀는 할말이 있었다. "저희네들은 여러 번 애를 뱄으면서 처음 애를 밴 나더러 야단들이야"라고.
>
> 이규태, 『한국인의 의식구조』

🐤 "여자는 애를 밸 수 있다"는 원칙을 잘못 적용하고 있는 것입니다. 즉 여자는 애를 밸 수 있기 때문에 처녀인 그 '아무개'도 애를 밸 수 있다는 주장이죠. 그러나 결혼한 여자가 애를 배는 것은 자연스런 일이지만 결혼하지 않은 여자가 애를 밴 건 옳지 않은 일 아닙니까?

위의 사례를 '피장파장의 오류'로 생각하기가 쉽습니다. 그러나 피장파장의 오류는 상대방도 같은 상황이니까 큰소리 칠 일이 못 된다고 주장하는 것입니다. 처녀가 애를 배는 것과 기혼의 아낙네가 애를 배는 것이 같은 상황이라고 말하기는 어렵지 않을까요?

12) 성급한 일반화의 오류

대표할 수 있는 사례들을 들어 일반화하는 경우는 일종의 귀납 논법으로, 우리가 지식을 축적하는 데 도움을 줄 수 있다. 그러나 대표하기 어려운 한 개 또는 몇 개의 특수한 사례를 들어 전체가 그 사례의 특성을 갖고 있다고 추론하면 성급한 일반화의 오류를 범하게 된다.

> 한국 정치의 외교 양식은 한국 아내가 남편에게 대하는 태도와 많이 닮아 있다. 실력도 없으면서 큰소리 치고 나중에 후회하는 일이 허다하다. 일본 외교에는 큰소리가 없다. 눈치만 보며 순종하는 척하다가 실속만을 취한다. 외교 방법도 그 나라 여성의 행동 패턴과 모양이 닮는다.
>
> 김용운, 『한국인과 일본인』

🐤 우선 우리 나라의 여성들이 실력도 없으면서 큰소리 치고 나중에 후회하는 일이 허다한지 의심스럽습니다. 설령 우리 나라의 일부 여성들이 그렇다 할지라도 그것을 전체로 일반화하기는 어려울 것입니다. 또 일본 여성들이 필자가 생각하는 것처럼 행동하는지는 알 수 없습니다. 설령 우리 나라 여성들과 일본의 여성들이 필자가 생각하는 것처럼 행동한다고 인정한다 해도, 그것을 일반화하여 모든 나라의 외교 방법이 그 나라 여성의 행동 패턴과 닮는다고 말할 수 있을지 의

심스럽습니다.

> 마르쿠스 아우렐리우스는 훌륭한 정치를 한 황제였을 뿐만 아니라 『명상록』이라는 유명한 책을 써서 사람들에게, 특히 그의 아들에게 바른 삶을 사는 지혜를 전하고자 했던 스토아 철학자였다. 그러나 그의 아들 코모두스는 아버지와는 달리 우둔하고 퇴폐적인 인물로서, 제위를 물려받자 정치는 그에게 아첨하는 측근들에게 맡겨놓고 자신은 향락에만 몰두했다. 그는 자신이 영웅 헤라클레스의 화신이라고 하는 등 폭군의 길을 걸었다. 결국 그는 근위 사령관과 첩의 공모에 걸려들어 욕실에서 무참히 살해되고 말았다. 이러한 역사적 사실을 놓고 보면 교육을 통해 사람을 사람답게 만들려는 것이 얼마나 부질없는 일인가를 알 수 있다.
>
> **『철학과 현실』**

마르쿠스 아우렐리우스의 자식교육 실패사례를 가지고 교육을 통해 사람을 사람답게 만들려는 것이 부질없는(쓸데없는) 일이라고 일반화할 수 있을까요? 훌륭한 인물을 키운 자식교육 성공사례를 우리는 역사적으로 또는 주변에서 얼마든지 찾을 수 있지 않습니까?(한번 예를 들어보세요) 위의 경우에 성급한 일반화의 오류를 피하려면 어떻게 해야 할까요? 마지막 문장을, "이러한 역사적 사실을 놓고 보면 교육을 통해 사람을 만드는 것이 그렇게 쉬운 일이 아님을 알 수 있다"는 식으로 고치면 그 오류를 피할 수 있을 것입니다.

13) 인과적 오류(원인 오판의 오류)

어떤 두 사건이 동시에 발생할 때 그 중 한 사건이 다른 사건의 원인이라고 잘못 추론하거나, 한 사건이 다른 사건보다 단지 먼저 발생한 것을 가지고 전자가 곧 후자의 원인이라고 잘못 추론하는 오류이다.

> 느이가 이만큼이라도 살아가는 건 다 이 어미가 밤낮으로 신주를 모시는 덕이란 걸 알아야 해.
>
> 김홍신, 『인간시장』

신주 모시는 것과 잘 살아가고 있는 것이 우연히 일치한다고 해서 곧바로 신주 모시는 것이 잘 살아가고 있는 원인이라고 추론할 수 있을까요? 여러분은 어떻게 생각합니까?

> 당산에 절이 들어선 뒤로 사람들이 계속해서 죽어나가고 우환이 끊일 날이 없다. 그러니 빨리 절을 철거해야 한다.
>
> 어느 일간 신문에서

🐯 사람이 계속해서 죽어나가는 것이 당산에 절이 들어선 것 때문이라고 주장할 과학적 근거가 있을까요? 사람들은 가끔 어떤 좋지 않은 현상의 원인을 합리적이거나 과학적으로 설명하지 못할 때 자기가 싫어하는 대상에 그 원인을 돌리기도 합니다.

> 직장을 갖고 있는 여자는 직장인, 주부, 어머니, 아내, 며느리라는 서로 상충되는 역할을 완벽하게 하려는 갈등 때문에 고통을 받는다. 그렇게 하지 못하면 으레 하는 말이 있다.
>
> "역시 여자가 일을 하니까 집안 꼴이 저 모양이지. 여자가 일을 하니까 남자가 밖으로 겉도는 거야."

🐯 여자는 일을 해서는 안 된다는 것을 전제하고서, 집안 꼴이 엉망인 원인을 여자가 일하는 것으로 돌리고 있습니다. 만약 여자도 일을 할 수 있다는 것을 전제한다면 남자가 집안일을 도와주지 않는 데도 그 원인이 있지 않을까요?

14) 선결 문제 요구의 오류

증명해야 할 명제를 다른 말로 증명하지 않고, 같거나 유사한 말을 근거로 삼아 주장하는 오류를 말한다. 이런 경우에는 증명이 요구되는 명제를 바로 그 이유로 제시하기 때문에 실제로는 증명할 수 없게 된다.

> 아들 : 과학고에 가려는데 왜 모든 과목을 다해야 돼요?
> 엄마 : …… 글쎄.
> 아들 : 실험용 쥐들이 한국말 하는 것 관찰하는 것도 아닌데 왜 국어도 잘해야 해요?
> 엄마 : 얘, 제 나라 말도 못 하는 놈이 무엇을 제대로 하겠니?
>
> 〈샘이 깊은 물〉

🐯 '왜 과학고에서도 국어를 잘해야 하는가?'라는 질문에, 과학고에서도 제 나

라 말을 잘해야 한다고 똑같은 말로 대답한다면 과학고에서 국어를 잘해야 하는
이유를 제시해 주지 못하고 있는 셈이죠.

신이 있다는 것을 어떻게 증명할 수 있느냐는 질문에 "신이 날 미워하고 있
다"라고 말하고 있습니다. 그러나 이 대답은 신이 존재한다는 것(바로 이것을 증명
해야 하는데)을 전제하고 있으므로, 신이 존재한다는 사실을 증명해 주지 못하는
것이죠.

15) 논점 일탈의 오류

주어진 논점과는 다른 방향으로 주장하는 것을 논점 일탈의 오류라고 한다. 토
론을 하거나 논술을 할 때 논점을 벗어나게 되면 무엇을 논의하는지 모르는 상태
에서 횡설수설하기가 쉽다.

논점은 컴퓨터 오락이 청소년의 성장에 어떤 영향을 주는가입니다. 영식과
철배는 논점을 유지하고 있는데, 창수는 논점에서 벗어나 있습니다. 처음의 논점

에서 벗어나 창수는 컴퓨터를 배우는 데 컴퓨터 책이 도움이 되느냐 아니면 컴퓨터 오락이 도움이 되느냐 하는 논점하에 이야기를 하고 있기 때문입니다.

> 현섭 : 우리는 연말에 양로원을 방문해야만 해. 가족들과 함께 지내는 이 시간에
>   얼마나 쓸쓸하시겠니?
> 일수 : 찬성이야. 소외받는 그들의 외로움과 고통을 조금이라도 분담해야 된다고
>   생각해.
> 병철 : 현대판 고려장이야. 버림받은 노인들이 생겨나는 것은 경로효친의 정신이
>   점점 약해지고 있기 때문이라고 생각해.

현섭과 일수는 연말에 왜 양로원을 방문해야 하는가라는 논점을 가지고 이야기하고 있습니다. 그런데 병철은 논점을 파악하지 못하고, 왜 버림받은 노인들이 생겨나는가라는 논점하에 이야기하고 있습니다.

> "왜 당신은 끝까지 아들을 고집하십니까?"
> "저도 딸을 사랑하지만 어쨌든 아들은 필요합니다. 사실 성차별이란 건 여자를 보호하기 위한 차별 아닙니까?"
>
> 「이야기 쇼 만남」에서

왜 당신은 끝까지 아들을 고집하느냐는 질문에 대답하는 대신, (우리 사회에서) 성차별이 필요한 이유를 말함으로써 엉뚱한 대답을 하고 있습니다.

16) 복합 질문의 오류

만약 돈을 훔치지 않은 사람에게, "어제 훔친 돈 가지고 오락실에 갔지?"라는 질문을 던지면 복합 질문을 하게 된다. 이 질문은 "어제 돈을 훔쳤지?"라는 질문과 "그리고 그 돈을 가지고 오락실에 갔지?"라는 두 개의 질문으로 구성되어 있다. 따라서 돈을 훔친 경우에만 그 복합 질문은 "예"나 "아니요"로 대답할 수 있다. "예"라고 대답하건 "아니요"로 대답하건 간에 둘 중의 하나로 대답하면 어제 돈을 훔쳤다는 것을 인정하게 되는 셈이다.

설문 조사할 때, "당신은 운동을 할 때 몇 시간 정도 합니까?"라고 질문을 하는 경우에도, 운동을 하지 않은 사람은 대답하기 어려울 것이다. 이런 경우에 조사를 제대로 하려면, "당신은 운동을 합니까?"라는 질문을 먼저 던지고, "예"라고 대답

한 사람에게만 "운동을 몇 시간 정도 합니까?"라는 질문을 던져 대답하도록 해야
한다.

검 찰 : 당신 횡령한 돈으로 부동산을 사들였지요?
혐의자 : 아니요.
검 찰 : 그러면 횡령한 것은 사실이군. 얼마나 횡령했소?

🎓 혐의자가 돈을 횡령하지 않았다면 검찰은 복합 질문의 오류를 범하게 됩니
다. 자백을 하지 않으려는 혐의자에게 가끔 던지는 유도 질문이죠.

　　아무도 대답하지 않으려고 했으나 그 중 작은 학생이 부추긴 것으로 밝혀졌
다. 성적은 둘 다 나빴지만 작은 학생의 성적은 낙제 점수에 가까웠다. 나중에
안 일이지만 작은 학생의 아버지는 큰 회사의 중역이어서 생활도 윤택했고, 어
느 모로 보나 공부를 못할, 나아가서 말썽을 일으킬 객관적인 요인이 없는 학생
이었다. 단 하나 문제는 어머니가 일찍 죽어 현재 계모 밑에서 살고 있다는 점
뿐이었다.
　"그렇게도 새어머니가 미우니?"
　필자는 불쑥 물었다.
　"아니요."
　하며 학생은 펄쩍 뛰었다.
　"그럼, 계모님이 네게 잘 해?"
　"네!"
　"너는 어떻구?"
　"저도 잘 해드리려고 해요."
　"그런데 왜 복수를 하려 들지?"
　필자가 얼른 단도직입적으로 말을 했다.
　"복수요?"
　학생은 무슨 뜻인지 몰라서 필자를 빤히 보았다.
　"너 지금 원수를 갚고 있는 게 아냐?"
　"누구한테요?"
　"새엄마한테"
　"난 새엄마한테는 유감이 없어요!"

〈독서계〉

🎓 "그런데 왜 복수를 하려 들지?"라는 질문은 복합 질문입니다. 그 질문은 학

생이 계모에게 복수를 하려 했다는 것을 전제하고, 복수를 하려고 한 이유를 묻고 있기 때문입니다. 그 질문은 "넌 계모님께 복수하려 했니?"와 "왜 복수하려 했니?"라는 두 개의 질문으로 구성되어 있습니다. 그것이 복합 질문이라는 것을 그 다음의 대화를 통해서 분명히 알 수 있습니다.

17) 흑백 사고의 오류

흑과 백 이외에 회색이나 빨강 등 다른 색이 있는데도 흑 아니면 백(또는 백 아니면 흑)일 뿐 다른 색은 없다고 주장하는 것과 같이, 양 극단의 가능성만 있고 다른 가능성은 없다고 주장하는 오류를 말한다.

"당신은 급진주의자가 아니라고? 그렇다면 보수주의자이구먼" 하고 주장한다면, 급진주의자 아니면 보수주의자이고 다른 가능성은 없다는 것을 전제하고 있다. 그러나 급진주의자도 아니고 보수주의자도 아닌 중간 가능성도 있기 때문에 그런 주장은 흑백 사고의 오류를 범하게 된다.

> 2+1체제로 인해 공고생들이 공장에서 노예처럼 착취를 당한다는 신문 보도에 대해, 정부 당국자의 말 : "그럼 왕자 대접 받길 원합니까?"
>
> 어느 일간 신문에서

2+1체제는 공고생들이 1, 2학년 기간에는 학교에서 공부하고 3학년 기간에는 공장에서 실습을 하도록 되어 있는 제도입니다. 정부 당국자의 말은 '노예 아니면 왕자'라는 것을 전제하고 있는데, 노예도 아니고 왕자도 아니면서 인권을 침해받지 않는(노동력 착취를 당하지 않는) 평범한 인간으로서 대접받을 수도 있지 않을까요?

> 세상의 어리석은 일은 보고 웃어라. 그러면 그대는 후회할 것이다. 세상의 어리석은 일을 보고 울어라. 그래도 역시 그대는 후회할 것이다. 세상의 어리석은 일을 보고 웃든 울든 간에, 그대는 세상의 일을 보고 웃거나 울거나 할 것이지만, 어느 쪽을 택해도 그대는 후회할 것이다.
>
> 키에르케고르, 『이것이냐 저것이냐』

세상의 (어리석은) 일을 보고 우리는 웃거나 울거나 할 수밖에 없을까요? 웃지도 울지도 않는 경우에는 후회하지 않는다는 말인데, 과연 그럴까요? 다시 말해 후회하는 경우는 웃는 경우이거나 우는 경우 둘 중 하나인가요?

18) 의도 확대의 오류

상대방의 말이나 행동의 본래 의도를 잘못 해석하고 주장하는 오류를 말한다.

> 선생님 : 자네는 왜 보충 수업을 희망하지 않았는가?
> 학　생 : 저는 늦게까지 학교에서 통제받으며 수업하는 것보다 자유롭게 제가 하고 싶은 공부를 하는 게 낫다고 생각합니다.
> 선생님 : 그럼 자네는 대학 진학을 포기했다는 것인가?

🔵 학교에서 통제받으며 수업하기보다 자유롭게 자기가 하고 싶은 공부를 한다고 해서 그것이 대학 진학을 포기한다는 뜻은 아닐 것입니다.

> 어느 날 한 비구니가 조주 선사를 찾아왔다. 그녀는 선사에게 우주에서 가장 근본적인 이치인 "비밀 중에 비밀"을 가르쳐달라고 간청했다. 이에 선사는 비구니를 가볍게 잡았다. 이렇게 손을 잡음으로써 선사는 "비밀 중에 비밀"이 바로 그녀 자신 속에 있음을 가르쳐주고자 함이었다. 그러나 비구니는 선사의 행동이 뜻밖이었던지 놀라 말했다.
> "아니 노스님께서도 아직 그런 마음이 있으신가요?"
> 이미 해탈하신 줄 알았는데 여자 손을 잡아보고 싶은 그런 마음이 있느냐는 질문이었다.
>
> 강소응, 『한뼘』

🔵 "비밀 중에 비밀"이 사람 자신 속에 있다는 것을 가르쳐주기 위해 손을 잡은 것을 노스님이 여자 손을 잡아보고 싶어서 한 행동으로 오해한 것입니다.

> 생물학자들은 친척들을 위해 자신을 희생하는 많은 생물들을 발견해 왔다. 어떤 개미는 적이 침입하면 자신의 배를 터뜨려 독성 물질을 내뿜음으로써 종족을 지킨다.
>
> 〈과학동아〉, 1994. 9월

🔵 개미가 독성 물질을 내뿜는 것이 자신이 살기 위한 방어책으로 그렇게 하는

것인지 아니면 자기의 종족을 지키기 위해서 하는 것인지는 인간이 개미와 대화가 통하지 않는 한 알 수 없는 노릇이다. 그런데도 인간이 개미의 그런 행동을 보고 마치 자기 종족을 위해 희생하는 것처럼 자의적으로 확대 해석하고 있는지도 모른다.

19) 잘못된 유비 추론

어떤 사태를 그것과 유사한 사태에 비유하여 설명하거나 정당화하는 것은 효과적인 방법이다. 그러나 유사성이 별로 크지 않을 때 그러한 방법을 사용하면 그러한 유비 추론(유사성에 의한 추론)은 잘못된 것이라고 말할 수 있다.

> 동물들은 자기와 같은 종류의 동물들하고만 생활한다. 늑대가 양과 섞일 리가 없고 하이에나가 개와 섞일 수가 있을까. 부자와 가난뱅이도 마찬가지이다.
>
> 『탈무드』

늑대와 양처럼 잡아먹고 잡아먹히는 동물들의 관계는 분명히 인간들의 관계와는 다르지 않을까요? 악어와 악어새처럼 서로가 도와야만 살아나갈 수 있는 관계라면 모르되, 서로 다른 종의 동물들끼리는 대개의 경우 먹고 먹히는 관계여서 섞이기가 어렵지요. 그러나 인간들의 관계는 다르지 않을까요? 부자들이 가난한 사람들의 도움 없이 부자가 될 수 있나요? 서로 협동하여 물건을 만들고 팔지 않으면 어떻게 사회가 움직일 수 있겠습니까?

2. 애매성의 오류

단어나 구 또는 문장이 한 맥락에서 애매하게, 즉 두 가지 이상의 의미로 이해될 소지가 있기 때문에 발생하는 오류이다. 애매어의 오류는 단어의 애매성 때문에 생기는 오류이며, 애매문의 오류는 구나 문장의 애매성 때문에 생기는 오류이다.

1) 애매어의 오류

사전을 찾아보면 거의 모든 낱말이 두 가지 이상의 의미를 지니고 있다는 것을 알 수 있다. 어떤 낱말이 애매하다는 것은 그것이 한 문장 안에서 두 가지 이상의 의미로 이해될 여지가 있다는 것을 의미한다.

애매어의 오류는 어떤 상황에서 두 가지 이상의 의미로 이해될 수 있는 낱말을 그 중 하나의 의미로 부당하게 해석한 다음 추론하는 오류이다.

　　정류장에 정차한 버스가 한참을 출발하지 않고 있자 화가 난 승객이 버스 기사에게 소리쳤다.

승객 : 기사 양반, 이 똥차 언제 출발할 거요?

기사 : 똥이 차야 출발하죠?

사보 〈신영〉, 1996. 8월호

　‘똥차’는 ‘똥을 운반하는 차’ 또는 ‘똥처럼 갖다 버려야 할 낡은 차’의 두 가지 의미로 이해됩니다. 승객은 ‘똥차’를 아마도 ‘낡은 차’의 의미로 사용해서 똥차가 언제 출발할 거냐고 물었을 것입니다. 왜냐하면 ‘똥을 운반하는 차’의 뜻이라면 자신도 똥이 될 수밖에 없기 때문입니다. 이에 버스 운전 기사는 화를 내지 않고 여유 있게 넘기는 재치가 있어 좋습니다. 어떤 사람은 이런 경우 “뭐라구? 당신 금방 뭐라고 그랬어? 이 차가 똥차라고?”하면서 한바탕 소동을 일으킬지도 모릅니다. 그렇게 여유라고는 전혀 없이 살아간다면 이 사회는 참으로 삭막할 것입니다. 그런데 그 유머러스한 운전 기사는 “똥(당신과 같은 똥)이 차야 출발하죠?”하면서 ‘어려운’ 상황을 재미있게 넘기고 있습니다.

　운전 기사는 승객과 다른 뜻으로 ‘똥차’를 해석하고 그에 따라 말했기 때문에 애매어의 오류를 범하고 있습니다. 그러나 이러한 오류는 우리의 일상적인 삶을 좀 더 재미있고 즐겁게 해주는 청량제 구실을 할 것입니다.

　　나는 어릴 적 외할머니와 함께 살았는데, 외할머니는 늘 내 걱정을 하셨다. 나는 기차 여행을 자주 하곤 하는데 한 달에 보름은 기차를 타고 있었던 것 같다. 외할머니는 그래서 늘 내 걱정을 하시며 말씀하셨다.

　“얘야, 사고가 많이 난다는데 제발 조심하렴.”

　외할머니는 신문을 볼 때마다 혹시 기차 사고가 없었는지 살펴보시곤 하였다. 그리고 사고 기사들을 모아두셨다가 내가 집에 돌아오면 어김없이 보여주시며 말씀하셨다.

　“자, 보려므나. 자동차 사고, 비행기 사고, 기차 사고가 얼마나 많이 일어나고 있니? 사람들이 너무나 많이 죽고 있잖니? 그런데 넌 지금 어떻게 하고 있니? 한 달에 보름은 기차나 자동차, 비행기를 타고 있잖니? 제발 이젠 여행을 그만하거라.”

　그런 어느 날 난 외할머니에게 이렇게 말했다.

　“할머니 제 말 좀 들어보세요. 할머니가 그런 통계에 관심이 많으시다면 세상 사람들의 97%가 침대에 누워서 죽는다는 것도 아실 거예요. 그런데 전 많은 밤을 침대 밖에서 자고 있잖아요? 이게 위험하다고요? 통계로 본다면 사실 침대에 누워 있는 것보다 더 위험한 일은 없을 거예요. 사람들의 97%가 침대에서 죽으니까 말예요. 그러니까 기차를 타고 있는 게 더 안전하죠. 기차를 타고 있다가 죽는 사람은 드물잖아요."

할머니는 내 말에 몹시 당황해하시며 말씀하셨다.

"그건 그렇지만 그건 말도 안…… 그래 네 말이 맞다."

그 후 외할머니는 내게 사고에 대한 얘기를 더는 안 하셨다.

오쇼 라즈니쉬, 『배꼽』

'죽는다'는 말에 애매성이 있지요? 할머니는 손주에게 교통 사고로 죽을 위험성이 있으니 여행을 자제하라는 부탁을 하고 있습니다. 따라서 할머니는 '죽는다'는 말을 '교통 사고로 죽는다'는 뜻으로 이해하고 있습니다. 반면에 손주는 '죽는다'는 말을 '병환으로 또는 늙어서 죽는다'는 뜻으로 이해하고 있습니다. 이렇게 구별해 놓고 보면, 병으로 또는 늙어서(침대에 누워서) 죽는 비율은 교통 사고로 죽는 비율보다 훨씬 높다는 것을 쉽게 이해할 수 있습니다. 그런데 할머니는 "침대에 누워서 죽는다"는 말과 "교통 사고로 죽는다"는 말의 서로 다른 뜻을 구별하지 못하고 그저 "죽는다"는 말에만 신경을 쓴 나머지, 손주가 의도적으로(?) 범한 '애매성의 오류'에 쉽게 속아넘어가 버린 것입니다. 아마 할머니가 좀 논리적이었더라면 다음과 같이 손주의 주장을 반박했을 것입니다. "애야, 이 할미는 침대에 누워 늙고 병들어 죽는 것을 걱정하는 것이 아니라, 교통 사고로 죽는 것을 걱정하고 있단다. 침대에 누워 교통 사고로 죽는 사람은 거의 없어도 침대 밖에서 교통 사고로 죽는 사람이 교통 사고 사망자의 거의 전부를 차지하지 않겠느냐."

2) 애매문의 오류

애매문의 오류는 구나 문장의 구조가 애매하기 때문에 범하게 되는 오류이다. 다음 문장은 그 구조 때문에 적어도 두 가지 의미를 지니게 된다.

"김 대통령은 부정부패는 저질렀지만 그래도 평화적 정권 교체를 한 전(前) 대통령을 처벌하지 않기를 바란다."

마스바라 류이치로 일본 도쿄대 조교수의 말, 중앙일보, 1997. 1. 13

① 김 대통령은, 부정부패는 저질렀어도 평화적 정권 교체를 한 전 대통령을 처벌하지 않기를 바란다.

② 김 대통령이, 부정부패를 저질렀어도 평화적 정권 교체를 한 전 대통령을 처벌하지
   않기를 류이치 교수가 바란다.

애매문의 오류는 구나 문장이 그 구조상 두 가지 이상의 의미로 해석될 소지가
있는데도 그 중 하나의 의미로 부당하게 해석한 다음 추론하는 오류이다.

   쉬는 시간에 교탁에서 밥을 먹고 있는데 선생님이 갑자기 들어오셔서 아이들
이 반찬을 미처 다 치우지 못했다. 맨 앞의 아이를 가리키며
   "교탁에서 밥 먹은 놈이 누구야?"
   "김만 제 건데요."
   "김만제 앞으로 나와!"

『덩달이 시리즈』

👑 "김만 제 건데요"라는 말은, "김만 제 건데요"(김만 자기 것이다)로 들릴 수도
있고, "김만제 건데요"(김만제 김이다)로도 들릴 수 있지요. 전자의 의미로 말한 것
을 선생님은 후자의 뜻으로 받아들인 것입니다.

   "부인 바깥 양반의 병은 신경 쇠약입니다. 안정을 필요로 하는 병이니 말을 많
이 해서는 안 됩니다."
   그 말을 듣자 부인의 얼굴이 갑작스레 환해졌다.
   "그 점은 안심을 해도 좋아요. 저의 남편은 본래 무뚝뚝해서 밥이나 먹을 때면
몰라도 입을 여는 법이 없거든요."
   부인이 수다스럽게 떠들어댔다.
   의사는 다시 한 번 한숨을 길게 쉬며 말했다.
   "부인, 제 말은 환자가 아니라 바로 부인께서 제발 좀 입을 다물어달라는 것입
니다. 환자가 쉴 수 있게 말입니다."

이어령, 『이것이 여성이다』에서

👑 "말을 많이 해서는 안 됩니다"라는 의사의 충고는 "부인이 말을 많이 해서
는 안 된다"는 뜻으로도 이해될 수 있고, "남편이 말을 많이 해서는 안 된다"는 뜻
으로도 이해될 수 있습니다. 의사는 전자의 의미로 말을 한 것인데, 부인은 그 말
을 후자의 의미로 이해했기 때문에 애매문의 오류를 범하게 된 것입니다.

> 리디아의 왕은 페르시아를 침략하고자 하여 승려에게 요청하여 신탁을 받았
> 다. 델피의 신탁은 크로소스가 강한 나라를 멸망시킨다고 하였다. 그 말을 들은
> 크로소스는 페르시아와 결전하였으나 크로소스는 참패하였다. 그러자 신탁이 거
> 짓이라고 항의하였더니 승려는 "신탁은 옳았다. 강한 나라란 크로소스의 왕국이
> 었다"고 하였다.
>
> 호머, 「델피의 신탁」, 『일리아드 오디세이』

"크로소스가 강한 나라를 멸망시킨다"는 신탁은 '크로소스가 자신의 왕국인
강한 나라를 멸망시킨다'는 뜻으로도 이해할 수 있고, '크로소스가 다른 왕국인 강
한 나라를 멸망시킨다'는 뜻으로도 이해할 수 있을 것입니다. 크로소스는 후자의
의미로 신탁을 이해하고 강한 나라인 페르시아를 공격하였으나 참패했는데, 신탁
이 거짓이라고 항의하자 신탁을 준 승려는 애매문의 오류를 적절히 이용하여 곤경
을 빠져나온 것입니다.

3) 강조의 오류

문장이나 표현에서 특히 어느 한 부분을 강조하면 그렇지 않을 때와 다른 의미
를 전달할 수 있다. "친구와 학교에서 싸우면 안 된다"는 말에서, '친구'를 강조하
면 다른 애들과는 싸울 수도 있다는 의미가 될 수 있다. 한편 '학교에서'를 강조하
면 다른 곳에서는 싸울 수도 있다는 의미일 수 있다. 또 '싸우면'을 강조하면 친구
와 학교에서 다른 것은 해도 되지만 싸우는 일만은 절대 안 된다는 것을 의미될
수도 있다.

이처럼 어떤 말의 특정 부분을 강조함으로써 범하게 되는 오류를 강조의 오류라
고 한다. 또한 다른 사람의 말을 전체 맥락에서 이해하지 않으면 오해를 살 여지가
있을 때, 맥락과 관련짓지 않고 그 일부만을 떼어내서 인용함으로써 그 본래의 뜻
을 잘못 전달하는 것도 강조의 오류라고 한다. 이 경우를 특히 '탈맥락적 인용의 오
류'라고도 한다.

> 선생님 : 요즈음 우리 사회에 약물 오·남용의 문제가 사회적으로 심각한 문제로
> 부각되고 있습니다. 특히 청소년들의 약물 오·남용 문제가 커지고 있는
> 상황입니다. 따라서 청소년들은 약물을 남용해서는 안 됩니다.
> 석　두 : 어른들은 약물을 남용해도 된다는 말이죠?

ᄂ "청소년들은 약물을 남용해서는 안 된다"는 말에서 석두는 '청소년들'을 강조함으로써 오류를 범하고 있습니다.

> "퇴근길에 미행을 당하고 있는 것 같소. 당신도 시장에 갈 때 조심하구려."
> 박정달 씨의 걱정에 찌든 목소리였다.
> "아니, 당신은 어떻게 그런 말을 할 수 있어요? 시장에 갈 때만 빼놓곤 조심하지 말란 소리예요?"
> 마누라의 힐책적인 말투가 박정달 씨의 걱정을 더욱 무겁게 하고 있었다.
>
> 이외수, 『칼』

ᄂ "시장에 갈 때 조심하구려"라는 남편의 당부에, 아내는 '시장에'를 강조하면서 "시장에 갈 때만 빼놓곤 조심하지 말란 소리예요?"라고 말하고 있습니다. '시장에'를 강조하면 시장말고 다른 곳에 갈 때는 조심하지 않아도 된다는 것을 의미할 수도 있습니다.

> 〈NYT 기사 편협하게 해석〉
> 5일자 2면에 게재된 '한국민 경제 위기감 고조(뉴욕발) 제하 〈뉴욕 타임스〉지 인용 기사는 한국 경제 상황에 대한 부정적인 측면만을 부각시키고 〈뉴욕 타임스〉가 평가한 긍정적인 측면을 배제시켰다고 생각한다.
> NYT 기사의 원래 제목은 '성장에 수반되는 한국의 진통—세계적 규모의 경제임에도 불구하고 경제 침체를 느끼는 한국'으로, 기사의 논조도 귀지가 주장하는 것처럼 한국민들이 총체적 위기감을 느끼고 있다고 보기 어렵다.
> 첫째, 귀지는 "현 상황이 단순한 주기적 침체가 아닌 구조적 결과라는 인식이 확산되고 있다"고 보도했으나 이는 NYT 기사의 논조와는 상반되는 내용이다. 인용 내용 중 "그러나 실제로는 이들 비관론들 일부는 적절하지 못하다…… 게다가 일부 문제들은 경제 순환적 요소에 기인하는 것들이다"라고 〈타임스〉는 보도했다.
> 둘째, 귀지는 〈타임스〉는 이와 관련, 김영삼 대통령 정부는 당초의 의지와 달리 과감한 조치를 취하지 못한 채 어정쩡한 대책이나 외제품 사용 자제 및 근검절약 운동 등 미봉책에 급급하고 있다고 지적했다"고 보도함으로써 그것이 〈뉴욕 타임스〉의 견해인 것처럼 보도했다. 그러나 실제 원문에서는 '일부 비판자들에 의하면'이라는 전제가 붙어 있어 그것이 NYT 견해가 아니라 일부 비판자들의 견해를 인용한 것임을 분명히 밝히고 있다.
> 셋째, 귀지 기사가 주장하는 '총체적 위기감' 인용과는 달리 원문은 "한국의 주력 상품들은 임금이 훨씬 비싼 일본 제품들을 주요 상대로 하여 경쟁을 벌이

고 있으며 품질은 다소 낮을지 몰라도 일본보다 훨씬 저렴하게 상품을 판매해
나갈 수 있다"고 분석했다.

NYT는 "한국이 현재 안고 있는 모든 고충에도 불구하고 작년에 수출 및 경제
성장이 부진했던 것은 한국뿐만 아니라 아시아의 모든 고도 성장 국가들의 공통
적인 문제였다"고 분석하고 나아가 "최소한 한국호는 쉽게 전복하지 않을 것이
다"라고 희망적인 결론을 내렸다.

조선일보, 독자 의견, 이기우 공보처 해외 공보관 외신과장, 1997. 2. 11

독자 의견의 첫째 지적 사항에서, "현 상황이 단순한 주기적 침체가 아닌 구
조적 결과라는 인식이 확산되고 있다"는 부분만을 인용하고, "그러나 실제로는 이
들 비관론들 일부는 적절하지 못하다…… 게다가 일부 문제들은 경제 순환적 요
소에 기인하는 것들이다"라는 NYT의 기사 내용을 생략해 버림으로써, 조선일보
가 NYT의 논조를 잘못 전달하고 있다는 점(탈맥락적 인용의 오류를 범하고 있다는
점)을 말하고 있습니다.

둘째 지적 사항에서, "〈타임스〉는 이와 관련, …… 근검 절약 운동 등 미봉책에
급급하고 있다고 지적했다"는 일부 비판자들의 견해에서 "일부 비판자들"이라는
말을 생략하고 그 견해가 마치 NYT의 기사인 양 보도함으로써 조선일보는 강조
의 오류(탈맥락적 인용의 오류)도 범하고 있다는 것을 지적하고 있습니다.

4) 결합(합성)의 오류

개별 요소들이 어떤 특성을 갖고 있다고 해서 그 요소들로 구성된 복합체도 그
특성을 갖고 있다고 추론하는 오류이다. 어떤 사람이 눈, 코, 입 등이 모두 예쁘다
고 해서 얼굴 또한 예쁠 것이라고 추론하면 잘못일 수 있다. 그 예쁜 부분들이 조
화를 이루느냐 아니냐에 따라 미인이 될 수도, 그렇지 않을 수도 있기 때문이다.

또 개인들 한 사람 한 사람이 도덕적이라고 해서 그 사람들로 구성된 사회 또한
반드시 도덕적인 사회일 것이라고 추론한다면 이 또한 결합의 오류를 범하게 된
다. 도덕적인 사회가 되려면 구성원들이 도덕적이어야 할 뿐만 아니라, 사회의 기
본 골격인 헌법이나 제도 등도 정의로워야 할 것이다.

도덕적 이상주의자들은 국제 관계에서의 목적과 수단의 고려에 있어 도덕적,
윤리적 규범이 큰 영향을 끼친다고 주장한다. 다시 말해서, 이상주의는 18세기의
계몽적 낙관주의 전통에 근거하여, 이성적 인간은 언제나 이성적으로 행동하며,
따라서 이성을 가진 인간의 집합인 국가도 이성적으로 행동하리라는 주장인 것

이다. 또, 19세기의 자유주의 전통에서 강조된 것처럼, '보이지 않는 손'에 의해 사회가 조화를 이루듯이, 국제 정치도 각 국가에 자연스런 조화가 이루어질 수 있다고 생각한다. 따라서 이상주의는 인간의 이성을 신뢰하며, 국제 여론을 중시하고, 법과 기구를 기반으로 하는 국제적 행위 규범의 발전을 강조하고 있다.

고교 국민윤리 교과서, 국제 관계와 윤리

🦁 이성적인 인간이 이성적으로 행동한다고 해서 인간들의 집합인 국가도 이성적으로 행동할 것이라고 주장할 수는 없습니다. 대부분의 사회 구성원들이 이성적일지라도 그들로 구성된 사회 또는 국가가 비이성적인 독재자에 의해 통치되고 있다면 그 사회는 이성적인 사회가 될 수 없을 것입니다. 나치하의 독일, 김일성과 김정일 체제하의 북한이 대표적이라 할 수 있을 것입니다. 마찬가지로 각 사회 또는 국가 안에서 조화를 이룬다고 하여 국가들로 구성된 국제 사회에서도 조화를 이룰 것이라고 추론하는 것은 무리입니다. 국가 간의 관계에서는 도덕과 양심보다 자국의 이익을 우선시하는 경향이 많습니다.

5) 분해(분할)의 오류

결합의 오류와 반대 방향으로 추론하는 오류이다. 즉, 전체가 어떤 특성을 갖고 있다고 해서 그 부분이나 요소들도 그러한 특성을 갖고 있다고 추론하는 오류이다.

조선 민족은 약한 민족이다. 그러므로 조선인은 약한 사람임에 틀림없다.

유주현, 『조선총독부』에서

🦁 조선 민족은 약한 민족이라고 평가될지 모르지만, 개별적으로 보면 똑똑하고 강인하다고 말할 수 있지 않을까요?

토론과 논술의 기초 3
— 가치 판단과 논쟁의 해결 —

우리가 토론과 논술을 할 때에는 우선 논의하는 문제 또는 논점을 제시하게 된다. 그러고 나서 자신의 가치 판단이나 주장을 하게 되고, 그 주장의 근거를 제시한다. 주장은 크게 사실 주장과 가치 주장으로 나눌 수 있다. 사실 주장은 나중에 알아보고, 여기서는 가치 주장(가치 판단)을 합리적으로 내리는 방법과 절차를 구체적으로 살펴보기로 한다.

논쟁이 일어나는 것은, 즉 주장이나 가치 판단이 다른 것은 그것을 뒷받침해 주는 근거에서 서로 사이가 나기 때문이다. 가치 판단을 지지하는 근거는 사실 근거와 원리 근거(가치 원리, 도덕률 등)가 있는데, 논쟁은 사실 근거나 원리 근거에서 차이가 있을 때 발생한다. 때로는 논쟁 당사자가 핵심 용어를 서로 다른 의미로 이해하고 있기 때문에 논쟁이 일어나는 경우도 있다. 논쟁을 합리적으로 해결하는 방법에 대해서도 알아볼 것이다.

1. 문제의 인식

먼저 해결해야 할 문제를 인식하는 것이 중요하다. 문제를 분명히 해두지 않으면 논의의 방향을 어느 쪽으로 잡아야 할지 알 수 없기 때문이다.

문제의 인식은 곧 논점의 확인과 같다. 논점을 분명히 해두어야만 그 논점을 중심으로 일관성 있게 논의를 해나갈 수 있다.

예를 들면, '영어 조기 교육'을 가지고 이야기 할 때, 우리는 논점을 여러 측면에서 취할 수 있다. ① “영어 조기 교육이 바람직한가”를 논점으로 택할 수 있고, 영어 조기 교육이 바람직하다는 전제하에, ② “영어 조기 교육은 몇 살 때부터 시키는 것이 바람직한가”를 논점으로 택할 수도 있을 것이다. 또 ③ “영어 조기 교육은 외국인이 시키는 것이 바람직한가 아니면 내국인이 시키는 것이 바람직한가”를 논점으로 택할 수도 있다.

물론 ‘영어 조기 교육’이라는 논의 대상과 관련하여, ④ “영어 조기 교육이 어린이들의 의식에 어떤 영향을 끼치는가” 또는 ⑤ “영어 조기 교육 붐이 가계에 어느 정도 부담을 주는가” 등이 논점이 될 수도 있을 것이다. 이 논점들은 ①, ②, ③ 중의 하나를 본논점으로 삼아서 논의할 때, 부수적으로 따를 수 있는 논점들, 즉 소논점들이다. 예를 들면 ① “영어 조기 교육이 바람직한가”라는 논점을 놓고 논의할 때, ④의 소논점하에 어린이들의 의식에 끼치는 부정적 영향을 드러내고, ⑤의 소논점하에 가계에 미치는 경제적인 부담을 밝혀내서 “영어 조기 교육은 바람직하지 않다”는 주장을 할 수 있을 것이다.

토론을 하거나 논술을 할 때 논점을 일관성 있게 유지해야만 논점에서 일탈하는 오류를 피할 수 있다. 대학 입시의 논술에서 주어지는 ‘논제’가 바로 논점이 되는데, 논제, 즉 논점에서 벗어난 논술을 하면 내용이 아무리 훌륭해도 좋은 논술이 될 수 없다.

2. 가치 판단과 근거 제시

논점이 주어지면 우선 여러 관점에서 생각해 본 다음, 잠정적으로 가치 판단(주장)을 내려보고 그 가치 판단의 근거를 제시한다.

“영어 조기 교육이 바람직한가”라는 논점(논제)이 주어졌다고 가정할 때, 다음과 같이 여러 관점에서 그 논점을 생각해 본다.

1. 영어 조기 교육의 목표와 효과
2. 어린이의 의식에 미치는 영향
3. 국어 사용에 미치는 영향
4. 가계 부담에 미치는 영향
5. 외국의 영어 조기 교육 실태

우선 **찬성 입장**(영어 조기 교육은 바람직하다)에서, 찬성 입장을 지지해 주기에 적합한 관점(1, 3, 5)을 택해 찬성 근거를 제시하면서 논술하면 다음과 같다.

1. 초등학교 3학년부터 영어 조기 교육을 실시하는 것은 세계화를 추진하는 데 도움을 준다. 우리가 세계화를 추진하기 위해서는 국제 무대에서 유창한 영어 실력을 필요로 한다. 유창한 영어 구사는 어릴 때부터의 영어 교육이 뒷받침되어야 한다. 어릴 때부터 영어 교육을 받으면 영어에 친숙해져 마치 우리말처럼 자연스럽게 영어를 구사할 수 있을 것이다.

3. 뿐만 아니라 모국어는 외국어와 함께 배움으로써 더 유창하게 구사할 수 있다. 그래서 선진 외국에서도 어릴 때부터 이중 언어 교육을 실시하고 있다 하지 않는가. 어린이들에게 우리말 교육과 함께 영어 교육을 시키면 오히려 우리말의 이해와 구사에도 도움을 줄 것이다.

5. 외국어 조기 교육은 또한 세계적인 추세다. 우리와 처지가 비슷한 많은 동남아 국가들도 초등학교 때부터 영어를 가르치고 있다.

영어 교육은 빠를수록 좋다. 부작용도 없지 않으나 그것을 최소화하면서 영어 조기 교육이 실제적인 효과를 거둘 수 있도록 우리 모두가 노력해야 한다.

■ **찬성 입장**의 근거를 정리하면 다음과 같다.
1. 영어 조기 교육은 세계화를 추진하는 데 도움을 준다.
3. 영어 조기 교육은 우리말의 이해와 구사에도 도움을 줄 것이다.
5. 외국어 조기 교육은 세계적인 추세다.

다음으로는 **반대 입장**(영어 조기 교육은 바람직하지 않다)에서, 반대 입장을 지지해 주기에 적합한 관점(1, 2, 3, 4)을 택해 반대 근거를 제시하면서 논술을 하면 다음과 같다.

1. 세계화 추진 정책의 일환으로 정부는 초등학교 3학년부터 영어 교육을 실시하기로 하였다. 세계화를 달성하기 위해서는 국민들이 영어를 잘해야 한다는 생각인 것이다. 물론 우리 국민들이 세계 무대에서 활동하려면 세계어인 영어를 유창하게 구사하는 것이 중요하다. 그러나 세계화는 영어만 잘한다고 해서 달성되는 것이 아니다. 우리 혼이 담긴 문화를 발전시켜 세계로 뻗어나가는 것이 곧 진정한 세계화다. 남의 나라 문화를 그저 앵무새처럼 모방한다고 해서 세계화가 이루어지는 것은

아니다.

2. 영어 교육은 빠를수록 좋다고 말한다. 그러나 우리말의 초보적 단계도 제대로 밟지 못한 상태에서 영어를 배우게 되면 우리 아이들의 의식 구조도 미국화하지 않을까 걱정이다. 이미 시중 학원가에서는 영어 조기 교육의 열풍이 불어 서울 강남 여기저기에 들어선 어린이 영어 학원에서는 태극기보다 성조기 그리기를 먼저 가르치고, 이름을 미국식으로 바꿔 부른다고 한다. 치열한 경쟁을 벌이는 사설 학원들이 가능한 한 더 미국식으로 가르쳐야만 인기를 끌 수 있기 때문이라 생각된다.

3. 더군다나 영어의 구조는 우리말의 구조와 다르기 때문에 영어를 너무 일찍 배우기 시작하면 어린이들이 우리말 사용에서 상당한 혼란을 겪게 될 것이다. 그러한 혼란을 피하기 위해서는 우리말의 구조를 어느 정도 익힌 다음에 영어를 배워야 한다.

4. 영어 조기 교육은 그렇지 않아도 아이들 사교육비 때문에 허리가 휜 학부모들의 부담을 더욱 가중시킬 것이다. 각종 교재, 테이프와 학원 과외비로 학부모들은 여간 부담스운 것이 아니다.

우리 나라 영어 교육의 문제점은 시기가 아니라 방법에 있다. 영어 교육은 중학교 때부터 시작해도 늦지 않다. 먼저 영어 교육의 방법을 개선하는 것이 더 시급하다.

■ **반대 입장**의 근거를 정리하면 다음과 같다.
1. 진정한 세계화는 우리 혼이 담긴 문화를 발전시켜 세계로 뻗어나가는 것이다.
2. 조기에 영어를 배우면 우리 아이들의 의식 구조가 미국화할 위험성이 있다.
3. 영어 조기 교육을 받은 어린이들은 우리말 사용에 상당한 혼란을 겪게 될 것이다.
4. 영어 조기 교육은 학부모들의 가계 부담을 더욱 가중시킬 것이다.

3. 근거의 검사

1) 근거가 **충분하고 참인지**(믿을 수 있는지), 즉 중요한 근거가 모두 제시됐는지 그리고 제시한 근거가 모두 받아들일 만한 것인지를 검사한다.
2) 근거가 **관련성이 있는지**, 즉 제시한 근거들이 주장을 뒷받침하는 데 관련성이 있는지 그리고 관련성이 있다면 어느 정도 관련성이 있는지를 검사한다.

어떤 근거는 그 자체로는 참이긴 하지만 주장을 뒷받침하는 데는 관련성이 없는 경우도 있다. 예를 들면, "우리 나라는 살기 좋은 나라다"라는 주장을 뒷받침하기 위해서, "우리 나라는 섬이 많다"는 사실을 근거로 제시한다면, 그것이 참이기는 하지만 관련성은 없다. "섬이 많은 나라는 살기 좋다"고 말한다면 수긍할 사람이 별로 없을 것이기 때문이다.

반면에 "우리 나라는 범죄가 거의 없는 나라다"라는 것을 근거로 제시한다면, 그것은 참이 아니지만, "범죄가 거의 없는 나라는 살기 좋은 나라다"라는 기준(원리)을 전제하고 있다는 점에서 원리상으로는 관련성이 있다. 위에서 말한 두 개의 추론을 각각 구조화하면 다음과 같다.

■ 추론 1

섬이 많은 나라는 살기 좋다.　　(대전제) — 원리 근거

우리 나라는 섬이 많은 나라다. (소전제) — 사실 근거

따라서 우리 나라는 살기 좋다.　　(결론) — 가치 판단

■ 추론 2

범죄가 거의 없는 나라는 살기 좋다.　　(대전제) — 원리 근거

우리 나라는 범죄가 거의 없는 나라다. (소전제) — 사실 근거

따라서 우리 나라는 살기 좋다.　　　　　(결론) — 가치 판단

위에서 원리 또는 원리 근거는 '좋다' '나쁘다' '옳다' '옳지 않다' '바람직하다' '해야 한다' 등등의 가치 언어가 포함된 일종의 가치 판단, 즉 일반적인 가치 판단이다. 그리고 사실 근거는 관찰이나 실험을 통해 참·거짓을 가릴 수 있는 사실 판단이다.

추론 1에서 사실 근거는 참이지만, 원리 근거는 관련성이 없다. 반면에 추론 2의 사실 근거는 참이 아니지만, 원리 근거는 관련성이 있다.

위의 두 추론은 모두, 원리 근거나 사실 근거 중 하나를 받아들이기 어렵기 때문에 가치 판단(주장)을 뒷받침해 주지 못한다. 가치 판단을 뒷받침해 주려면 다음과 같이 두 근거 모두 받아들일 수 있는 것이어야 한다.

■ 추론 3

기온과 강수량이 알맞은 나라는 살기 좋다.　— 원리 근거

우리 나라는 기온과 강수량이 알맞다.　　　— 사실 근거

따라서 우리 나라는 살기 좋다.　　　　　　　　— 가치 판단

그런데 일상적인 대화나 토론 또는 논술에서는 거의 대부분 "우리 나라는 기온과 강수량이 알맞기 때문에 살기 좋은 나라다"와 같이, 원리 근거를 생략하면서 간단하게 표현한다. 마찬가지로 "우리 나라는 섬이 많기 때문에 살기 좋은 나라다" 또는 "우리 나라는 범죄가 거의 없기 때문에 살기 좋은 나라다"와 같이, 거의 대부분 원리 근거를 생략하면서 주장한다(생략 논법에 대해서는, Ⅱ장 연역 추론과 귀납 추론 참조).

그러나 어떤 주장이 옳은가를 알려면, 겉으로 드러낸 사실 근거뿐만 아니라 주장 속에 전제(가정)하고 있는 원리 근거까지도 밝혀내서 그것이 받아들여질 수 있는가를 따져봐야 한다. 가끔은 암암리에 전제한 원리 근거(가치관)가 문제가 되어 논쟁이 일어날 수 있다. 예를 들면 누군가가 "우리 나라는 범죄가 거의 없기 때문에 살기 좋은 나라다"라고 주장할 때, 여러분은 그 주장이 잘못되었다는 것을 밝히기 위해서 어떻게 하겠는가? 우선 드러난 사실 근거가 거짓이라는 것을, 신문에 거의 매일같이 보도되는 범죄 관련 기사를 예로 들면서 반박할 것이다. 그러나 속으로 전제하고 있는 원리 근거, 즉 "범죄가 거의 없는 나라는 살기 좋은 나라다"라는 것은 아마 문제삼지 않을 것이다.

그런데 만약 누군가가 "우리 나라는 섬이 많기 때문에 살기 좋은 나라다"라고 주장한다면, 드러난 사실 근거보다는 오히려 그 주장 속에 암암리에 전제되어 있는 원리 근거를 문제삼을 것이다. "섬이 많은 나라가 어떻게 해서 살기 좋은 나라지?" 하고 말이다.

이처럼 어떤 주장에 대해서, 겉으로 드러난 근거뿐만 아니라 주장 속에 전제되어 있는 근거(대부분의 경우 원리 근거)도 밝혀내서 그것이 받아들여질 수 있는지 따져보는 비판적인 태도가 필요하다.

그러면 근거를 받아들일 수 있는지를 어떤 방식으로 검토할 수 있을까? 사실 근거를 검토하는 방법과 원리 근거를 검토하는 방법이 다르다.

1) 사실 근거의 검사

전문적인 사실이나 정보 또는 지식인 경우에는 그것이 참인가를 알기 위해 전문가의 연구 결과를 조사하거나 그들의 의견을 물어야 할 것이다. 합리적으로 가치 판단이나 의사 결정을 내리려면 정확한 사실이 전제되어야 하기 때문에 그러한 과정이 필요하기는 하지만, 일일이 전문서적을 통해 확인하고 전문가의 자문을 구한

다는 것은 학생들에게는 어려움이 많을 것이다.

　중등 교육 과정에서는 합리적인 가치 판단이나 의사 결정을 내리는 방법 또는 절차를 터득하는 데 주안점을 두기 때문에, 불충분하기는 하지만 믿을 수 있는 신문이나 시사 주간지, 월간지 등의 기사에 의존하는 것도 괜찮다. 따라서 많은 새로운 사실이나 정보를 습득하기 위해 매일 일정한 시간을 들여 신문이나 교양 잡지를 보는 것이 좋다.

　직접 목격한 사건이나 믿을 수 있는 사람으로부터 들은 이야기도 사실 근거를 확인하는 데 도움이 된다. 떠돌아다니는 믿을 수 없는 소문에 의존하는 것은 좋지 않다.

2) 원리 근거의 검사

(1) 포섭 검사(包攝檢査)

　포섭 검사는 문제가 되는 원리를 좀더 높은(포괄적인) 원리에 포함시켜 정당화하는(옳다는 것을 증명하는) 방법이다.

순철 1 : 쓰레기를 고속도로변에 버리면 안 돼.
만수 2 : 뭐, 좀 버리면 어때.
순철 3 : 쓰레기를 고속도로변에 버리면 법에 걸려.
만수 4 : 나는 그런 데 신경 안 써. 법은 너나 잘 지켜.
순철 5 : 법은 누구나 지켜야 해. 법을 무시하면 이 사회가 어떻게 되겠니, 응?
　　　　 사람들이 살기 힘들어지잖아?(사람들이 서로 살기 편해야지.)

　위의 대화에서 순철(3)이는 "쓰레기를 고속도로변에 버리면 법을 어기게 된다"는 말을 하면서 "법을 어기면 안 된다"는 원리(근거)를 전제하고 있다. 이에 만수(4)는 "법 지키는 것에 신경 안 쓴다"는 태도를 보이고 있다. 순철(5)이는 자기가 전제하고 있는 원리가 도전을 받으니까, 그 원리를 정당화할 필요가 있을 것이다. 그래서 순철이는 "법을 어기면 사람들이 살기가 힘들어진다"(사람들이 서로 살기 편해야 한다)는 공리주의적 원리를 끌어들임으로써 도전받는 원리(법 준수 의무)를 정당화하고 있는 것이다.

(2) 반증 사례 검사(反證事例檢査)

초등학교 학생들도 친구와 말싸움을 하다가 가끔, "네 말이 맞으면 ○○도 맞겠네?" 하면서 친구의 말을 반박하는 것을 볼 수 있다. 이 반박 논법을 논리적으로 전개하면 다음과 같다.

네 말이 맞으면, (같은 논리로) ○○도 맞을 것이다.

그런데 ○○은 맞지 않다.

따라서 네 말은 맞지 않다.

p이면 q이다.

q가 아니다.

따라서 p가 아니다.

이 논법은 논리학에서 말하는 '후건 부정식'이다. 후건 부정식은 후건(q : ○○도 맞을 것이다)을 부정하여 전건(p : 네 말이 맞다)의 부정을 이끌어내는 타당한 논법이다. 이 논법은 상대방의 주장을 반박할 때 자주 사용하는 논법이다.

진유 : 삐삐를 학교에 못 가지고 다니게 하는 것은 옳지 않다고 생각해.

승희 : 삐삐가 울리면 수업에 방해가 되니까 못 가지고 다니게 하는 거지.

진유 : 그건 뭐라 해도 개인의 사생활 침해야. 우리 학생들도 엄연히 사생활이 있다구.

승희 : 사생활은 뭐든지 존중해 줘야 한다고 보니?

진유 : 물론이지.

승희 : 그렇다면 호주머니 검사하는 것은 어때?

진유 : 그것도 물론 사생활 침해니까 해서는 안 된다고 봐.

승희 : 그럼, 학교에서 눈썹 그리고 입술에 루즈 칠하는 것은 어때?

진유 : 글쎄 …… 그것도 사생활인가??

위의 대화에서 승희의 주장은, "사생활은 뭐든지 존중되어야 한다면, 눈썹과 입술을 칠하고 다니는 것도 존중되어야 할 것이다. 왜냐하면 그것도 사생활이니까. 그런데 중고등 학생이 학교에서 눈썹 그리고 입술에 루즈 칠하는 것은 허용되기 어렵다. 따라서 사생활이라고 뭐든지 존중될 수는 없는 것이다"라는 내용이다. 위의 대화에서 승희는 "사생활은 뭐든지 존중해 줘야 한다"는 진유의 원리를,

‘눈썹 그리고 입술 칠하는 사생활’을 반증 사례로 삼아 반박하고 있다.

(3) 보편화 결과 검사(普遍化結果檢査)

어떤 행위가 보편화되는 경우, 즉 그 행위를 모든 사람들이 다 하게 되면 바람직스럽지 않은 결과가 빚어지기 때문에 그 행위를 해서는 안 된다는 논증이다. 이것을 ‘보편화 논증’이라고도 하는데, 행위 자체의 결과가 아니라 그 행위의 보편화된 결과를 가지고 옳고 그름을 결정해야 한다고 보는 일종의 공리주의 — ‘보편화 공리주의’ 입장이다(* 행위 자체의 결과를 놓고 그것의 옳고 그름을 결정해야 한다고 보는 입장은 ‘행위 공리주의’로, 영국의 법학자이며 윤리학자인 벤담이 그 대표자이다).

한수 1 : 어제 저녁에 시험 공부를 제대로 못 해 오늘 커닝 좀 해야겠다.
승일 2 : 사람이 좀 떳떳해 봐라. 나 같으면 그런 짓 안 하겠다.
한수 3 : 그래, 너는 그렇겠지. 공부 잘해서 말이야. 난 이번에 시험 잘 못 보면 아빠의 실망이 클 텐데 어떻게 하니.
승일 4 : 그렇더라도 커닝을 하면 안 돼. 모두가 너처럼 커닝을 한다고 생각해 봐. 시험이란 게 무슨 소용이 있겠어.

한수가 커닝하는 것 자체만 놓고 보면 그 결과가 그렇게 크게 문제 되지 않을지도 모른다. 그러나 한수에게 커닝이 허용되면 모든 학생에게도 커닝이 허용되어야 할 것이다(왜냐하면 “같은 경우에는 똑같이 내우게사 한다”는 형평성의 원리가 적용되므로). 그리고 모든 학생에게 커닝이 허용되면, 승일(4)이가 지적한 것처럼, 시험이라는 게 필요 없어지는 결과가 빚어질 것이다. 따라서 한수는 커닝을 해서는 안 된다는 결론이 나오게 되는 것이다.

(4) 역할 교환 검사(役割交換檢査)

역지사지(易地思之), 즉 입장을 바꿔서 생각해 보는 방법으로, 특히 불리한 위치에 있는 사람의 입장에 서서 생각해 보는 방법이다.

수미 : 글쎄, 한밤중 길가에서 여자가 30분 동안이나 살려달라고 비명을 질렀는데도 주변 사람들이 도와주지 않아 결국 괴한에게 살해되고 말았다지 않아.
희재 : 아마 괴한에게 보복당할까봐 그랬겠지.
수미 : 네가 주변에 있었다면 어떻게 했을 것 같아?

> 희재 : 글쎄……
> 수미 : 만약 너나 너의 언니가 그런 상황에 놓였을 경우 주변 사람들이 도와주지
>   않는다면 어떻게 될까?
> 희재 : ……

  🐸 수미는 문제 상황에 자신이나 자신의 가족을 대치했을 때에도 그런 행동을 받아들일 수 있는지 생각하게 함으로써 그의 원래 생각을 검토해 보도록 유도하고 있다.

이제 지금까지 논의한 것을 바탕으로, 앞에서 살펴본 바 있는 <u>영어 조기 교육에 대한 찬성 근거와 반대 근거를 하나하나 검토해 보기로 하겠다.</u>

■ 찬성 입장의 근거를 다시 정리하면 다음과 같다.
1. 영어 조기 교육은 세계화를 추진하는 데 도움을 준다.
3. 영어 조기 교육은 우리말의 이해와 구사에도 도움을 줄 것이다.
5. 외국어 조기 교육은 세계적인 추세다.

■ 반대 입장의 근거를 정리하면 다음과 같다.
1. 진정한 세계화는 우리 혼이 담긴 문화를 발전시켜 세계로 뻗어나가는 것이다.
2. 조기에 영어를 배우면 우리 아이들의 의식 구조가 미국화할 위험성이 있다.
3. 영어 조기 교육을 받은 우리 어린이들은 우리말 사용에 상당한 혼란을 겪게 될 것이다.
4. 영어 조기 교육은 학부모들의 가계 부담을 더욱 가중시킬 것이다.

찬성 근거의 검토

〈찬성 근거 1 : 영어 조기 교육은 세계화를 추진하는 데 도움을 준다〉
　'세계화'를 우리 국민이 세계 무대에서 활동하는 것으로 정의한다면, 영어를 잘 해야 할 것이다. 그런 점에서 영어를 일찍부터 배우는 것은 세계화에 도움을 주리라고 본다. 그러나 영어를 유창하게 하는 것은 세계화의 필요 조건이지 충분 조건은 아니다. 세계화를 위해 우리 나라 국민으로서의 주체성이 요구되며 그 바탕 위에 우리 고유 문화가 창조적으로 계승 · 발전되어야 한다. 그렇게 해서 우리의 고

유 문화가 독창적인 진가를 세계 무대에서 발휘하고 세계인들이 그것을 인정해 줄 때 세계화가 이루어지는 것이다. 선진 문화의 모방만으로는 진정한 세계화가 이루 어질 수 없다.

(용어의 정의 : '세계화')

〈찬성 근거 3 : 영어 조기 교육은 우리말의 이해와 구사에도 도움을 줄 것이다〉

어린이들에게 일찍부터 영어 교육을 시키면 우리말의 이해와 구사에 도움을 줄 수 있을까? 물론 중고등학교 때 영어나 다른 나라 말을 배우면 우리말의 구조를 더욱 분명히 이해할 수 있다는 것은 인정한다. 그러나 우리말의 구조도 제대로 터 득하지 못한 상태에서, 영어를 배운다고 우리말을 더 잘 이해할지는 의문이다.

(사실 근거의 검토)

〈찬성 근거 5 : 외국어 조기 교육은 세계적인 추세다〉

외국어 조기 교육이 세계적인 추세인지는 알 수 없으나, 설령 그렇다 할지라도 다른 나라가 하는 대로 따라 하는 것은 문제가 있다고 본다. 나라마다 언어 · 문화 · 역사의 특성이 다르기 때문에 다른 나라의 언어 정책을 그대로 따르는 것은 옳지 않다. 물론 과거 미국의 식민지였던 필리핀이나 영국의 식민지였던 싱가포르 처럼 영어와 토착어를 같이 쓰고 있는 나라에서는 어릴 때부터 영어를 배우는 것 이 자연스러울 것이다. 그러나 언어 구조가 영어와 매우 다르고 영어권 국가와 문 화 · 역사가 크게 다른 나라에서 영어를 너무 일찍부터 가르치는 것은 어린이들에 게 무리한 부담과 혼란만 안겨주는 꼴이 된다.

(반증 사례 검사 : 필자가 암암리에 전제하고 있는 원리, 즉 "세계적인 추세를 따르는 것 이 옳다"는 원리를 각 국가의 언어 · 문화 · 역사의 특수성을 들어 반박하고 있다.)

반대 근거의 검토

〈반대 근거 1 : 진정한 세계화는 우리 혼이 담긴 문화를 발전시켜 세계로 뻗어나가는 것이다〉

진정한 세계화는 다른 나라의 문화를 무비판적으로 모방하는 것이 아니다. 우리 의 고유한 문화를 발전시켜 세계에 전파하는 것이 세계 문화에 기여하는 길이고, 이것이 진정한 세계화라고 생각된다는 점에서 동의할 수 있다.

(용어의 정의 : '세계화')

〈반대 근거 2 : 조기에 영어를 배우면 우리 아이들의 의식 구조가 미국화할 위험성이 있다〉

의식 구조가 미국화한다는 말이 무슨 뜻인지 분명하지 않다. 그러나 우리말과 문화보다는 미국의 말과 문화를 선호하는 의식을 영어 조기 교육으로 어릴 때부터 길러준다면 문제라고 본다. 그렇지 않아도 우리 청소년들은 우리 상품보다 영어 글자가 찍힌 의류나 신발 등 외국 브랜드 상품을 선호하고 우리의 대중 문화보다 외국의 대중 문화에 빠져 있는데 이것을 더욱 부추길 위험성이 있다. 외국 말과 외국 문화를 무조건적 선호하는 의식을 어릴 때부터 길러주는 것은 바람직하지 않다. 그것은 결국 진정한 세계화에 역행하는 것이다.

(포섭 검사 : "세계화에 역행하는 행동을 해서는 안 된다"는 상위의 원리에 포함시켜 주장을 정당화하고 있다.)

〈반대 근거 3 : 영어 조기 교육을 받은 우리 어린이들은 우리말 사용에 상당한 혼란을 겪게 될 것이다〉

우리말의 순서와 영어의 순서가 다르기 때문에 우리말의 구조를 제대로 익히지 못한 상태에서 영어를 배우면 어린이들에게 어느 정도 혼란을 줄 수 있다고 생각된다. 그러나 그러한 현상이 실제로 얼마나 심각한지는 실제의 교육과 관찰을 통해서 또는 그 분야의 전문적인 연구 결과를 놓고 확인할 필요가 있다.

(사실 근거 검토)

〈반대 근거 4 : 영어 조기 교육은 학부모들의 가계 부담을 더욱 가중시킬 것이다〉

찬성론자는 다음과 같이 반박할 것이다. : "영어 조기 교육으로 사교육비 부담이 더욱 커졌다는 소리가 들리고 있는 것은 사실이다. 그러나 어느 정도의 부작용에도 불구하고 영어 조기 교육의 필요성이 인정된다면 약간의 부담은 불가피하다고 본다. 사교육비가 특히 부담스러운 것은 고액 과외비 때문이라고 생각된다. 다른 과목의 경우와 마찬가지로 사교육비에 부담을 느끼는 것은 학부모들의 지나친 욕심 때문이지 영어 조기 교육 때문이라고 보기는 어렵다."

이에 대해 반대론자는 다음과 같이 응수할 수 있다. : "물론 어느 정도 여유가 있는 학부모라면 사교육비에 그렇게 큰 부담은 느끼지 않을 것이다. 문제는 자기 자식을 과외시키지 않으면 불안해하는 다른 학부모들도 어쩔 수 없이 과외를 시키게 되고 이렇게 해서 사회 전체에 과외가 확산된다는 데 있다. 더욱 문제가 되는 것은 하루하루 생활하기도 어려워 과외를 시키지 못하는 학부모와 그 자식들의 마음을 더욱 아프게 한다는 점이다."

(보편화 결과 검사 : 과외가 사회 전체에 확산될 것이다.

역할 교환 검사 : 생활이 어려워 과외를 시키지 못하는 학부모와 그 자식들의 입장에서

생각해 보라.)

4. 논쟁의 해결

각 입장에서 제시한 근거들은 하나하나 떼어놓고 볼 때 어느 정도 타당성이 있다. 따라서 논쟁을 해결하려면 더 우세한 입장을 따르거나, 절충할 가능성이 있으면 절충하는 것이 좋다. 논쟁에서 입장의 우열을 가릴 때 주의할 점을 정리하면 다음과 같다.

— 근거가 많은 쪽이 근거가 적은 쪽보다 반드시 더 우세한 것은 아니다. 예를 들면 어떤 정책을 찬성하는 사람이 그것을 지지하는 근거로 아무리 많은 좋은 점들을 제시했다 할지라도, 그것이 인간의 기본 권리(생명권 같은 기본권)를 침해할 소지가 있다면 지지받을 수 없다.

— 근거가 참일지라도 심각성이 적으면, 즉 그것이 실제로 나타날 가능성이 크지 않으면 그만큼 근거로서의 중요성은 떨어질 것이다. 예를 들면, '영어 조기 교육'의 반대 근거로 "외국인 영어 강사들이 국내에 많이 들어와 일하면 (해외로 달러가 빠져나가기 때문에) 무역 적자의 원인이 된다"는 근거를 제시한다면, 그것이 참일지라도 심각성은 그리 크지 않기 때문에 무시해도 될 것이다.

논쟁이 일어나는 경우는 원리 근거(가치관)에서 차이가 나는 경우, 사실 인식에서 차이가 생기는 경우, 그리고 용어의 의미를 서로 다르게 이해하고 있는 경우의 세 가지로 나눌 수 있다.

1) 원리 근거(가치관)에서 의견 차이가 생기는 경우

원리에서 차이가 나는 경우는 두 가지로 나눌 수 있다. 하나는 원리들이 정면으로 충돌하여 두 원리 중 하나를 버려야 할 경우이고, 다른 하나는 상대방의 원리를 어느 정도 인정할 수 있기 때문에 두 원리를 절충할 수 있는 경우이다.

정면으로 충돌하는 경우의 예를 들면 다음과 같다.

경섭 1 : 값비싼 외국 유명 브랜드를 좋아하는 것은 바람직하지 않다고 생각해.
　　　　　무역 적자가 계속 불어난다고 하지 않아. 국가 경쟁력이 약화되기도 하고.
진우 2 : 자기 돈 가지고 자기 취향의 제품을 사서 쓰는데 뭐가 문제야?
경섭 3 : 하지만 단순히 유명 브랜드라는 것 때문에 비슷한 질의 국산품보다 두
　　　　　세 배나 더 비싼 외제품을 사서 쓰는 것은 단지 허세고 과시욕의 표현
　　　　　이 아닐까?
진우 4 : 그렇게 해서 자기 만족을 얻는 것이 왜 나빠?
태진 5 : 다른 사람들이 허세와 과시욕을 부정적으로 본다면 어떨까? 그래도 즐
　　　　　거운 것일까?

위의 대화에서 경섭(3)은 "허세나 과시는 바람직하지 않다"는 원리를 전제하고 있고, 진우(4)는 자기 만족을 얻을 수 있기 때문에 "허세나 과시가 나쁜 것이 아니다"라는 반대 원리를 전제하고 있다. 상반된 원리는 양립하기 어렵기 때문에 그 중 하나는 잘못된 것이다. 여기서 태진(5)은 반증 사례 검사법(후건 부정식)을 이용하여 진우의 원리가 비합리적이라는 것을 지적하고 있다. 진우는 허세나 과시로 다른 사람의 부러움을 사서 자기 만족을 얻을 수 있다는 주장인데, 허세를 부리거나 과시를 하면 다른 사람이 마음속으로 경멸하기 때문에 오히려 자기 만족을 얻기 어렵다는 것을 태진은 암시하고 있다. 그러니까 결국 자기 만족을 추구하려는 것이라고 해도 허세나 과시는 바람직한 게 아니라는 점을 생각해 보도록 유도하고 있는 것이다.

상대방의 원리를 서로가 어느 정도 인정하기는 하지만 자신의 원리에 우선을 두는 경우는 각자의 원리들을 약간 완화·절충함으로써 논쟁을 해결할 수 있다. 영어 조기 교육에 관한 논쟁에서는 찬성 입장과 반대 입장 간에 원리 근거가 직접 충돌하지는 않는다. 두 입장 모두 (1) "세계화를 추진해야 한다"와 (3) "우리말 사용 능력을 높여야 한다"는 원리 근거에는 동의하고 있다.

그러나 실제로는 '세계화'라는 말을 두 입장이 서로 다른 의미로 이해하고 있어, (1) "세계화를 추진해야 한다"는 원리의 구체적인 내용도 결국 상당히 달라지게 된다. 찬성 입장에서는 ① "세계 무대에서 국민들이 적극적인 활동을 할 수 있어야 한다"는 원리를 제시하고, 반대 입장에서는 ② "우리의 고유 문화를 발전시켜 세계인들로부터 인정받을 수 있도록 해야 한다"는 원리를 제시하고 있는 셈이다.

찬성 입장의 원리(①)를 받아들이면 유창한 영어 구사 능력이 요구되겠지만, 반대 입장의 원리(②)를 받아들이면 반드시 그렇지는 않을 것이다. 따라서 원리 ①은

원리 ②에 비해 영어 조기 교육의 필요성을 훨씬 더 뒷받침해 줄 수 있다고 본다.

그런데 두 원리는 양립할 수 있다. 두 원리가 모두 타당성이 있고, 또 그것들을 다 받아들일 수 있다. 다시 말해 우리의 고유 문화를 발전시키면서 국민들이 세계 무대에서 적극적인 활동을 할 수 있고 또 그렇게 해야 한다. 어느 한 개인이 두 가지를 모두 하기는 어려울 것이다. 그러나 국민의 일부는 우리의 고유 문화(예를 들면 대중 문화, 예술, 스포츠 등)의 발전에 주력하고 다른 일부는 세계 무대에서 적극적인 활동(예를 들면 학문, 외교, 무역 등)을 한다면 우리 나라 전체의 세계화는 균형 있게 이루어질 것이다.

그렇다면 우리 나라의 모든 어린이들에게 일찍부터 의무적으로 영어를 배워야 하는 짐을 지울 필요는 없지 않을까? 국가 전체의 세계화를 촉진하기 위해서는 오히려 어린이들 각자의 적성과 취미 그리고 능력에 맞게 다양한 분야에서 창의성을 발휘하도록 하는 것이 바람직하다고 생각할 수 있지 않을까?

위와 같이 두 원리가 차이가 나서 논쟁이 일어나는 경우에는 절충의 가능성이 없는지를 생각해 보도록 한다. 다른 예를 하나 더 들어보자.

장정일의 『내게 거짓말을 해봐』라는 소설을 출판 금지시키는 것이 옳은지에 관해 한번 생각해 보기로 한다.

그 소설을 출판 금지시키는 것이 옳다고 주장하는 사람(찬성 입장)은 "그 책은 청소년의 탈선을 조장한다"는 점을 근거로 제시할 것이다(이렇게 주장하면서 암암리에 "청소년의 탈선을 조장하는 것은 옳지 않다"는 원리를 전제하고 있다). 반대로 그 소설의 출판을 금지하는 것은 옳지 않다고 주장하는 사람(반대 입장)은 그 근거로 "그것은 표현의 자유를 침해한다"는 점을 제시할 것이다(이렇게 주장하면서 암암리에 "표현의 자유를 침해하는 것은 옳지 않다"는 원리를 전제하고 있다).

그러나 찬성 입장의 원리, 즉 "청소년의 탈선을 조장하는 것은 옳지 않다"는 원리에 대해, "그렇다면 청소년의 탈선을 조장하는 것은 무엇이든지, 예를 들면 노래방, 본드 생산, 거리의 유혹적인 간판, 청소년 탈선에 관한 신문 기사까지도 금지시켜야 되지 않겠어?" 하고 반증 사례를 제시할 수 있을 것이다(반증 사례 검사). 우리 생활 주변에는 정도에는 차이가 있지만 청소년의 탈선을 조장할 만한 요소들이 꽤 있는 것은 사실이다. 문제는 그것을 얼마나 조장하느냐일 것이다. 아마 위의 반증 사례를 제시하면 찬성 입장을 제시하는 사람은 자신의 원리를 어느 정도 완화할 것이다. 즉 "청소년의 탈선을 심각하게 조장하는 것은 옳지 않다"는 정도로 완화할지도 모른다.

또 반대 입장의 원리, 즉 "표현의 자유를 침해하는 것은 옳지 않다"는 원리에 대해, 다음과 같이 반증 사례 검사를 적용할 수 있다. "표현의 자유를 침해하는 것이 옳지 않다면, 어떤 사람이 자신의 몸매가 아름답다는 것을 표현하려고 길거리에서 발가벗고 쇼를 하는 것도 나쁘지 않겠네?"하고 반박할 수 있을 것이다. 이러한 반증 사례를 제시할 때, "그래도 되는 거지, 뭐" 하고 말할 사람은 아마 없을 것이다. 그렇다면 여기서 우리는 "표현의 자유는 경우에 따라(예를 들면 지나치게 외설스럽거나 혐오감을 줄 때, 청소년의 타락을 심각하게 조장할 때, 타인의 명예 등 기본권을 침해할 때, 국가의 안보를 심각하게 위협할 때 등등) 제한하는 것이 옳다" 또는 "그와 같은 경우를 제외하고는 표현의 자유를 침해하는 것은 옳지 않다"는 식으로 그 원리를 제한할 것이다.

위와 같이 원리들을 제한할 수 있다면, 두 원리를 절충하여 "청소년 탈선을 심각하게 조장하지 않는다면 표현의 자유를 제한하는 것은 옳지 않다" 또는 "청소년 탈선을 심각하게 조장하면 표현의 자유를 제한하는 것이 옳다"는 형식으로 제시할 수 있을 것이다. 이제 두 입장의 의견 차이를 좁히기 위해 해야 할 일은, 문제의 소설이 청소년 탈선을 심각하게 조장하느냐 아니냐는 사실을 확인하는 것이다.

2) 사실 인식에서 차이가 생기는 경우

영어 조기 교육에 관한 논쟁에서는, 어려서부터 우리말과 함께 영어를 가르치면 우리말도 동시에 잘 할 수 있느냐 없느냐의 사실 인식에서 차이가 생긴다. 이 경우 의견 차이는 이중 언어 교육에 관한 전문가의 견해를 들어본다든지, 일찍부터 이중 언어 교육을 시키고 있는 외국의 교육 사례를 조사해 봄으로써 해결할 수 있을 것이다.

장정일의 소설에 관한 논쟁에서는, 그 소설의 내용이 과연 얼마만큼 청소년의 탈선을 조장할 소지가 있는지 확인할 필요가 있다. 그러한 사실의 확인은 아마 성인들의 몫일 것이다. 그 소설의 출판을 찬성하는 사람들은 소설이 예술인지 외설인지는 독자의 판단에 맡겨야 한다고 주장한다. 그러나 만약 그것이 심각하게 외설적이고 청소년들에 악영향을 주는 것이라면, 청소년이 읽도록 내버려둘 수는 없지 않을까?

윤리적 논쟁이나 가치가 관련되는 논쟁에서는, 앞에서 논의한 바 있는 원리 근거(가치관)의 차이 때문에도 의견 차이가 자주 일어나지만, 그에 못지않게 실제로는 사실 인식의 차이 때문에 논쟁이 일어나는 경우가 많다. 사실 인식의 차이는 객관적인 자료나 전문가의 의견을 들어봄으로써 해결해야 한다. 떠돌아다니는 소문이나 근거 없는 짐작에 의존하면 논쟁을 합리적으로 해결할 수 없다.

3) 용어의 의미에서 차이가 생기는 경우

가끔은 핵심 개념을 서로 달리 이해하고 있기 때문에 논쟁이 쉽게 해결되지 않는 수가 있다. 예를 들면, '착취' '민주주의' '정의' '자유' '인권'과 같은 개념은 윤리적 · 정치적 담론(談論)에서 자주 사용하는 개념이지만 언제나 같은 의미로 사용되는 것은 아니다. 그러한 개념들은 일상적인 용어와는 달리 윤리학 이론이나 정치 · 경제의 이념에 따라 다른 의미를 담고 있기 때문이다. 예를 들면 "우리 사회가 정의로운 사회인가" 하는 문제는 논쟁 당사자가 자유 방임주의자인가 아니면 사회주의자인가에 따라 다른 대답이 나올 수 있다. 양 극단의 특정 이념을 철저하게 믿고 있는 당사자끼리의 논쟁에서는, 우선 기본 전제인 이념에 합의하지 않고서는 그와 같은 문제에 의견 접근을 보기가 어려울 것이다.

일상 용어도 애매모호함 때문에 논쟁을 야기하는 수가 있다. '약물' '청소년' '폭력' '외설' 등이 그 대표적인 예이다. 『내게 거짓말을 해봐』라는 소설이 외설스런 책인가 아닌가"라는 논쟁은 '외설'이라는 말의 의미가 정확하게 규정되지 않으면 해결되기 어려울 것이다.

논쟁에서 용어의 의미를 통일한다는 것은 생각만큼 쉬운 일이 아니다. 이론적인 배경이 다른 사람 간의 논쟁에서 '정의'나 '착취' 같은 이론 의존적인(theory-dependent) 개념의 의미를 서로 통일한다는 것은 평소에 지지해 왔던 이론 또는 이념을 포기하거나 수정한다는 것을 의미하기 때문이다. 또 일상 용어인 경우에는 가끔 쉽게 의견 차이가 해소될 수 있으나(예를 들면 '약물'이라는 말이 포함되는 경우), '외설' 논쟁의 경우는 그렇게 간단하지 않다. 자유주의 기질을 가진 사람과 보수주의 성향을 가진 사람은 외설의 수위를 서로 다르게 잡을 것이기 때문이다. '외설'은 그 자체가 이론 의존적인 개념은 아닐시라도 사람의 기질이나 성향에 의해 그 의미(외연적 의미 : 외설이라고 말할 수 있는 것들의 범위)가 규정된다고 보아야 할 것이다.

영어 조기 교육에 관한 논쟁에서는 '세계화'라는 말이 논쟁 당사자 간에 서로 다른 의미로 쓰이고 있다. 찬성론자는 '세계화'를 우리 국민이 세계로 뻗어나가 활약하는 것으로 이해하고 있고, 반대론자는 우리의 고유 문화를 발전시켜 세계에 알리는 것으로 이해하고 있다. '세계화'의 의미 차이도 결국 '우리 국민이 세계 무대로 뻗어나가 활약해야 한다'는 원리(가치관)와 '우리 고유 문화를 발전시켜 나가야 한다'는 원리의 차이에서 나온 것이라고 보아야 한다. 그와 같은 원리의 차이가 해소되지 않는 한 '세계화'의 의미 차이도 해소되기 어려울 것이다.

이처럼 논쟁에서 용어의 의미를 일치시킨다는 것은 그렇게 쉬운 일이 아니다. 용어의 의미 차이가 발생할 때에는 본격적인 논의에 들어가기 전에 그것을 해소하려고 노력해야 할 것이다. 그러나 여기서 특히 주목해야 할 것은, 논쟁 당사자들이 같은 용어를 사용하고 있지만 그 의미 차이 때문에 논쟁이 일어나고 있다는 사실조차 가끔 모르고 있다는 점이다. 이 경우에 같은 용어를 사용하고 있지만 실제로는 다른 용어(의미가 다르므로)를 사용하고 있기 때문에 어느 하나의 공통된 의미를 가진 용어로 통일하기 전에는 논쟁이 해결될 수가 없다. 논쟁에서 더욱더 분석적이며 논리적인 사고가 요구되는 것도 바로 이러한 이유 때문이다.

N I E

∨

논술문 쓰는 법

논술은 근거를 제시하면서 어떤 주장을 논리적으로 정당화하는 글이라고 말할 수 있다. 따라서 논술에서 요구되는 형식의 기본 요소는 주장과 근거와 논리라고 말할 수 있다.

주장은 근거들에 의해 뒷받침되는 진술이며, 크게 보면 사실 주장과 가치 주장으로 나눌 수 있다(물론 그것들로부터 따로 분리시켜 '개념 분석적인 주장'도 생각해 볼 수 있다. "정의는 중용이다" "낙태는 사람을 죽이는 행위이다"가 그 예이다. 개념 분석의 주장은 나중에 검토하기로 하겠다).

사실 주장은 사실 판단의 성격을 지니고 있는 주장이다. 예를 들면 "정의는 엄정한 법 집행을 통해서 가장 잘 실현된다" "낙태는 임산부의 건강을 해친다"가 사실 주장이다. 그리고 사실 주장을 뒷받침해 주는 근거들도 사실적 진술만으로 구성되어 있다.

가치 주장은 가치 판단의 성격을 지니고 있는 주장이다. 가치 주장은 '…… 하는 것이 옳다' '…… 해야 한다' '…… 하는 것이 바람직하다' 등의 형식을 지니고 있거나 그런 뜻을 포함하고 있는 평가적인 또는 정책 제안적인 진술이다. 예컨대 "하늘이 무너져도 정의는 실현되어야 한다" "낙태는 옳지 않다" "이제 몽당 연필에 깍지를 끼워 쓰자"와 같은 주장이 가치 주장이다. 가치 주장은 사실 진술과 가치 진술이 함께 뒷받침해 준다. 대부분의 경우 사실 진술(또는 사실 근거)만 겉으로 드러내는 반면, 가치 진술(또는 원리 근거)은 사실 진술 속에 암암리에 전제하고 겉으로 드러내지 않는 경우가 많다. (Ⅳ장 토론과 논술의 기초 3. '가치판단과 근거 제시'를 참조하기 바란다).

1. 사실 주장의 논술문

> ① 동물에게 귀소 심리가 강하듯이 인간에게도 이 심리는 강하지만, 그 중에서도 한국인은 귀소 성향이 가장 강한 민족이라고 할 수 있다. ② 조총련 계통 교포가 수십 년 만에 모국 방문을 했을 때 수 년 전에 죽은 자기 남편의 유골을 갖고 돌아오기도 한다. ③ 6·25 때 긴박해진 전황 속에서도 전우의 시체에서 손가락만이라도 잘라서 유체를 대거 옮겨 나온 한 지휘관의 이야기는 유명하다. ④ 한국에서 유행하는 가요 속의 단어 빈도 조사 결과 단어의 72%가 돌아오고 싶은 감정 표현에 집약되는 것으로 밝혀졌다.
>
> 이규태, 『한국인의 의식구조』

위에서 ①은 사실적인 진술로, 사실 주장이다. 이 주장을 그 다음에 나오는 ②, ③, ④의 근거가 귀납적으로 뒷받침해 주고 있다. ②, ③, ④는 모두 우리 한국인이 귀소 성향을 지니고 있다는 것을 지지해 주는 사례들로서, 그러한 예들로 미루어볼 때 한국인은 귀소 성향이 가장 강한 민족이라고 주장할 수 있다는 것이다.

귀납 추론은 근거들이 주장(결론)을 단지 개연적(확률적, 가능적)으로만 지지해 준다고 여겨지는 추론이다. ②, ③, ④의 근거들을 제시했을지라도 그것만으로는 한국인이 귀소 성향이 가장 강한 민족이라는 결론을 내릴 수는 없다. 단지 그럴 가능성이 있을 뿐이다. 귀소 성향이 더 강한 다른 민족이 있을 수도 있기 때문이다.

여기서 주의할 것은, ②, ③, ④가 ①의 주장을 정당화할 수 있는 이유(근거) 진술은 될 수 있지만, 왜 한국인이 귀소 성향이 가장 강한 민족이 되었는가를 설명하는 원인 진술은 아니라는 것에 주목해야 한다. 아마 그 원인은 우리의 전통 사회가 유교 사회요 농경 사회였다는 점에서 찾아야 할지도 모른다. 이와 같이 어떤 현상의 원인을 분석해 내는 것은 귀납 추론이 아니라 '인과적 설명'이라고 한다.

다음은 귀납 추론과 인과적 설명이 혼합되어 있는 예에 해당된다. 이것도 사실 주장의 예이다.

> ① 우리 중학생들의 수학, 과학 실력은 언제 평가를 받아도 세계 톱 클래스이다. ② 그러나 고교와 대학으로 갈수록 존재가 흐려진다. ③ 주어진 공식을 이용해 문제를 푸는 것은 잘한다. 그러나 공식을 만들지는 못한다. ④ '수학, 과학의 우등국'에서 세계적 수학자나 과학자가 나오지 못하는 이유는 여기에 있다.

⑤ 점수 위주의 주입식 교육 때문이다.

중앙일보

윗글에서는 ④가 주장이다. 그리고 ①, ②, ③은 "'수학, 과학의 우등국'에서 세계적 수학자나 과학자가 나오지 못한다"(④)는 주장을 귀납적으로 뒷받침해 주는 근거들이다. 그리고 "우리 학생들이 점수 위주의 주입식 교육을 받고 있다"(⑤)는 사실이 '수학, 과학의 우등국'에서 세계적 수학자나 과학자가 나오지 못하는(④) 원인이 된다는 것을 필자는 인과적으로 설명하고 있다.

위에서 문단을 바꿔 새로운 문단을 설정하고 나서, 점수 위주의 주입식 교육이 왜 세계적 수학자나 과학자가 나오지 못하게 하는가를 설명한 다음, 마지막으로 또 하나의 문단을 설정하여, 문제의 해결 방안(세계적 수학자와 과학자가 나오도록 하기 위한 방안)을 제시하면 하나의 완결된 논술문이 될 수 있을 것이다. 문제 해결 방안을 제시하는 마지막 문단에서는 사실 주장을 제시하는 것이 아니라, 가치 주장을 제시한다.

2. 가치 주장의 논술문

가) 요즘 거리의 상점 간판이나 의류 식품 스낵류 등의 명칭에 한글이 오용 또는 남용되는 사례가 많다. 푸러마러(풀어 말어) 뽀까뽀까(볶아볶아)라는 상호가 있고 과자는 더 심해 누네띠네(눈에 띄네) 나와꾸나(나왔구나) 파시통통(팥이 통통) 마쪼니(맛 좋니)로 이어진다. 컴퓨터 이름도 아프로만(앞으로만)이다.

나) 이런 말(글)들로 인해 어린이들이 우리말에 대한 감각이나 국어 공부에 상당한 혼란을 겪을 우려가 있다. 그렇지 않아도 수 년 전 개정된 맞춤법을 제대로 알지 못해 실수 아닌 실수를 하는 경우가 많다.

다) 문법에도 맞지 않는 엉터리 글들이 대중 매체, 특히 TV 방송 등을 통해 계속 눈과 귀에 익다 보면 일상 생활에서뿐만 아니라 학교 교육이나 우리말의 학문적인 체계에도 엄청난 혼란을 일으키게 될 것이다. 또한 세계화 시대를 맞아 우리말조차 제대로 지켜나갈 수 없다면 물밀듯이 밀려오는 외국 문물을 어떻게 막아내고 세계 속의 한국을 만들어나갈 수 있겠는가.

라) 기업주나 광고인들은 더 이상 우리말을 오·남용하지 말고 우리말을 지키기 위해 제대로 된 상호와 상품명을 만들기 바란다.

동아일보

위의 글에서 (라)는 글의 결론이면서 주장이다. "만들기 바란다"는 어미는 어떤 사실을 진술하려는 것이기보다는 필자의 희망 또는 가치를 나타내려고 한다. 따라서 그것은 "만들어야 한다" "만드는 것이 바람직하다" "만드는 것이 옳다" 등의 평가적 진술 형태로 표현해도 무방하다. 그런 점에서 (라)는 사실 주장이 아니라 가치 주장이다. 위의 글에서 문단 (가)는 문제 인식을 위한 문단이다. 여기서 필자는 상점 간판이나 상품명에 한글이 오·남용되고 있는 사례가 많다는 것을 여러 예를 들어 보여주고 있다.

(나)에서부터 주장을 뒷받침하기 위한 근거를 제시하고 있다. (나)에서는 '어린이들이 우리말을 이해하고 공부하는 데 혼란을 겪을 것이다'라는 점을 제시하고 있다.

(다)에서는 '학교 교육이나 학문적인 체계에도 엄청난 혼란을 일으키게 될 것이다'라는 것과, '물밀듯이 밀려오는 외국 문물을 막아내고 세계 속의 한국을 만들어 나가기가 어렵다'는 것을 지적하고 있다.

윗글의 (나)부터 요약하면 다음과 같다.

기업주나 광고인들이 우리말을 오·남용하면,
① 어린이들이 우리말을 이해하고 공부하는 데 혼란을 겪을 것이다.
② 학교 교육이나 학문적인 체계에도 엄청난 혼란을 일으키게 될 것이다.
③ 물밀듯이 밀려오는 외국 문물을 막아내고 세계 속의 한국을 만들어나가기가 어렵다.
④ 따라서 기업주나 광고인들은 우리말을 지키기 위해 이제는 제대로 된 상호나 상품명을 만들어야 한다(우리말을 오·남용해서는 안 된다).

위의 사실 근거들 ①, ②, ③은 실제로 각각 다음과 같은 원리(근거)를 암암리에 전제하고 있다.

①´ 어린이들이 우리말 이해와 공부에 혼란을 겪어서는 안 된다.
②´ 학교 교육이나 학문적인 체계에 혼란을 일으켜서는 안 된다.
③´ 외국 문물을 막아내고 세계 속의 한국을 만들어나가야 한다.

그리고 ①과 ①´, ②와 ②´, ③과 ③´ 로부터 각각 ④가 필연적으로 귀결되어 나온다. 다시 말해 ①과 ①′로부터 ④가 필연적으로, 즉 연역적으로 귀결되어 나오고, ②와 ②′로부터 또한 ④가 연역적으로 귀결되어 나오며, ③과 ③′로부터 역시 ④가 연역적으로 귀결되어 나온다. 그것들을 각각 완전한 연역 추론 형식으로 정리하면 다음과 같다.

■ 연역 추론 1

① 기업주나 광고인들이 우리말을 오·남용하면, 어린이들이 우리말을 이해하고 공부하는 데 혼란을 겪을 것이다.(사실 근거)

①′ 어린이들이 우리말 이해와 공부에 혼란을 겪어서는 안 된다.(원리 근거)

④ 따라서 기업주나 광고인들은 우리말을 오·남용해서는 안 된다.

■ 연역 추론 2

② 기업주나 광고인들이 우리말을 오·남용하면, 학교 교육이나 학문적인 체계에도 엄청난 혼란을 일으키게 될 것이다.(사실 근거)

②′ 학교 교육이나 학문적인 체계에 혼란을 일으켜서는 안 된다.(원리 근거)

④ 따라서 기업주나 광고인들은 우리말을 오·남용해서는 안 된다.

■ 연역 추론 3

③ 기업주나 광고인들이 우리말을 오·남용하면, 물밀듯이 밀려오는 외국 문물을 막아내고 세계 속의 한국을 만들어나가기가 어렵다.(사실 근거)

③′ 외국 문물을 막아내고 세계 속의 한국을 만들어나가야 한다.(원리 근거)

④ 따라서 기업주나 광고인들은 우리말을 오·남용해서는 안 된다.

위의 추론들은 모두 다음과 같이 타당한 연역 추론 형식(후건 부정식)을 지니고 있다(Ⅱ장 연역 추론과 귀납 추론 참조).

p이면 q이다.
q가 아니다.
따라서 p가 아니다.

사실 주장을 결론으로 하는 논술문은 귀납 추론의 형식을 갖는 경우가 많지만, 가치 주장을 결론으로 하는 논술문은 위와 같이 대부분 여러 개의 연역 추론으로 구성된다. 그런데 가치 주장을 결론으로 갖는 실제의 논술문에서는 대개의 경우 원리 근거(①′ ②′ ③′)는 생략해 버리고 사실 근거(① ② ③)만 겉으로 드러낸다는 것을 명심하기 바란다. 그러나 가치 주장은 사실 주장과는 달리 항상 원리 근거를 논리적으로 전제한다는 것 또한 명심하기 바란다.

그런데 여러분은 여기서 약간의 의문을 가질지 모른다. 실제의 논술문에서 원리 근거를 드러내지 않는다면 왜 복잡하게 그것을 문제삼고 혼란스럽게 하느냐는 의문이 그것이다. 앞의 'Ⅳ장 토론과 논술의 기초 3. 가치 판단과 논쟁의 해결'에서 논의했던 것처럼, 겉으로 드러낸 사실 근거는 타당성이 있어도 암암리에 전제하고 있는 원리 근거가 타당성이 없어 결국에는 논술문이 독자를 설득시키지 못하는 경우가 있다. 따라서 논술을 하는 사람은 독자를 설득시킬 수 있는 훌륭한 논술문을 쓰기 위해서 항상, "내가 전제하고 있는 원리 근거가 타당성이 있는가?" 하고 스스로 비판적 관점에서 물어보는 습관을 갖는 것이 중요하다(논술문의 평가에 대해서는 다음에 구체적으로 다룰 것이다).

3. 논술문 요약하는 법

이제 좀 복잡한 논술문을 가지고 요약하면서 논술문의 구조를 이해하도록 해보자. 위에서 한 것처럼 우선 전체 글의 주장을 파악하고 그것을 뒷받침해 주는 근거들이 무엇인지 알아내면 논술문 요약을 하기가 쉽다.

다음 글은 어느 신문의 사설이다. 각 문단의 요지를 파악하고 전체 글의 요약문을 작성해 보도록 한다.

가) 무려 32명의 목숨을 앗아간 성수대교 붕괴 사고는 '선진국 문턱에 들어섰다'는 우리의 막연한 자신감이 터무니없는 착각이었음을 일깨웠다. 그것은 모든 시설물의 안전에 대한 불신으로 온 국민이 '사고 노이로제'를 앓게 만든 장본인이었다. 그것은 또 시민들이 "뭐 이런 나라가 다 있나" 하고 분통을 터뜨리게 만든 참담한 사건이기도 하다. 그런데 이 사건의 책임을 지고 구속 기소되었던 사람들이 1심 재판 결과 무죄 또는 집행 유예로 모두 풀려났다. 그 어처구니없고 끔찍했던 순간이 아직도 생생한데 사고의 문책이 이런 식으로 서둘러 마무리되어 가는 것을 보고 '공권력'에 대한 배신감과 불신을 다시 한 번 확인하는 국민들이 많을 것이다.

나) 성수대교 붕괴와 같은 참사의 수습은 철저한 정치적, 법적 문책에서부터

출발해야 한다고 우리는 여러 차례 지적했다. 시공 회사 대표나 건설 당시 및 사고 당시의 서울시 관련 책임자들에 대해 법적 책임을 끝까지 물어야 하며, 내각 총사퇴 이상의 정치적 문책이 필요하다는 것이 우리의 충고였다. 정부 스스로도 지위 고하를 불문하고 성역 없이 책임을 묻겠다고 여러 차례 다짐했던 사건이었다. 그런데도 정부는 정치적 문책 범위를 서울시장 경질 선으로 좁히더니 "법 적용은 국민 감정을 떠나 엄밀해야 한다"면서 현장 기술자와 감독 관청의 실무자 선만 기소하는 데 그쳤다.

다) 그런데 이제 와서 재판부는 이들까지 모두 풀어주면서 "붕괴 원인이 뚜렷이 밝혀지지 않았으므로 이를 철저히 규명한 뒤 명확한 책임 범위를 정해 처벌하는 것이 바람직하다"라고 주장했다. 검찰은 책임질 사람은 이들밖에 없다고 기소했는데 법원은 명확한 책임 범위가 밝혀지지 않아 처벌하기 어렵다고 하니, 이게 도대체 무슨 말인가. 그러면 국민들은 지금까지 허깨비 놀음을 구경하고 있었단 말인가.

라) '법의 엄밀한 적용'을 이유로 들어 수사의 확대를 회피했던 검찰이 재판부의 판결에 대해 논평한 "국민의 법감정을 도외시한 판결"이라는 말은 우리를 더욱 헷갈리게 한다. 국민이 분노를 넘어 절망하는 것은 사고가 났다는 사실보다도 사고를 처리하는 정부의 안이하고 일관성 없는 자세 때문에 더욱 그렇다. 우리는 이러한 판결에 도달한 재판부의 결정 자체에 시비를 걸 생각은 없다. 다만 책임 범위가 분명히 가려졌느냐 하는 문제는 견해의 차이가 아니라 사실 확인의 문제다. 따라서 이런 식의 주장을 주고받으면서 이 사건이 망각 속에 묻히는 때를 기다린다는 오해를 씻기 위해서라도 우선 검찰의 철저한 재수사가 요망되는 것이다.

한겨레 신문 사설

1. (가)에서는 문제를 제기하고 있습니다. 무엇을 문제삼고 있습니까?

2. (나)와 (다) 문단에서는 주장의 근거를 제시하고 있습니다. 그 근거들을 각각 한 문장으로 간추려보세요.

3. (라)에서는 결론을 제시하고 있습니다. 한 문장으로 정리해 보세요.

위의 사설을 요약하면 다음과 같다.

가) 무려 32명의 목숨을 앗아간 성수대교 붕괴 사고에 책임을 지고 구속 기소된 사람들이 1심 재판 결과 무죄 또는 집행 유예로 모두 풀려난 것을 보고 '공권력'에 대한 배신감과 불신을 갖게 된 국민들이 많을 것이다.

나) 사고의 수습을 위해 필자는 서울시 관련 책임자에게 법적인 책임과 내각 총사퇴 이상의 정치적 책임을 물어야 한다고 지적한 바 있는데, 정부는 현장 기술자와 감독 관청의 실무자만 기소하는 데 그쳤다.

다) 그런데 검찰이 붕괴 사고의 책임 범위를 분명히 밝히지 않아 재판부는 그들을 처벌하기 어렵다고 모두 무죄 또는 집행 유예로 풀어줬으니 국민들은 아연하지 않을 수 없다.

라) 검찰은 법원의 판결에 불만을 토로할 것이 아니라, 사고의 책임 범위를 분명히 가리기 위해 철저한 재수사를 하기 바란다.

요약을 제대로 하기 위해 다음 사항을 주의하기 바란다.

첫째, 각 문단에서 핵심적인 문장을 확인한다. 논술의 경우에는 첫 문단에 논점을 제시하거나 문제를 제기하게 된다.

둘째, 논술문의 본론에서 근거가 제시된다. 근거들이 여럿 제시되는 경우에는 각 근거에 하나의 문단이 구성되고, 그 근거를 중심으로 하여 문단의 내용이 진술된다. 각 문단에는 근거를 뒷받침해 주는 보조 근거가 있게 마련이므로 한 문단 안에서 근거와 보조 근거를 혼동하는 일이 없도록 하기 바란다. 근거를 중심으로 요약을 한다.

마지막으로 결론을 요약하고, 결론(주장)과 각 근거들이 서로 논리적이며 유기적으로 연결되도록 하여 전체적으로 하나의 완결된 글이 되도록 해야 한다.

거꾸로 요약문에 살을 붙이고 근거를 뒷받침해 주는 내용을 첨가해 나가면 하나의 완결된 논술문이 될 수 있다.

4. 논술문 작성 단계

논술문은 다음의 순서대로 생각하고 쓰도록 한다.

1) 문제(논제)를 파악한다.
2) 문제와 관련하여 여러 측면에서 생각해 본다.
3) 자신의 입장을 세워보고, 주장하고자 하는 바를 한 문장으로 표현해 본다.
4) 주장을 뒷받침하는 적절한 근거들을 생각해 본다.

5) 근거들이 논리적이며 유기적으로 연결될 수 있도록 배열한다.

6) 글의 개요를 작성해 본다.

7) 개요에 따라 글을 쓴다.

8) 글 전체를 비판적 관점에서 검토하고 수정 · 보완한다.

다음에 단계별로 자세히 살펴보기로 한다.

■ 단계 1 : 문제 파악하기

먼저 무엇이 문제인지 파악하지 못하면 논술의 방향을 어떻게 잡아야 할지 알수 없다. 따라서 우선 문제가 무엇인지 제대로 파악하는 것이 중요하다. 대개의 경우, 주어진 논제는 어느 방향으로 논술해야 할 것인가를 정해 준다. 예를 들면 "'중용'과 '정의'는 서로 조화될 수 있는가?", "자연 과학이 객관적 지식을 확보할 수 있는가?"라는 논제는 동시에 논점을 제시해 주므로 어느 방향으로 논지를 전개해야 할지 알 수 있다.

그러나 만약 "공정한 경쟁 사회" "학생에 대한 교사의 경어 사용" 등의 논제를 내주고 그것에 관해 자신의 견해를 논술하라고 한다면, 어느 방향으로 논지를 전개해야 할지 알 수가 없다. 이런 경우에는 논술하는 사람 자신이 서론에서 논점을 제시하고 논술을 해나가야 한다.

예컨대 "공정한 경쟁 사회"라는 논제와 관련하여, "공정한 경쟁 사회는 어떤 특성을 갖고 있는가?" "왜 공정한 경쟁 사회가 되어야 하는가?" "공정한 경쟁 사회가되기 위해서는 무엇이 요구되는가?" 등등, 다양한 논점을 설정할 수 있다. 또 "학생에 대한 교사의 경어 사용"과 관련해서는, "교사는 학생에게 경어를 사용하는 것이 바람직한가? 바람직하다면 어느 상황에서나 경어를 사용해야 하는가?" "교사는 수업 중에 전체 학생에게 경어를 사용해야 하는가?" "교사는 개별 학생에게 경어를 사용해야 하는가?" 등등, 여러 가지 방향으로 논점을 제한할 수도 있다.

주어진 논제가 논점을 분명하게 제시해 주지 않으면, 여러 가능한 논점들 가운데 가장 논란거리가 될 수 있고 독창적인 생각을 펼칠 수 있는 논점을 택해서 논술하는 것이 좋다. 일반적이거나 상식적인 이야기밖에 할 수 없는 논점을 가지고 논술하면 별로 흥미를 끌지 못할 것이다.

논제가 논점의 형식으로 주어지든, 아니면 논술자가 직접 논점을 정하든 간에 논술문을 작성할 때는 그 논점을 끝까지 일관성 있게 밀고 나아가야 한다. 그렇지 않고 논점에서 벗어난 글을 쓰면 무엇을 주장하려고 하는 것인지 알 수 없게 된다. 논술에서 논점을 일관성 있게 유지한다는 것은 대단히 중요하다.

■ 단계 2 : **문제와 관련해서 여러 측면에서 생각해 보기**

논제 또는 논점이 제시되면, 그것과 관련하여 여러 가지 측면이나 관점에서 생각해 본다. 그리고 생각나는 대로 적어본다. 즉 브레인스토밍(brainstorming)을 한다.

"공정한 경쟁 사회"(한양대 97 대입 논술 문제)라는 논제를 가지고 한번 생각해 보기로 하자. 그 논제와 관련하여, "왜 공정한 경쟁 사회가 되어야 하는가?"라는 논점을 설정해서 논술한다고 가정해 보자. 이 경우에 우리는 다음과 같이 추론해 볼 수 있다.

"만약 불공정한 경쟁 사회가 되면, 이러이러한 문제점이 야기될 것이다. 그런데 이들 문제점들은 바람직하지 않다. 따라서 공정한 경쟁 사회가 되어야 한다."

(후건 부정식)

위와 같이 추론해 본다면, 문제를 풀어나가기 위해서 우리 사회에 불공정한 경쟁 사례로 생각될 수 있는 것들이 어떤 것이 있는가를 먼저 생각해 보고 그런 것들이 어떤 점에서 문제가 되는가를 따져보는 것이 좋을 것이다. 그러면 우선 불공정 경쟁 사례를 다음과 같이 생각나는 대로 적어본다.

a. 어느 기업체가 경쟁 회사의 제품을 비방 광고하는 경우
b. 학교 내에서의 시험 중 부정 행위
c. 대기업체 신입 사원 채용시 지방 대학 출신들을 배제하는 관행
d. 단지 여성이라는 이유로 채용에서 여성에게 불이익을 주는 경우
e. 부와 가난의 부당한 상속 때문에 부자의 자손은 계속 부자가 되고 가난한 사람의 자손은 가난을 면치 못하는 경우
f. 단지 가난하다는 이유로 대학에 진학하지 못하는 경우
g. 대통령, 국회 의원 선거나 각종 사회 단체장 선거 등에서의 불법 선거
h. 다른 회사의 제품이나 다른 사람의 저작물을 불법으로 표절하는 경우

■ 단계 3 : 주제문 결정하기

전 단계에서 생각해 낸 것을 바탕으로 하되, 그와 같은 사례들에서 무엇을 주장할 것인가를 생각한 다음 주제문을 한 문장으로 써본다.

위의 불공정한 경쟁의 예를 통해서 볼 때, "불공정한 경쟁 사회가 되면 능력 있는 개인이나 회사가 자기 능력을 충분히 발휘하지 못하고 부당한 피해를 볼 뿐만 아니라 사회 구성원들 간에 갈등을 유발하며, 사회적으로도 각 분야에서 발전하기가 어려울 것이다. 따라서 개인과 사회가 발전하기 위해서 공정한 경쟁 사회가 되어야 한다"고 주장할 수 있을 것이다.

이제 주제문은 "개인과 사회의 발전을 위해 공정한 경쟁 사회가 되어야 한다."(또는 "공정한 경쟁 사회가 되어야만 개인과 사회가 발전할 수 있다" "불공정한 경쟁 사회에서는 개인과 사회가 발전할 수 없다")로 정해 놓고, 그 주장을 뒷받침할 수 있는 근거들을 탐색해 보기로 한다.

■ 단계 4 : 근거 탐색하기

여러 측면에서 생각한 〈단계 2〉의 예들(a~h)을 바탕으로 하여, 〈단계 3〉에서 결정한 주제문 또는 주장을 뒷받침해 줄 수 있는 근거들을 탐색해 본다.

근거 1 : 사회가 불공정 경쟁 구조를 갖추고 있으면 개인이 부당한 대우를 받고 능력 발휘를 할 수 없을뿐더러 사회 구성원들 간에 갈등이 발생한다.
　　　　(사례 c, d, e를 가지고 뒷받침함.)
　　　　c. 대기업체 신입 사원 채용시 지방 대학 출신들을 배제하는 관행
　　　　d. 단지 여성이라는 이유로 채용에서 여성에게 불이익을 주는 경우
　　　　e. 부와 가난의 부당한 상속 때문에 부자의 자손은 계속 부자가 되고 가난한 사람의 자손은 가난을 면치 못하는 경우
　　　　(f도 여기서 생각할 수 있으나 e에 포함시킬 수 있으므로 생략함.)

근거 2 : 개인이나 회사 또는 기관 등이 불공정한 경쟁을 하게 되면 국가는 정치, 경제, 사회, 문화의 각 분야에서 발전하기 어렵다.
　　　　(사례 a, g, h를 가지고 뒷받침함.)
　　　　a. 어느 기업체가 경쟁 회사의 제품을 비방 광고하는 경우

g. 대통령, 국회 의원 선거나 각종 사회 단체장 선거 등에서의 불법 선거

h. 다른 회사의 제품이나 다른 사람의 저작물을 불법으로 표절하는 경우
(b도 여기서 고려될 수 있으나, 정치, 경제, 문화의 발전과 직접 관련된다고
보기 어려우므로 삭제함.)

■ 단계 5 : 근거 배열하기

전 단계에서 탐색한 근거들이 상호 유기적으로 연관되도록 배열한다.

근거 1 : 사회가 불공정 경쟁 구조를 갖추고 있으면 개인이 부당한 대우를 받고
능력 발휘를 할 수 없을뿐더러 사회 구성원들 간에 갈등이 발생한다.
① 대기업체가 신입 사원을 채용할 때 지방 대학 출신들이 부당하게 배
제됨으로써 능력 있는 지방 대학 출신들이 취직하는 데 어려움을 겪
는다.
② 여성들은 단지 여성이라는 이유로 각종 취직 시험과 승진에서 불이
익을 당한다.
③ 부와 가난의 부당한 상속 때문에 부자의 자손은 계속 부자가 되고
가난한 사람의 자손은 가난의 굴레를 벗어나기 힘들어 계층 갈등이
조성된다.
(위의 ①, ②, ③은 근거 1을 뒷받침해 주는 보조 근거 역할을 함.)

근거 2 : 개인이나 회사 또는 기관 등이 불공정한 경쟁을 하게 되면 국가는 정
치, 경제, 사회, 문화의 각 분야에서 발전하기 어렵다.
① 대통령, 국회 의원 선거나 각종 사회 단체장 선거 등에서 불법 타락
선거를 하면 국가나 사회의 발전을 위해 진정으로 일할 수 있는 사
람이 기회를 박탈당한다.
② 어느 기업체가 경쟁 회사의 제품을 비방 광고하거나 자기 회사의 제
품을 허위 광고하면 사회에 불신을 조장하고 소비자들의 선택에 혼
란을 줄 수 있다.
③ 다른 사람의 저작물이나 다른 회사의 제품을 불법으로 표절 · 복제
하면 창작 의욕이나 신제품 개발 의욕을 꺾어버리고 결국 경제 발전
과 문화 발전을 저해한다.

(위의 ①, ②, ③은 근거 2를 뒷받침해 주는 보조 근거 역할을 함.)

■ 단계 6 : 글의 개요 작성하기

전 단계에서는 본론의 요지만을 제시했으므로 서론과 결론의 요지도 제시하여 전체가 유기적으로 연결될 수 있도록 다음과 같이 글의 개요를 작성한다.

가) 왜 공정한 경쟁 사회가 되어야 하는가를 사회 구조의 측면과 개인이나 단체의 행동 측면에서 논의할 것이다.

나) 사회가 불공정 경쟁 구조를 갖추고 있으면 개인이 부당한 대우를 받고 능력 발휘를 할 수 없을뿐더러 사회 구성원들 간에 갈등이 발생한다.(근거 1)
  ① 대기업체가 신입 사원을 채용할 때 지방 대학 출신들이 부당하게 배제되면 능력 있는 지방 대학 출신들이 취직하는 데 어려움을 겪는다.
  ② 여성들은 단지 여성이라는 이유로 각종 취직 시험과 승진에서 불이익을 당한다.
  ③ 부와 가난의 부당한 상속 때문에 부자의 자손은 계속 부자가 되고 가난한 사람의 자손은 가난의 굴레를 벗어나기 힘들어 계층 간의 갈등이 조성된다.

다) 개인이나 회사 또는 기관 등이 불공정한 경쟁을 하게 되면 국가는 정치, 경제, 사회, 문화의 각 분야에서 발전하기 어렵다.(근거 2)
  ① 대통령, 국회 의원 선거나 각종 사회 단체장 선거 등에서 불법 타락 선거를 하면 국가나 사회의 발전을 위해 진정으로 일할 수 있는 사람이 기회를 박탈당한다.
  ② 어느 기업체가 경쟁 회사의 제품을 비방 광고하거나 자기 회사의 제품을 허위 광고하면 사회에 불신을 조장하고 소비자들의 선택에 혼란을 줄 수 있다.
  ③ 다른 사람의 저작물이나 다른 회사의 제품을 불법으로 표절·복제하면 창작 의욕이나 신제품 개발 의욕을 꺾어버리고 결국 경제 발전과 문화 발전을 저해한다.

라) 사회는 우선 제도 및 구조가 공정해야 하고, 사회 구성원들은 그러한 제도
    안에서 경쟁해야만 각자의 능력을 발휘하고 발전할 수 있으며, 더 나아가 국
    가나 사회도 발전할 수 있다.

가)는 서론, 나)와 (다)는 본론, 라)는 결론이 된다.

■ 단계 7 : 개요에 따라 글쓰기

전 단계에 글의 개요가 제시되었으므로, 거기에다 살을 붙이면서 또는 각 문장
과 단락이 자연스럽고 유기적으로 연결되도록 하기 위해 경우에 따라 새로운 문장
이나 단락을 추가하면서, 이해하기 쉽게 글을 쓰도록 한다.

가능하면 한 단락에서 하나의 근거만을 논의하고, 연역, 귀납, 인과적 설명, 예
시, 비유 등을 구사하면서 근거를 뒷받침해 나간다. 반론이 예상되는 대목에서는
적절한 근거를 제시하면서 물리친다.

마지막으로 주장이 분명히 드러나도록 하면서 앞에서 논의한 것을 마무리한다.

전 단계의 개요에 따라 **"공정한 경쟁 사회"**라는 논제로 논술하면 다음과 같다.

(1) '공정한 경쟁 사회' 라는 논제 아래 우리는 공정한 경쟁 사회의 본질을 논의
할 수도 있고, 공정한 경쟁 사회를 만들기 위한 효과적인 방안을 논의할 수도 있을
것이다. 그러나 여기서는 '왜 공정한 경쟁 사회가 되어야 하는가', 즉 공정한 경쟁
사회의 필요성 또는 중요성을, 사회 구조 및 제도의 측면과 사회 구성원의 행동이
라는 두 가지 측면에서 논의하겠다.

(2) 사회에서 경쟁이 공정하게 이루어지려면 우선 경쟁이 이루어지는 사회 구조
나 제도가 공정해야 한다. 경쟁의 규칙이 불공정하면, 거기에서 이루어지는 경쟁
도 공정하다고 말할 수 없다. 일단 공정한 경쟁 규칙이 갖추어지면 다음으로는 그
규칙에 따라 경쟁을 해야만 또한 그 경쟁이 공정하다고 말할 수 있다. <u>공정한 경쟁
사회란 우선 경쟁의 규칙이 공정해야 하고, 그 규칙에 따라 사회 구성원들이 경쟁
을 하는 사회라고 말할 수 있는 것이다.</u> 이런 점에서 공정한 경쟁 사회가 왜 필요
한가의 문제는 사회 구조 및 제도의 측면과 사회 구성원의 행위 측면에서 논의되
어야 한다.

(3) 우선 사회가 불공정 경쟁 구조를 갖추고 있으면 개인이 개발한 능력을 제대

로 발휘할 수 있는 기회를 갖지 못할 뿐만 아니라 지역 간, 남녀 간의 갈등이 심화
될 소지가 있다. 대기업체에서 신입 사원을 채용할 때 지방 대학 출신들이 자신의
능력과 상관없이 부당하게 배제되는 현상이 벌어지고 있다. 어떤 지역 출신들은
단지 그 지역 출신이라는 이유로 군·관계(軍官界)로 진출하는 데 불이익을 당하
고 있기도 하다. 또 우리 나라 여성들은 단지 여성이라는 이유로 각종 취직 시험과
승진에서 차별 대우를 받고 있는 게 현실이다. 이와 같은 불공정한 사회 구조에서
는 개인이 아무리 뛰어난 능력을 갖추고 있어도 그 능력을 제대로 발휘할 수 없으
며 여기에서 생기는 불만은 결국 사회 갈등으로 발전하게 마련이다.

(4) 뿐만 아니라 부유한 사람은 더욱 부자가 되고 가난한 사람은 가난의 굴레에
서 헤어나지 못하게 되어 있는 분배 구조에서는 가난한 사람들의 후손들은 항상
불리한 조건에서 경쟁을 하게 된다. 경제적인 뒷받침을 제대로 받지 못하니까 대
학이나 대학원 등 고등 교육 기관에 진학하여 자신의 능력을 개발할 수 있는 기회
조차 박탈당한다. 이렇게 되면 불공정한 사회 구조 때문에 부잣집 아이들은 단지
부모를 잘 만났다는 이유로 사회적 경쟁에서 항상 유리한 조건을 부여받는 반면,
가난한 집 아이들은 잠재력은 있어도 능력을 개발할 기회를 얻지 못하므로 자연히
계층 간 갈등이 생기지 않을 수 없는 것이다. 이러한 상황에서 사회 발전을 위한
계층 간 화합과 통합을 기대하기란 어려운 일이다.

(5) 사회 구조나 제도가 공정하다고 해도 그러한 제도 안에서 사는 사람들이 제
도가 규정한 규칙을 제대로 지키지 않는다면 이 때의 경쟁은 공정할 수가 없으며,
이는 결국 경쟁 당사자들뿐만 아니라 사회 전체의 발전을 가로막는다. 대통령 선
거나 국회 의원 선거 또는 각종 사회 단체장 선거 등에서 불법·타락 선거를 하면
진정으로 나라와 지역 사회 또는 직능 단체를 위해 일할 수 있는 능력 있는 사람이
일할 기회를 박탈당할 수가 있는 것이다. 어느 기업체가 경쟁 회사의 제품을 비방
광고하거나 자기 회사의 제품을 허위 광고하면 이것 역시 불공정 경쟁으로 사회에
불신을 조장하고 소비자들의 선택에 혼란을 줄 수 있다. 다른 사람의 저작물이나
다른 회사의 제품을 불법으로 표절·복제함으로써 신제품 개발 의욕을 꺾어버리
는 행위도 결국 경제 발전과 문화 발전을 저해하게 된다. 이처럼 개인이나 회사가
법이나 규칙을 어기고 불공정한 경쟁을 한다면 국가는 정치, 경제, 사회, 문화의
각 분야에서 발전하기가 어려울 것이다.

(6) 요컨대 사회는 우선 제도나 구조에서 공정한 경쟁의 규칙을 갖추어야 한다.
그러한 규칙 아래서 공정하게 경쟁을 해야만 각 개인과 단체는 제 능력을 발휘하
고 발전할 수 있다. 이렇게 될 때 국가와 사회도 모든 분야에서 발전해 나갈 수 있

는 것이다.

■ 단계 8 : 전체 검토 및 수정 · 보완하기

글 전체를 비판적 관점에서 검토한다. 검토한 다음 불완전하거나 잘못된 부분을 수정 · 보완한다.

쓰고 나서 정해진 분량보다 적으면 더 보충하고, 많으면 줄이도록 한다. 위의 글은 양이 약간 많을 뿐 아니라, (2)의 밑줄 친 부분은 앞의 내용에서 연역적으로 도출할 수 있는 내용이기 때문에 생략해도 좋다. 또 (5)의 문단도 다른 문단보다 상대적으로 길기 때문에, "어느 기업체가…… 혼란을 줄 수 있다"는 문장을 빼도 좋을 것이다.

지금까지 "공정한 경쟁 사회"(가치 주장의 논술)라는 논제를 가지고 단계별로 어떻게 논술을 하는가를 살펴보았다. 위의 논술 주제는 여러분들이 윤리 과목에서 '개인 윤리와 사회 윤리'의 차이점을 충분히 이해했다면 쉽게 접근할 수 있는 주제이다. 개인 윤리는 개인 행위의 도덕성이나 공정성을 문제삼고, 사회 윤리는 사회 구조나 제도의 공정성을 문제삼는 윤리라는 것을 안다면 어렵지 않게 논술을 할 수 있었을 것이다.

위의 논술 주제뿐만 아니라 거의 대부분 대학의 논술 주제는 인성 교육 아니면 윤리학적 내용이나 가치가 관련되는 주제들이다. 그럴 수밖에 없는 것이, 대학 입시에 논술을 도입한 취지 중 하나가 초중고등학교 교육에서 인성 교육을 활성화하자는 것이었기 때문이다. 사실 논술 교육은 '도덕 교육이요 윤리 교육'이라고 말하는 사람들이 많다는 것을 염두에 둔다면 논술 주제가 인성 교육이나 도덕 또는 윤리 교육과 관련이 많을 수밖에 없다는 것을 이해할 것이다.

대입 논술의 또 하나의 특징은 논술 주제로 신문 등에 자주 보도되는 시사 문제가 많은 비중을 차지한다는 것이다. 특히 '일반 논술'로 분류되는 것들은 거의 모두가 신문에 자주 보도되고 논란이 되는 것들이다. 따라서 평소에 신문 보는 것을 게을리하지 말고 기사 내용을 윤리적이거나 가치론적인 관점에서 비판하는 습관을 갖는 것이 중요하다.

5. 논술문 작성의 예 4개

  여기서는 1997년도 대학 입시에서 출제된 다음의 4개 논술 문제를 가지고 생각해 보기로 한다.

  연세대 논술 문제 : 가치 주장의 논술문
  "유행이 사회에 끼치는 영향을 중심으로 '유행을 따르는 것'에 대한 자신의 주장을 논술하시오."

  고려대 논술 문제 : 개념 분석의 논술문
  "'중용'과 '정의'는 서로 조화될 수 있는가?"

  서강대 논술 문제 : 개념 분석과 사실 주장의 혼합 논술문
  "사물의 아름다움은 인간의 이해(利害) 관심과 관련 없이 존재하는가, 아니면 이해 관심이 개입되어야 비로소 발생하는가?"

  서울대 논술 문제 : 사실 주장과 가치 주장의 혼합 논술문
  (어린왕자를 지문으로 제시하고) 현대 사회에서의 병리 현상에 대해 논하라.

  연세대 논술 문제는 평소에 신문을 자주 보고 유행에 대해 윤리적(개인 윤리적) 관점에서 비판적으로 생각해 보았다면 쉽게 접근할 수 있다. 고려대 논술 주제는 윤리 교과 시간에 아리스토텔레스의 윤리설에서 소개되는 '중용'과 '정의'의 개념을 충분히 이해했다면 별로 어렵지 않게 접근할 수 있을 것이다. 서강대 논술 주제는 진·선·미 등의 가치는 인간의 이해 관심(interest)과는 상관없이 그 자체 독자적으로 존재한다는 가치 실재론(value realism)과, 이해 관심과 관련해서만 비로소 가치가 발생한다는 가치 상대론(value relativism)의 입장을 어느 정도 이해하고 있으면 한결 논술하기가 쉬울 것이다. 서울대 논술 문제는 현대 산업 사회에서의 소외 문제를 생각해 보고 그것을 해결하기 위한 방안을 논술하는 문제이다.

다음은 두 학생이 유행에 대해서 각기 자신의 입장을 밝힌 글이다. 두 사람은 개인적인 이유에서뿐만 아니라 사회적인 이유에서도 각기 자신의 견해를 정당화하고 있다. 두 입장 중 하나를 선택하여, 유행이 사회에 끼치는 영향을 중심으로 자신의 주장을 1천5백 자 안팎으로 논술하시오.

☞ 유의 사항 : 유행이 사회에 끼치는 영향을 경제, 사회, 문화 등 여러 측면에서 고려할 것.

가) 나는 유행에 따라 옷이나 신발을 바꾸기 좋아한다. 유행은 새로운 경향이나 흐름을 반영하기에 유행을 따르면 시대를 앞서갈 수 있다. 새로운 것을 좋아하고 따르는 것은 인간의 아주 자연스러운 속성이 아닌가. 또한 유행은 계속 바뀌기 때문에 단조로운 우리의 생활에 변화와 활력을 가져다준다. 자신의 취향에 맞는 유행을 따르는 것이 개성을 살리는 일이기도 하다. 사회적으로도 유행은 새로운 제품의 개발을 촉진하여 우리 경제를 활성화시킬 수 있다고 생각한다. 그 외에도 많은 이유들이 있다. 그래서 유행을 따르는 것이 우리에게 좋은 결과를 가져온다고 생각한다.

나) 나는 옷이나 신발을 유행에 따라 바꾸지는 않는다. 유행은 인위적으로 만들어낸 것이므로 유행을 따르지 않는 것이 내 나름의 개성을 지키는 길이라고 생각한다. 유행이 새롭다고 하지만 실상은 돌고 돌지 않는가. 나는 또한 다른 사람들과 같아지는 것도 싫고, 끊임없이 유행에 신경 쓰는 것도 싫다. 새롭고 낯선 것보다는 친숙한 것을 나는 좋아한다. 유행이 바뀔 때마다 새로운 상품을 계속 만들어내야 하므로, 사회적으로도 유행은 자원의 비효율적 사용을 초래한다. 그 외에도 많은 이유들이 있다. 그래서 유행을 따르는 것이 오히려 우리에게 좋지 않은 결과를 가져온다고 생각한다.

단계 1-2 문제를 파악하고, 문제와 관련하여 여러 측면에서 생각해 본다

위의 논제는, 엄밀히 이야기하면 찬성 입장 아니면 반대 입장의 둘 중 하나로 사고의 범위를 제한해 버림으로써 '흑백 사고의 오류'를 범하고 있다. 한국철학회 논술 평가단이 적절히 지적한 것처럼, "답안을 유행의 긍정적 또는 부정적 영향 2가지로 한정했다는 점에서 창의적 · 논리적 · 비판적 사고를 제한한 것"은 잘못된 것이라고 본다. 그렇게 되면 논리적 · 비판적 · 창의적 사고를 평가하기에 좋다는 논술의 장점을 살리기가 어렵기 때문이다. 전적인 찬성도 전적인 반대도 아닌 절충적인 입장에서 논지를 전개할 수 있는 여지도 남겨놓아야 할 것이다.

위의 논제를 재구성하여, **"유행을 따르는 것에 대한 찬성 입장과 반대 입장의 견해를 참조하여, 유행이 사회에 끼치는 영향을 중심으로 자신의 견해를 논술하시오"**의 형식으로 제시한다면 사고의 범위를 제한하지 않고도 논리적 · 비판적 · 창의적 사고를 제대로 평가할 수 있을 것이다.

논점 : 유행이 경제, 사회, 문화에 끼치는 영향을 중심으로, 유행을 따르는 것이 바람직한가에 대해 논의한다.

생각해 보기 : 유행하는 것
의상(힙합 바지), 신발, 액세서리, 학용품, 생활 가구, 화장, 머리 모양, 가요, 춤, 비디오 게임, 고궁에서 신랑 신부들의 야외 사진 촬영, 놀이, 언어, 문학, 학술(포스트모더니즘), 교육(영어 조기 교육, EQ 교육), 발렌타인 데이 초콜릿 선물

긍정적 측면
- 새로운 제품의 개발을 촉진하여 경제를 활성화한다.
- 새로운 유행은 사람들에게 변화와 활력을 준다.
- 다른 사람보다 앞서간다는 생각을 갖게 한다.
- 문화의 다양한 발전에 기여한다.

부정적 측면
- 유행은 자원의 비효율적 사용을 초래한다.
- 과소비를 초래한다.
- 허례허식에 얽매인다.
- 몰개성적인 인간이 된다(주체적인 인간이 되지 못한다).
- 유행을 만들어내는 선진국의 상업주의에 춤을 추는 격이다.
- 우리 대중 문화가 선진국 대중 문화에 예속된다.

단계 3-4 주장을 진술하고, 그것을 뒷받침할 수 있는 적절한 근거를 탐색한다

주장 : 유행을 맹목적으로 따르는 것은 사회적 관점에서 볼 때 바람직하지 않다.

근거 :
· 실속보다는 허례허식을 중시한다.
· 과소비와 자원 낭비 등 경제의 비효율성을 가져온다.
· 항상 선진국의 국민들이 어떤 모습과 행동을 하는가에만 신경을 쓰는 비주체적인 국민이 된다.
· 유행을 만들어내는 선진국의 상업주의에 영합하느라 우리 대중 문화는 독창적으로 발전하지 못하고 선진국의 문화에 예속된다.

단계 5-6 근거들을 유기적으로 배열하고, 글의 개요를 작성한다

서론 : 유행은 긍정적인 측면도 있지만, 그것을 맹목적으로 따르게 되면 경제 · 사회 · 문화의 측면에서 볼 때 부정적인 요소가 더 많고 심각하다.

본론 : 유행을 맹목적으로 좇게 되면,
· 과소비와 자원 낭비 등 경제의 비효율성을 가져온다.
  (* '유행은 경제를 활성화한다'는 긍정적 입장을 함께 검토한다.)

· 실속보다는 허례허식을 중시한다.
· 유행을 만들어내는 선진국의 상업주의에 영합하느라 우리 대중 문화는 독창적으로 발전하지 못하고 선진국의 문화에 예속된다.
  (* '유행은 문화의 다양한 발전에 기여한다'는 긍정적 입장을 함께 검토한다.)

· 항상 선진국의 국민들이 어떤 모습과 행동을 하는가에만 신경을 쓰는 주체성 없는 국민이 된다.

결론 : 유행을 맹목적으로 따르는 것은 사회적 관점에서 볼 때 바람직하지 않다.

● 논술문 예시 ●

(1) 많은 사람들이 새로운 유행을 좇으면서 살아가지만, 그것에 대해 별로 깊이 생각하지는 않는다. 유행은 긍정적인 요소도 있지만, 그것을 맹목적으로 따르게 되면 경제 · 사회 · 문화적 측면에서 볼 때 부정적인 요소가 더 많고 심각하다.

(2) 유행을 맹목적으로 좇게 되면, 과소비와 자원 낭비 등 경제의 비효율성이 심각하게 나타나게 된다. 유행은 새로운 제품의 생산을 촉진함으로써 경제를 활성화한다는 주장도 있지만, 그로 인해 오히려 지나친 소비와 자원 낭비를 가져오는 부정적인 측면도 무시할 수 없다. 물론 새로운 것을 좋아하는 것은 인간의 자연스런 속성이라고 하겠으나, 새로 유행하는 물건이라고 해서 무조건 구매하는 것은 합리적인 소비 생활이라고 할 수 없다. 그처럼 맹목적이고 무절제한 소비 생활 때문에 멀쩡한 물건들이 아깝게 버려지는 경우가 얼마나 많은가. <u>그렇게 해서 불필요한 환경 오염이 야기되는 것은 두말 할 나위 없다.</u>

(3) 맹목적으로 유행을 따르는 것은 실속보다는 허례허식을 중시하는 것이다. 유행하는 물건을 남이 사니까 "나도 그런 것 있다"고 보여주기 위해 덩달아 사거나, 신랑 신부들이 너도나도 고궁에서 야외 촬영을 하는 따위의 행동은 실속도 없이 다른 사람들의 행동에 부화뇌동(附和雷同)하는 것에 지나지 않는다. 남이 하는 대로 따라 사는 가식적인 생활보다는 자신의 주체적인 판단에 따라 사는 내실 있는 생활이 중요하다.

(4) 유행은 사실 따지고 보면 우리 나라에서 처음 시작된 것이라기보다 대부분 선진국에서 만들어져 우리 나라로 들어온 것이다. 요즘 우리 나라의 젊은이들 사이에 발렌타인 데이에 연인에게 초콜릿을 선물하는 것이 유행이다. 그러한 유행도 미국의 초콜릿 제조업자들이 재고로 쌓인 초콜릿을 어떻게 하면 처분할 수 있을까 하고 궁리하다가 2월 14일을 연인에게 초콜릿 선물하는 날로 정한 데서 유래한 것이라고 하지 않는가. 유행을 맹목적으로 좇다 보면 유행을 만들어내는 선진국의 상업주의에 장단 맞추느라 우리의 대중 문화는 자생적으로 발전하지도 못하고 선진국의 문화에 예속될 수밖에 없는 것이다. 유행은 문화가 다양하게 발전하도록 하는 데 기여한다고 말할지 모르지만, 그것을 맹목적으로 따르는 것은 외국 문화의 일방적인 모방에 지나지 않는다.

(5) 선진국 국민들이 어떤 새로운 모습과 행동을 보이는가에 항상 신경을 쓴다

면 주체성 있는 국민이라고 보기 어렵다. 요즘 젊은이들 간에 유행하는 힙합 바지라는 것도 미국의 슬럼가에서 흑인들이나 불량배들 사이에 유행하던 옷차림이라고 한다. 선진국에서 유행하는 것이라고 해서 뭐든지 다 좋은 것은 아니다. 이제 우리도 다른 나라 사람들이 만들어 퍼뜨린 유행을 맹목적으로 추종만 할 것이 아니라, 우리 스스로 독특한 유행을 창조하여 세계에 전파하는 주체적인 국민이 되어야 할 것이다.

(6) 유행을 따른다고 무조건 나쁜 것은 아니지만, 유행에 너무 민감하고 그것을 맹목적으로 따르는 것은 국가적으로나 사회적으로 볼 때 바람직한 것은 아니다. 서구의 선진국에서 유래한 유행을 맹목적으로 따라가기보다는 오히려 주체적으로 새로운 유행을 창조하여 세계에 전파시키는 것이 세계 문화의 발전에 기여하는 것이라고 본다.

검토 사항 :

(2) 문단의 밑줄 친 부분은 앞의 내용과 인과적으로 관련성은 있지만, 그 문단의 중심 내용(소주제)을 뒷받침해 주는 데 관련성이 없으므로 삭제하는 것이 좋다.

N I E 논술문 작성 예 2 : 개념 분석의 논술문(고려대 논술 문제)

하림 : 민형아! 너는 매사에 생각과 판단이 너무 극단적인 것 같아. 책에서 읽었는데 동·서양을 막론하고 '중용'은 인생의 주요한 덕목 중의 하나로서 산술적 중간이 아니라 주어진 상황 안에서 지나치거나 모자람이 없는 최선의 선택이라는 거야.
그러니까 쾌락에 탐닉하거나 욕망을 지나치게 억압하는 것 모두 바람직하지 않고 너무 인색하거나 씀씀이가 헤픈 것 역시 바람직하지 못한 거야. 만용을 부리거나 비겁하게 구는 것도 모두 '중용'에서 벗어난 것이라고 생각해. 앞으로는 너도 좀 '중용'의 덕을 발휘하는 것이 좋지 않겠니?

민형 : 하림아! 너 도대체 무슨 소리 하는 거니? 옳으면 옳고 그르면 그른 거지, '중용'이 왜 필요하다는 거야? 넌 내가 '정의로움'과 '정의롭지 못함' 사이의 중간을 택하는 것이 좋겠니?

하림 : ? ! !

위에 나오는 두 친구의 대화를 참고하고, 다음을 논제로 삼아 논술문을 작성하시오.

논제 : ‘중용’과 ‘정의’는 서로 조화될 수 있는가?

☞ 유의 사항

(1) 글의 길이는 빈 칸을 포함하여 800자 안팎이 되게 할 것.

(2) 예시문 속의 문장을 그대로 쓰지 말 것.

☞ 작성 요령 : 대화체가 아닌 논술문의 형식을 갖출 것.

단계 1-2 문제를 파악하고, 문제와 관련하여 여러 측면에서 생각해 본다

용기나 친절과 같은 덕은 곧 중용이다. 다시 말해 용기는 만용과 비겁의 중용이고, 친절은 아첨과 퉁명의 중용이다. 마찬가지로 정의라는 덕도, 분배적 정의로 말할 것 같으면 너무 많이 분배받는 것과 너무 적게 분배받는 것의 중용이고, 사법적 또는 형벌적 정의로 말한다면, 가혹하게 처벌받는 것과 약하게 처벌받는 것의 중용이다. 모든 덕은 곧 지나침도 모자람도 아닌 중용이다. 그러나 그것은 언제나 정확하게 산술적인 의미의 중간인 것은 아니다(아리스토텔레스에 따른다면, 사법적 처벌이나 민법상의 손해 배상에서 문제 되는 정의 또는 공정성은 산술적인 의미의 중용 또는 중간이다. 예를 들면 다른 사람에게 10만 원의 손실을 끼쳤으면 정확하게 10만원을 피해 본 사람에게 되돌려줄 때 공정하다고 말할 수 있다).

용기니 친절이니 정의니 하는 덕은 곧 중용이며, 그것은 최선의 선택이고 또 옳은 것이다. 그것을 벗어나면 악덕이고 옳지 않은 것이 된다. 그렇다면 ‘중용’과 ‘정의’는 서로 조화될 수 있는가 하는 논제는 논쟁거리가 되기 어렵다. 왜냐하면 정의는 중용이기 때문이다.

이 논술은 가치 개념(‘중용’, ‘정의’)을 분석하는 개념 분석의 논술로, 앞에서 우리가 주로 검토했거나 작성했던 가치 주장의 논술, 즉 “…… 하는 것이 바람직하다” 또는 “…… 해야 한다”와 같은 주장을 이끌어내는 가치 주장의 논술이라고 보기는 어렵다. 느슨한 분류를 따른다면 그것을 사실 주장의 논술에 포함시킬 수도 있지만, 엄격하게 말하면 경험적인 사실을 주장하는 전형적인 사실 주장이라고 보기도 어렵다.

개념 분석의 논술은 특히 어느 정도의 논리학적인 사고력을 요구한다. 개념 분석의 논술을 잘하기 위해서는 명제의 변형과 관련되는 직접 추론 그리고 연역 추론, 귀납 추론 등의 기본 논리를 충분히 이해하고 있는 것이 좋다. 개념 분석의 논술은 대학이나 대학원 과정의 전문적인 학술 논문에서는 종종 볼 수 있지만, 고등학생들의 사고 수준에서는 약간 어렵지 않을까 생각된다. 그러나 지적인 능력을 높인다는 차원에서 한번 그런 논술문을 써보는 것도 좋다고 생각된다.

논점 : '중용'과 '정의'는 서로 조화될 수 있는가

생각해 보기 :
- 모든 덕은 중용이다.
- 정의도 중용이다.
- 중용의 덕은 양 극단의 악덕에 논리적으로 선행한다.

단계 3-4　주장을 진술하고, 그것을 뒷받침하는 적절한 근거를 탐색 한다.

주장 : '중용'과 '정의'는 서로 조화될 수 있다.

근거 :
- 중용은 모든 덕의 속성이다. 즉 모든 덕은 중용이다.
- 중용의 덕은 그것을 벗어난 악덕에 논리적으로 선행한다.
- '정의'는 응당 받아야 할 것을 받는 것을 의미한다.
- 정의는 덕이다.

단계 5-6　근거들을 유기적으로 배열하고, 글의 개요를 작성한다.

서론 : '중용'과 '정의'의 관계를 논의하기 전에 그 개념들의 성격을 규정할 필요가 있다.

본론 :
　　a. 중용은 모든 덕의 속성이다. 즉 모든 덕은 중용이다.
　　b. 중용의 덕은 그것을 벗어난 악덕에 논리적으로 선행한다.
　　c. '정의'는 응당 받아야 할 것을 받는 것을 의미한다.
　　d. 정의는 덕이다.

결론 : 정의는 중용이다. (a와 d로부터 연역적으로 이끌어낸다.)

　　　　즉 중용을 벗어나면 정의롭지 못하다. ("정의는 중용이다"를 직접 추론함.)

　　　　이는 결국 '중용'과 '정의'는 서로 조화될 수 있다는 말이다.

＊ "정의는 중용이다"로부터 "중용이 아니면 정의가 아니다"를 직접 추론(이환)을 통해
　이끌어낼 수 있다.

　('직접 추론'에 대해서는, Ⅱ장 연역 추론과 귀납 추론 참조)

단계7-8　개요에 따라 글을 쓴 다음, 검토하고 수정·보완한다

● 논술문 예시 ●

(1) 우리가 사용하는 언어 또는 개념은 시대에 따라 또는 사용하는 사람에 따라 그 의미가 다를 수 있다. 따라서 어떤 개념들의 관계를 논의하려면 그 개념들의 본질을 먼저 규정하는 것이 중요하다. '중용'과 '정의'의 관계를 논의하는 경우에도 마찬가지다.

(2) 중용은 '덕목 중의 하나'라기보다는 모든 덕의 필수적인 요소다. 모든 덕은 중용인 것이다. 절제는 쾌락에의 탐닉과 욕구의 지나친 억제의 중용이고, 관후는 지나친 인색과 헤픈 씀씀이의 중용이며, 친절은 아첨과 퉁명스러움의 중용이다.

(3) 중용은 양 극단에 있는 악덕의 산술적인 중간도 아니요, 양 극단의 악덕이 먼저 전제되고 나서 그 중간의 어느 부분에서 절충적으로 결정되는 것도 아니다. 만용이나 비겁 같은 악덕은 용기의 덕이 먼저 전제되고 나서 결정될 수 있는 것이다. 중용으로서의 덕은 그것을 벗어난 악덕에 논리적으로 선행한다. 그것은 마치 '비정상적인 인간'을 이해하려면 '정상적인 인간'이 무엇인가를 먼저 이해해야 하는 것과 같은 이치다.

(4) '정의'는 '응당 받아야 할 것을 받는 것'을 의미한다. 응당 분배받아야 할 몫을 분배받는 것이 정의요, 응당 처벌받아야 할 사람이 처벌받는 것이 정의이다. 응당 분배받아야 할 몫을 분배받지 못하고 응당 처벌받아야 할 사람이 처벌받지 않으면 이는 공정하지 못하며 정의롭지 못하다. 또 응당 분배해 줘야 할 몫을 주지 않고 응당 처벌해야 할 사람을 처벌하지 않는 사람은 공정하지 못하며 정의롭지 못하다고 말할 수 있다.

(5) 그런데 정의도 일종의 덕이라는 것을 우리는 알아야 한다. 자신의 욕망을

적절히 통제할 수 있어, 탐닉에 빠지지도 너무 욕망을 억제하지도 않는 사람은 절제의 덕을 지니고 있다. <u>자신의 생명을 던져야 할 위험한 상황에서도 옳은 일을 하고, 만용을 부리지도 비겁한 행동을 하지도 않는 사람은 용기의 덕을 소유하고 있다.</u> 마찬가지로 응당 분배해야 할 몫을 분배하고 응당 처벌해야 할 사람을 처벌하여 어느 한 쪽으로도 치우치지 않는 사람은 공정성 또는 정의의 덕을 소유하고 있는 것이다.

(6) 그렇다면 우리는 위의 논의로부터 정의는 중용이라고 결론 내릴 수 있다. 왜냐하면 앞에서 논의한 것처럼 정의는 일종의 덕이고 덕은 중용이기 때문이다. 정의가 중용이라면 중용을 벗어나는 경우에는 정의롭지 못하다고 말할 수 있다. 다시 말해 '중용'과 '정의'는 서로 조화될 수 있다고 말할 수 있는 것이다.

검토 사항 :

중용은 예시문에서 말한 것처럼 '덕목 중의 하나'라기보다는, 모든 덕의 필수적인 요소라고 말하는 것이 정확할 것이다. 예컨대 친절, 절제, 용기 등은 덕목이다. 그런데 만약 중용이 덕목 중의 하나라고 한다면 중용은 그러한 덕목들과 같은 지위에 있는 동위 개념(범주)이라고 말할 수 있을 것이다. 그러나 중용은 덕목들의 속성이지 그것들과 같은 범주에 있는 개념이 아니다. 중용이 덕목 중의 하나라고 말하는 것은 마치 육식(肉食)이 사자나 호랑이 등 동물 가운데 하나라고 말하는 것과 같다. 육식은 육식 동물인 사자나 호랑이의 속성이지, 그것들과 같은 범주에 넣을 수는 없다.

여러분이 논술할 때, 물론 논제는 가능하면 원래 제시된 형식을 존중해야겠지만, 예시문은 참고하라고 제시한 것이므로 예시문의 내용을 곧이 곧대로 받아들일 필요는 없다고 본다. 예시문의 내용이 잘못되어 있으면 그것을 당당하게(물론 자신 있는 경우) 논박하는 것이 학문의 자세이고 또한 대학에서 요구하는 바람직한 태도이다.

그런데 여기서 유념할 것은, 아리스토텔레스가 구별한 것처럼 덕은 이론적인 덕과 실천적인 덕으로 구분된다는 점이다. 플라톤이 말한 4주덕(四主德)인 지혜, 용기, 절제, 정의 가운데, 지혜는 이론적인 덕이고, 인간의 의지나 욕망 등과 관련되는 용기, 절제, 정의 등은 실천적인 덕이다. 그런데 중용은 이론적인 덕에는 적용이 안 되고, 실천적인 덕에만 적용된다. 따라서 (2)의 밑줄 친 부분에서 "모든 덕의 필수적인 요소다"라고 말하는 대신, "모든 실천적인 덕의 필수적인 요소다"라고 말하는 것이 더 정확할 것이다.

(3) 문단은 전체 논술문의 논리 전개와 유기적인 관련성이 별로 없다고 생각되므로 생략하는 것이 좋다.

(4)의 밑줄 친 부분은 그 단락의 중심 내용을 흐리게 할 소지가 있을 뿐만 아니라, 오히려 (5) 문단의 중심 내용인 "정의는 덕이다"라는 주장을 지지해 주므로 빼는 것이 좋겠다. (5)의 밑줄 친 부분도 글 전체의 분량이 많으므로 삭제해도 무방하다.

N I E 논술문 작성 예 3 : 개념 분석과 사실 주장의 혼합 논술문(서강대 논술 문제)

※ 서로 다른 관점에서 쓴 다음의 두 글을 읽고, 어느 한 쪽에 서서 다른 쪽을 비판하면서 논술하라.

> A. 우리가 아무것도 바라지 않는 순수한 마음으로 사물을 바라볼 때 그 본질과 아름다움이 드러난다. 숲을 재목을 얻기 위한 수단이나 짐승을 잡기 위한 사냥터로 생각하고 보아서는 그것을 숲으로 볼 수 없다. 우리가 이기적 욕심을 버리고 우거진 숲을 바라볼 때 숲은 숲이 되고, 자연이 되고, 비로소 아름다워진다.
>
> B. 혈액 속의 적혈구에 있는 헤모글로빈은 네 가닥의 단백질과 네 개의 히힘이라는 분자로 이루어져 있다. 긴 단백질 사슬이 국수 가락처럼 제멋대로 뒤엉켜 있는 모양을 보고 아름답다고 생각하기는 쉽지 않다. 그러나 산소를 세포에 운반해 주는 헤모글로빈이 우리의 생명을 유지시키는 결정적 역할을 한다는 사실을 깨달을 때 우리는 비로소 그 아름다움을 느끼게 된다.

단계 1-2 문제를 파악하고, 문제와 관련하여 여러 측면에서 생각해 본다

이 논술 문제에서 '아름답다'는 말은 두 가지 의미로 쓰이고 있다. 논쟁에서 어떤 핵심 용어나 개념이 서로 다른 의미로 쓰이고 있는데도 그 차이를 논쟁 당사자들이 파악하지 못한다면 논쟁은 해결되기 어렵다. 따라서 그러한 논쟁을 해결하기 위해서는 핵심 용어나 개념의 의미를 먼저 분명히 해둘 필요가 있다.

이 논술은 개념 분석을 먼저 한 다음 사실 주장을 해야 하는 혼합 논술의 형태를 띠게 된다.

논점(쟁점) :

사물의 아름다움은 인간의 이해(利害) 관심과 관련 없이 존재하는가, 아니면 이해 관심이 개입되어야 비로소 발생하는가?

생각해 보기 :

* 미의 기준은 시대, 사회, 사람에 따라 같은가, 다른가?

  옛날의 미인이 지금도 미인인가? 지금의 미인을 옛날에도 미인이라고 했을까?

  황진이는 지금 미인처럼 쌍꺼풀 눈에 늘씬하고 허리가 가늘고 예뻤을까?

  다른 사람이 보기에 도저히 예쁘다고 말할 수 없는데도, '제 눈에 안경'이라고 자기 애인이 예쁘다고 말하는 사람이 있다. 그걸 보면 미적 가치는 사람에 따라 달리 평가되는 것 아닌가?

  서양 남자들 중에는 한국 여자들이 쌍꺼풀 없는 것이 너무 예뻐 결혼해 사는 사람들이 많다. 서양 여자들의 흔해 빠진 쌍꺼풀 눈이 지겨워서인가?

  또 요즘 일부 청소년들이 힙합 바지를 멋있다고 입고 다니는데, 정말 멋있는가? 역겹게 생각하는 사람도 많은 것 같은데…….

* 어쨌든, '멋있다' '예쁘다' '아름답다' 등의 말들은 미적(美的) 가치를 표현하는 말들이다. 앞에서 예로 든 것을 보면, 미적 가치가 인간의 주관이나 이해 관심과 관련해서 발생하는 것 아닌가?

* 다이아몬드가 값지고 아름다운 것은 그것의 본질적인 속성(단단함, 광채)보다는 그 희소 가치와 사람들의 관심 때문이다.

  만약 다이아몬드가 물과 공기처럼 흔해 빠진 것이라면 아름답다고 하지 않을 것이다.

* 물과 공기는 인간에게 없어서는 안 될 존재이다. 그러나 그것들은 어디서나 구할 수 있는 것들이기 때문에 나의 관심을 끌지 못한다. 그래서 물과 공기를 아름답다고 말하지 않는다.

* 그러나 가로 세로의 일정한 비율(황금비)을 가진 직사각형은 뒤틀린 사각형보다 더 아름답다. 그것은 시대, 사회를 초월해서 그런 것이 아닌가? 그렇다면 아름다움이란 인간의 주관이나 이해 관심과는 상관없이 존재하는 것 아닌가?

- 그렇게 아름답도록 하는 요소는 무엇인가? 균형이나 비율과 같은 우리의 주관과 관련이 없는, 대상 자체가 지니고 있는 객관적 요소가 아닌가?

- 도대체 숲의 본질은 무엇인가? 사물의 본질은 그 사물을 보는 주체에 따라 차이가 나는 것이 아닌가? 새의 입장에서 숲은 인간이 보는 바와 달리 안식처, 삶의 터전 아닌가?
  과연 아무것도 바라지 않는 순수한 마음으로 사물을 바라볼 수 있을까?

- '아름답다'는 말이 항상 같은 의미로 쓰이는가? '아름다운 몸매'에서 '아름다운'은 몸의 각 부위가 균형이 잘 갖추어져 눈을 즐겁게 한다는 뜻에 가깝고, '아름다운 행동'에서 '아름다운'은 성품이 착해 보는 사람의 마음을 즐겁게 한다는 뜻에 가까운 것이 아닌가?
  마찬가지로 '숲이 아름답다'에서 '아름답다'는 숲의 각 요소들(기하학적 구도, 색깔)이 균형과 조화가 잘 이루어져 사람의 눈을 즐겁게 한다는 뜻에 가깝고, '헤모글로빈이 아름답다'라고 말할 때 '아름답다'의 의미는, 기하학적 구도는 제멋대로라고 해도 나의 생명 유지에 직접 이로움을 주어 나의 마음을 흐뭇하게 한다는 뜻에 가까운 게 아닐까?

단계 3-4 주장을 진술하고, 그것을 뒷받침할 수 있는 적절한 근거를 탐색한다

주장 : 사물의 아름다움은 인간의 이해 관심이 개입되어야 비로소 발생한다.

근거 :
- '아름답다'는 말을 인간에게 이로움을 주기 때문에 보는 사람을 즐겁게 한다는 뜻으로 해석한다면 벌목꾼에게도 사냥꾼에게도 숲은 아름다운 것이다.
- '아름답다'는 말을 아름다운 대상 자체의 어떤 객관적인 속성 때문에 사람의 마음을 즐겁게 한다는 의미로 해석한다 해도, 역시 미적 가치가 인간의 이해 관심과 관련된다는 것을 뒷받침해 주는 많은 사실들이 있다.
- 우리의 마음에 안정감을 주고 즐거움을 주고 그래서 아름답다고 생각하게 하는 소위 '대상의 객관적 요소'(예컨대 황금비)라는 것도 결국 인간의 안정 추구 심리라는 관심에 의존하는 것이라고 볼 수 있다.

단계 5-6 근거들을 유기적으로 배열하고, 글의 개요를 작성한다

서론 : 위의 논쟁에서 '아름답다' 는 말은 서로 다른 두 가지 의미로 사용되고 있
다. '아름답다' 는 말이 어떤 의미로 사용되든 간에 사물의 아름다움은 인
간의 이해 관심과 관련하여서만 발생한다.

본론 :

- '아름답다' 는 말을 인간에게 이로움을 주기 때문에 보는 사람을 즐겁게 한다
는 뜻으로 해석한다면 벌목꾼에게도 사냥꾼에게도 숲은 아름다운 것이다.
- 설령 사물의 아름다움이 그 본질에 따라 결정된다 할지라도 그 본질은 결국
대상을 대하는 주체의 관점에서 규정될 수밖에 없는 것이다.
- '아름답다' 는 말을 아름다운 대상 자체의 어떤 객관적인 속성 때문에 사람의
마음을 즐겁게 한다는 의미로 해석한다 해도, 역시 미적 가치가 인간의 이해
관심과 관련된다는 것을 뒷받침해 주는 많은 사실들이 있다.
- 우리의 마음에 안정감을 주니까 즐겁고 그래서 아름답다고 생각하게 하는 소
위 '대상의 객관적 속성'(예컨대 황금비)이라는 것도 결국 인간의 안정 추구
심리라는 관심에 의존하는 것이라고 볼 수 있다.

결론 : 사물의 아름다움은 인간의 이해 관심이 개입되어야 비로소 발생한다.

단계 7-8 개요에 따라 글을 쓴 다음, 검토하고 수정 · 보완한다

● 논술문 예시 ●

(1) 위의 논쟁에서 '아름답다' 는 말은 똑같은 의미로 사용되고 있지 않다. '아름
답다' 는 말이 한편으로는 대상의 어떤 객관적 속성, 즉 그 구성 요소의 비율이나
조화 등이 우리의 감각 기관을 자극하여 우리를 즐겁게 한다는 뜻으로 이해될 수
있다. 또 한편으로 그것은 인간에게 도움을 주어 사람들의 마음을 흐뭇하게 한다
는 의미로도 해석될 수 있다. 이 경우에 '아름답다' 는 말은 '착하다' '좋은 일을 한
다' '고맙다' 는 의미로 쓰인다. 어떤 의미로든 간에 사물의 아름다움은 인간의 이
해 관심과 관련하여서만 발생한다.
(2) '아름답다' 는 말을 인간에게 이로움을 주어 사람의 마음을 흐뭇하게 한다는

뜻으로 해석한다면 벌목꾼에게도 사냥꾼에게도 숲은 아름다운 것이다. 벌목꾼에게는 숲으로부터 돈이 될 수 있는 재목을 얻을 수 있어 숲이 아름답게 느껴질 수 있고, 사냥꾼에게는 숲이 사냥감을 제공해 주니까 그것이 아름답게 느껴질 수 있는 것이다.

(3) 설령 사물의 아름다움이 사물의 본질에 따라 결정된다 할지라도 그 본질이라는 것도 결국 대상을 대하는 주체의 관점에서 규정될 수밖에 없는 것이다. 벌목꾼에게 숲의 본질은 재목을 얻는 곳이고, 사냥꾼에게는 사냥감을 얻는 곳일 뿐이다. 시야를 확대하여 새와 짐승들의 입장에서 본다면 숲은 숲이 아니라 생활 터전이요, 안식처인 것이다.

(4) '아름답다'는 말을 아름다운 대상 자체의 어떤 객관적인 속성 때문에 보는 사람의 마음을 즐겁게 한다는 의미로 해석한다 해도, 역시 미적 가치가 대상의 객관적인 속성보다는 인간의 이해 관심과 더 관련된다는 것을 뒷받침해 주는 많은 사실들이 있다. 예컨대 한국 사람들은 대체로 쌍꺼풀 있는 눈을 아름답다고 생각하지만, 서양 사람들은 오히려 한국 여자들의 쌍꺼풀 없는 눈을 더 좋아하고 아름답다고 생각한다. 어떤 청소년들은 힙합 바지가 멋있다고 입고 다니지만 또 어떤 이들은 오히려 그런 차림이 역겹다고 생각한다.

(5) 그렇지만 또 한편으로 어떤 대상의 객관적 속성, 예컨대 사각형의 황금 비율은 시대와 장소를 초월하여 우리 인간의 이해 관심과는 상관없이 아름답다고 볼 수 있는 것 아닌가? 만약 그렇다면 숲의 객관적인 속성, 예를 들면 숲의 요소들이 갖는 기하학적인 구도나 색깔의 조화가 보는 사람의 이해 관심과는 상관없이 그것을 아름답다고 느끼게 하는 것인지도 모른다. 그러나 숲이 우리의 마음에 즐거움을 주고 그래서 아름답다고 생각하게 하는 소위 '대상의 객관적 속성', 예컨대 황금 비율이라는 것도 엄밀히 말하면 결국 모든 인간에게 안정 추구 심리라는 관심이 있기 때문에 사람들이 아름답다고 느끼는 것이다.

(6) 따라서 우리는 사물의 아름다움은 '아름다움'이라는 말이 어떤 의미로 쓰이든 간에 결국 인간의 이해 관심이 개입되어야 비로소 발생한다고 결론을 내릴 수 있다. 대상의 아름다움을 결정하는 소위 '대상의 본질'이나 '객관적인 속성'이라는 것도 결국 그 대상을 대하는 주체와 관련해서 규정되는 것이다.

검토 사항 :

(5)의 "서양 사람들은…… 아름답다고 생각한다"는 주장은 너무 강한 표현으로, 성급한 일반화의 오류를 범할 소지가 있다. 가능하면 논술에서는 단정적으로

주장하는 것을 피해야 한다. 성급한 일반화의 오류를 피하려면 "많은 서양 사람들은…… 생각한다"라고 표현해야 한다. 많은 베스트 셀러 수필들은 주장에 제한을 가하지 않고 단정적으로 주장하는 경향이 있다. 주장에 제한을 가해서, 만약 '대체로 어떻다' 또는 '일반적으로 어떻다'는 등의 표현을 쓰면 독자들의 흥미를 끌지 못하기 때문이다. 그렇지만 그러한 제한적인 표현을 쓰지 않고 독자의 흥미를 끌겠다고 단정적인 주장을 하면 거의 대부분 성급한 일반화의 오류를 범하게 된다.

N I E 논술문 작성 예 4 : 사실 주장과 가치 주장의 혼합 논술문(서울대 논술 문제)

현대 사회에서 개인은 거대한 조직에 속해 있으면서 대부분이 익명의 존재로 방치되어 있다고 말하기도 한다. 다음 글은 이 같은 문제를 해결하기 위해 개인과 개인 사이의 참다운 정서적 유대 관계의 형성이 중요하다는 점을 암시하고 있는 것으로 볼 수 있다.

첫째, 이 글에서 다루고 있는 문제가 어떠한 사회적 조건에서 비롯된 것인가를 간략히 밝히고, 둘째, 그러한 사회적 조건에 비추어볼 때, 참다운 인간 관계를 형성하는 데에 이 글에서 암시하고 있는 개인적 차원의 노력이 어떠한 의의와 한계를 지니고 있으며, 그 한계를 극복할 수 있는 방안이 무엇인가에 대해 자신의 견해를 논술하라.(1,600자 내외)

『안녕』여우가 말했다.

『안녕』어린 왕자가 공손히 대답하고 둘러보았으나 아무것도 보이지 않았다.

『나, 여기 있어. 사과나무 아래……』작은 목소리가 들렸다.

『넌 누구니? 참 이쁘구나』어린 왕자가 말했다.

『나는 여우야』

『이리 와서 나하고 놀자. 난 아주 쓸쓸하단다』

『난 너하구 놀 수가 없어. 길이 안 들었으니까』

『그래? 미안해』조금 생각하다가 어린 왕자가 덧붙였다.

『길들인다는 게 무슨 말이니?』

『넌 여기 사는 아이가 아니구나. 무얼 찾고 있니?』

『사람들을 찾고 있어. 그런데 길들인다는 게 무슨 말이니?』

『사람들은 총으로 사냥을 해. 대단히 귀찮은 노릇이지. 하지만 사람들은 닭을 기르기도 해. 사람이란 그저 한 가지밖에 쓸모가 없다니까. 너두 닭이 필요하니?』

『아니, 난 친구를 찾고 있어. 도대체 길들인다는 게 무슨 말이냐구』

『모두들 잊고 있는 건데, 관계를 맺는다는 뜻이란다』 여우가 대답했다.

『관계를 맺는다구?』

『응. 지금 너는 다른 애들 수만 명과 조금도 다름없는 사내애에 지나지 않는다. 그리고 나는 네가 필요 없구, 너는 내가 아쉽지도 않은 거야. 네가 보기에 나도 다른 수만 마리의 여우와 똑같잖아? 그렇지만 네가 나를 길들이면 우리는 서로 아쉬워질 거야. 내게는 네가 세상에서 하나밖에 없는 존재가 될 것이구, 네게도 내가 이 세상에 하나밖에 없는 여우가 될 거야』

『이제 좀 알아듣겠어. 나에게 꽃이 하나 있는데, 그 꽃이 나를 길들였나 봐』 어린 왕자가 말했다.

『그럴 수도 있지. 지구에는 없는 게 없으니까』

『아니, 지구에 있는 게 아니야』

『그럼, 다른 별에 있어?』

『응』

『그 별에는 사냥꾼이 있니?』

『아니』

『야, 거 괜찮은데! 그럼, 닭은?』

『없어』

『그래, 완전한 곳은 절대로 없다니까』 여우는 한숨을 쉬었다. 그리고 여우는 자기 이야기로 말머리를 돌렸다.

『내 생활은 늘 똑같애. 나는 닭을 잡구, 사람들은 나를 잡는데, 사실 닭들은 모두 비슷비슷하구, 사람들도 모두 비슷비슷해. 그래서 나는 좀 따분하단 말이야. 그렇지만, 네가 나를 길들이면 내 생활은 달라질 거야. 난 보통 발소리하고 다른 발소리를 알게 될 거야. 보통 발자국 소리가 나면 나는 굴 속으로 숨지만, 네 발자국 소리는 음악 소리처럼 나를 굴 밖으로 불러낼 거야. 그리구 저기 밀밭이 보이지? 난 빵을 안 먹으니까 밀은 나한테는 소용이 없구, 밀밭을 보아두 내 머리에는 떠오르는 게 없어. 그게 참 안타깝단 말이야. 그런데 너는 금발이잖니. 그러니까 네가 나를 길들여 놓으면 정말 기막힐 거란 말이야. 금빛깔이 도는 밀밭을 보면 네 생각이 날테니까. 그리구 나는 밀밭을 스치는 바람소리까지도 좋아질 거야』

여우는 말을 그치고 어린 왕자를 한참 바라보더니,

『제발, 나를 길들여 줘』라고 말했다.

『그래. 그렇지만 나는 시간이 별로 없어. 친구들을 찾아야 하거든』 어린 왕자가 대답했다.

여우는 힘없이 말했다.

『사람들은 이제 무얼 알 시간조차 없어지고 말았어. 사람들은 다 만들어 놓은 물건을 가게에서 산단 말이야. 그렇지만 친구는 파는 데가 없으니까, 사람들은 이제 친구가 없게 되었단다. 친구가 필요하거든 나를 길들여』

『어떻게 해야 되는데?』

『아주 참을성이 많아야 해. 처음에는 내게서 좀 떨어져서 그렇게 풀 위에 앉아

있어. 내가 곁눈으로 너를 볼테니 너는 아무 말두 하지 마. 말이란 오해의 근원
이니까. 그러다가 매일 조금씩 더 가까이 앉는 거야』

　이튿날 어린 왕자가 다시 찾아오자 여우가 말했다.

　『시간을 약속하고 왔으면 더 좋았을텐데. 네가 오후 네 시에 오기로 했다면 나
는 세 시부터 행복해지기 시작했을 거야. 시간이 흐를수록 나는 점점 더 행복해
졌을 거구, 네 시가 되면 안절부절못하구 걱정했을 거야. 행복이 얼마나 값지다
는 걸 알게 되었을 거란 말이야. 그러나 네가 아무 때나 오면 나는 언제 마음을
가다듬어야 할지 알 수 없잖아? 무언가 정해 놓을 필요가 있어』

　『무얼 정해 놓는다구?』어린 왕자가 물었다.

　『그것도 요즈음은 잊고 사는 거란다. 어떤 날을 다른 날들과, 어떤 시간을 그
외의 시간들과 다르게 만드는 거야. 예를 들어 사냥꾼들은 목요일마다 동네 아
가씨들하구 춤을 춘단 말이야. 그래서 내게 목요일은 기막히게 좋은 날이지. 포
도밭까지 소풍을 가기도 하구. 그런데 사냥꾼들이 아무 날이나 춤을 춘다고 생
각해 봐. 그저 그날이 그날 같을 게고, 나는 휴가라는 게 영 없을 거 아냐?』

　이렇게 해서 어린 왕자는 여우를 길들였다.

　어린 왕자가 떠날 시간이 가까워지자 여우가 말했다.

　『난 아무래도 눈물이 날 것 같애』

　『그건 너 때문이야. 나는 너를 괴롭힐 생각이 조금도 없었는데, 네가 길들여
달라구 그랬잖아』

　『그래』

　『그런데 눈물이 날 것 같다면서?』

　『그래』

　『그러면 손해만 본 셈이구나』

　『아니, 이득이 있어. 저기 밀밭 빛깔말이야』여우가 말했다.

　『장미꽃밭에 다시 가 봐. 네 장미꽃이 딴 꽃들과는 다르다는 걸 알게 될 거야.
그리구 나한테 작별 인사를 하러 오면 선물로 비밀 하나를 가르쳐 줄께』

　어린 왕자는 장미꽃들을 다시 만나러 갔다.

　『너희들은 내 장미꽃하구 전혀 달라. 너희들은 아직 아무것도 아니야. 아무도
너희를 길들이지 않았잖아. 내 여우도 전에는 너희나 마찬가지였어. 다른 여우들
하고 똑같은 여우였어. 그렇지만 그 여우를 내 친구로 삼으니까 지금은 이 세상
에 하나밖에 없는 여우가 되었어』

　그러니까 장미꽃들은 어쩔 줄을 몰라했다.

　어린 왕자는 또 이런 말도 했다.

　『너희들은 곱긴 하지만 속이 비었어. 누가 너희들을 위해서 죽을 수는 없단 말
이야. 물론 보통 사람들은 내 장미도 너희들과 비슷하다구 생각할 거야. 그렇지
만 그 꽃 하나만 있으면 너희들을 모두 당하구두 남아. 그건 내가 물을 주고, 고
깔도 씌워 주고 병풍으로 바람도 막아주었으니까. 내가 벌레를 잡아 준 것도 그
장미꽃이었어. 나비를 보여 주려구 두 세 마리는 남겨 두었지만. 그리고 원망이
나 자랑이나 모두 들어 준 것도 그 꽃이었으니까. 그건 내 장미꽃이니까』

　어린 왕자는 여우한테 다시 와서 작별 인사를 했다.

『잘 있어』

『잘 가. 이제 내 비밀을 가르쳐 줄께. 아주 간단한 거야. 세상을 잘 보려면 마음으로 보아야 한다는 거지. 제일 중요한 것은 눈에는 보이지 않거든』

『제일 중요한 것은 눈에는 보이지 않는다』

어린 왕자는 그 말을 되뇌었다.

『네가 그 장미꽃에 바친 시간 때문에 그 장미꽃이 그렇게 중요하게 된 거야.』

『내 장미꽃에 바친 시간 때문에……』

어린 왕자는 잊어버리지 않으려고 되풀이해서 말했다.

『사람들은 이 진리를 잊어버렸어. 하지만 너는 잊어버리면 안돼. 네가 길들인 것에 대해서는 영원히 네가 책임을 지게 되는 거야. 너는 네 장미꽃에 대해서 책임이 있어.』

『나는 내 장미꽃에 대해서 책임이 있다』

어린 왕자는 머리에 새겨 두기라도 하듯이 다시 한번 말했다.

단계 1-2 문제를 파악하고, 문제와 관련하여 여러 측면에서 생각해 본다

이 논술 문제는 주어진 자료에서 먼저 주제를 파악한 다음, 그것을 바탕으로 주어진 논제를 완성하고 논술해야만 한다. 이 논술 주제는 현대 산업 사회에서의 인간 소외 문제를 다루고 있다. 따라서 논술의 논제는 "인간 소외 문제가 어떠한 사회적 조건에서 비롯되었는가, 그리고 그 문제를 해결하고 참다운 인간 관계를 형성하기 위한 개인적 차원의 노력이 어떠한 의의와 한계를 지니고 있으며, 그 한계를 극복할 수 있는 방안이 무엇인가?"를 논술하는 것이다.

이 논제를 분석하면 다음과 같이 네 개의 논점으로 구분할 수 있다.

논점 :

a. 글 속의 인간 소외 문제는 어떠한 사회적 조건에서 비롯되었는가?

b. 인간 소외 문제를 해결하고 참다운 인간 관계를 형성하기 위한 개인적 차원의 노력이 어떠한 의의를 지니고 있는가?(어떠한 점에서 중요한가)

c. 그와 같은 개인적 차원의 노력이 어떠한 한계를 지니고 있는가?

d. 그 한계를 극복하려면 어떻게 해야 할 것인가?

생각해 보기 :

a. 농경 사회에서 산업 사회, 시민 사회로

공동 사회(게마인샤프트)에서 이익 사회(게젤샤프트)로
농경 사회에서의 친밀한 인간 관계, 어려울 때 상부상조
산업 사회의 거대 사회 집단에서 개인은 원자적(原子的) 존재
개인은 거대한 조직 속의 한 부속품

b. 익명이 아니라, 즉 기능 또는 역할명(학생)이 아니라 이름을 불러줄 때 친근
해질 수 있다.
아파트로 이사 와서 옆집에 떡을 돌리며 신고한다든지, 아파트 이웃 간에 인사
를 한다든지, 가게에서 고객을 대할 때, 고객을 이익 추구를 위한 단순한 수단
으로 대하는 것이 아니라 인격적인 관계로서 대할 때 좀더 친근해질 수 있다.

c. 자기가 소속된 이익 집단에서는 개인 간에 상호 이해 타산적인 관점에서 유대
가 맺어지기 때문에 영속적이며 진정한 정적 유대 관계를 맺기가 어렵다.
이익 집단에서는 유대를 맺어주는 상호 이익이 더 이상 존재하지 않게 되면
그 유대 관계는 끊어지게 마련이다.
개인적으로는 다른 사람이나 집단 또는 지역에 우호적일지라도 집단끼리의
갈등이 빚어지면 자기 집단의 이익을 대변하는 경향이 있다. 즉 개인적으로는
도덕적(애타적)일지라도 집단적으로는 이기적일 수가 있다. 노사 갈등, 지역
간의 갈등, 남녀 간의 이익 갈등(호주제)

d. 따라서 개인 간 유대의 끈을 맺을 수 있도록 사회적으로나 제도적으로 뒷받
침이 이루어져야 한다. 공동 사회, 공동체의 회복, 공동체 의식의 함양이 요
구된다.
계층 간 지역 간 화합을 위한 노력(노래 자랑, 운동 경기), 공무원 여성 할당 제
도, 지역 할당 제도, 농어촌 특례 입학 제도, 사회 봉사 활동의 제도화(봉사 활
동 점수), 봉사 단체, 문화 행사(열린 음악회), 환경 보호 운동, 사회 교육 기관
의 다양화 및 활성화, 경로당, 경로회, 사회 복지 제도, 실업자 구호 대책

단계 3-4 주장을 진술하고, 그것을 뒷받침할 수 있는 적절한 근거를 탐색한다

4개의 논점에 따라 각기 다른 4개의 주장이 나온다.
a, b, c는 사실 주장을, d는 가치 주장을 해야 한다.

a : 글 속의 소외 문제는 어떠한 사회적 조건에서 비롯되었는가?(사실 주장)

　　　　　　　　　　　　　　　　　　　　　　　　　　— 서론

b : 개인적 차원의 노력이 어떠한 의의를 지니는가?(사실 주장)　　　— 본론

c : 개인적 차원의 노력이 어떠한 한계를 지니는가?(사실 주장)　　　— 본론

d : 그러한 한계를 극복하기 위해 어떻게 해야 할 것인가?(가치 주장) — 결론

a. 글 속의 인간 소외 문제는 어떠한 사회적 조건에서 비롯되었는가?

주장 : 글 속의 소외 문제는 현대 산업 사회에서 개인이 거대한 조직 속의 한 부
　　　속품으로 전락한 데서 비롯되었다.

근거 :

- 현대 사회에서 공업화가 진척되면서 사람들은 도시로 몰리게 되고 그
결과 개인은 다수의 군중 속에서 상호 정적인 유대 관계 없이 외로운 존재로
남게 된 것이다.
- 현대 사회는 정적인 유대 관계로 맺어진 공동체의 성격에서 타산적인 이
익 사회의 성격으로 바뀌게 되었다.

**b. 인간 소외 문제를 해결하고 참다운 인간 관계를 형성하기 위한 개인적 차원의
노력이 어떠한 의의를 지니는가?**

주장 : 개인 간의 교류에서 상대방을 인격적으로 대할 때 사람들은 더 친근
　　　해질 수 있다.

근거 :

- 학생을 부를 때 단순히 "학생" 하고 부르는 것보다 이름을 부르면 서로
간에 정을 느끼게 되고 친해질 수 있다.
- 아파트에 새로 이사 와서 옆집에 떡을 돌리며 신고를 하는 경우 또는 가
게에서 손님을 대할 때 손님을 단순히 이익 추구를 위한 수단으로 대하는 것
이 아니라 인격적으로 대하는 경우도 서로 친해질 수 있는 계기가 된다.

c. 개인 차원의 노력이 어떠한 한계를 지니는가?

주장 : 개인적으로는 다른 사람이나 집단 또는 지역에 우호적일지라도 집단끼리
　　　 의 갈등이 빚어지면 자기 집단의 이익을 따르는 경향이 있다.

근거 : 노사 갈등, 지역 간의 갈등, 남녀 간의 이익 갈등(호주제)에 나타나는 것
　　　 처럼 어느 집단의 구성원이 다른 집단의 구성원과 정적인 유대를 맺는다
　　　 할지라도 집단 간의 이익이 서로 대립할 때에는 개인 간의 정적인 유대도
　　　 큰 힘을 발휘하지 못한다.

d. 개인 차원 노력이 지니는 한계를 극복하기 위해 어떻게 해야 할 것인가?

주장 : 개인 간, 집단 간, 계층 간 유대의 끈을 맺을 수 있도록 사회적으로 제도
　　　 적인 뒷받침이 이루어져야 한다. 즉 공동체의 회복, 공동체 의식의 함양
　　　 이 요구된다.
예시 : 계층 간 지역 간 화합을 위한 노력(노래 자랑, 운동 경기), 공무원 여성 할
　　　 당 제도, 농어촌 특례 입학 제도, 사회 봉사 활동의 제도화(봉사 활동 점
　　　 수), 봉사 단체, 문화 행사(열린 음악회), 환경 보호 운동, 사회 복지 제도,
　　　 실업자 구호 대책

단계 5-6 　근거들을 유기적으로 배열하고, 글의 개요를 작성한다

서론 :
- 이 글은 현대 사회에서의 인간 소외 문제를 다루고 있다.
- 글 속의 소외 문제는 현대 산업 사회에서 거대한 조직 속의 한 부속품이 된
  개인이 고독감을 느끼게 된 데서 비롯되었다.
- 현대 사회에서 공업화가 진척되면서 사람들은 도시로 몰리게 되고 그 결과
  개인은 다수의 군중 속에서 상호 정적인 유대 관계가 없이 외로운 존재로 남
  게 된 것이다.
- 또한 현대 사회는 정적인 관계로 맺어진 공동체의 성격이 약화되고 상호 이
  익을 위한 이익 사회의 성격이 강화되었다.

본론 :
- 인간 소외 문제를 해결하고 참다운 인간 관계를 형성하기 위한 개인 차원

의 노력이 어떠한 의의를 지니는가?

- 개인 간의 교류에서 상대방을 인격적으로 대할 때 사람들은 좀더 친근해
  질 수 있다.
- 학생을 부를 때 단순히 "학생" 하고 부르기보다는 이름을 부르면 서로 간
  에 정을 느끼게 되고 친해질 수 있다.
- 아파트에 새로 이사 와서 옆집에 떡을 돌리며 신고를 하는 경우 또는 가게에
  서 손님을 대할 때 손님을 단순히 이익 추구를 위한 수단으로 대하는 것
  이 아니라 인격적으로 대하는 경우도 서로 친해질 수 있는 계기가 된다.
- 개인적 차원의 노력이 어떠한 한계를 지니는가?
- 개인적으로는 다른 사람이나 집단 또는 지역에 우호적일지라도 집단끼리 갈
  등이 빚어지면 자기 집단의 이익을 따르지 않을 수 없다.
- 노사 갈등, 지역 간의 갈등, 남녀 간의 이익 갈등(호주제)에 나타나는 것처럼
  어느 집단의 구성원이 다른 집단의 구성원과 정적인 유대를 맺는다 할지
  라도 집단 간의 이익이 서로 대립할 때에는 개인 간의 정적인 유대도 큰 힘
  을 발휘하지 못한다.

결론:
- 개인 차원의 노력이 지니는 한계를 극복하려면 어떻게 해야 할 것인가?
- 개인 간, 집단 간, 계층 간 유대의 끈을 맺을 수 있도록 사회적으로 제도적인
  뒷받침이 이루어져야 한다. 즉 공동체의 회복, 공동체 의식의 함양이 요구된
  다.
- 예를 들면, 개인들 간의 화합을 위한 열린 음악회 같은 문화 행사, 계층 간 지
  역 간 화합을 위한 노력(노래 자랑, 운동 경기), 공무원 여성 할당 제도, 농어촌
  특례 입학 제도 등이 그것이다.

단계 7-8 개요에 따라 글을 쓴 다음, 검토하고 수정 · 보완한다

● **논술문 예시** ●

(1) 이 글은 현대 사회에서의 인간 소외 문제를 다루고 있다. 글 속의 소외 문제
는 농경 사회에서 산업 사회로 넘어오자 개인이 거대한 조직 속의 한 부속품으로
전락한 데서 비롯된 것이다. 현대 사회에 들어와 공업화가 진척되면서 사람들이

도시로 몰리게 되고, 그로 인해 개인들은 대부분의 경우 다수의 군중 속에서 상호 정적인 유대 관계가 없이 외로운 존재로 남게 된 것이다. 뿐만 아니라 전통적인 농경 사회는 정적인 관계로 맺어진 공동체의 성격이 강했지만 현대 사회로 넘어오자 그러한 정적인 유대 관계가 약화되고 상호 이익을 위한 타산적인 이익 사회의 성격이 강화되면서 현대인은 외로움을 느끼게 된 것이다.

(2) 그러면 위와 같은 인간 소외 문제를 해결하고 참다운 인간 관계를 형성하기 위해 개인 차원의 노력이 어떤 점에서 중요한가? 현대의 대중 사회에서 살고 있는 개인들은 대부분 상대방을 인격적 또는 인간적인 관계에서보다는 역할적 또는 기능적인 관계로 대하는 경향이 있다. 그러나 개인 간의 교류에서 상대방을 단순히 기능적으로 대하는 경우보다는 인간적으로 대할 때 사람들은 좀더 친근해질 수 있다. 예를 들면 선생님이 학생을 부를 때 단순히 "학생" 하고 부르는 대신 "복동아" 하는 식으로 이름을 부르면 서로 간에 정을 느끼게 되고 친해질 수 있다. 또 가게에서 손님을 대할 때 손님을 단순히 돈을 벌어주는 수단으로 대하는 것이 아니라 인간적으로 대하는 경우도 서로 친해질 수 있는 계기를 마련해 준다.

(3) 그런데 그와 같은 개인 차원의 노력만으로 인간 소외 문제를 해결하고 참다운 인간 관계를 형성할 수 있을까? 개인적으로는 다른 사람과 서로 마음이 통하고, 다른 집단이나 지역 사람들에 우호적일지라도 집단끼리 갈등이 빚어지면 자기 집단의 이익을 대변하는 경향이 있다. 노사 간의 갈등이 발생할 때, 어느 노동자가 사용자의 어려운 입장을 이해할지라도 노조가 자신의 입장과 반대 방향으로 의사를 결정할 때에는 그 결정을 따르지 않을 수 없다. 지역 간, 종교 간의 갈등이 생길 때에도 마찬가지다. 서로 갈등을 빚고 있는 두 집단의 구성원들이 서로 정이 들어 결혼하려고 할 때 어려움을 겪는 경우를 우리는 주변에서 흔히 경험할 수 있다. 이처럼 소원한 관계에 있는 집단의 구성원들이 개인적으로는 정적인 유대를 맺는다 할지라도 집단 간의 소외를 극복하는 데는 그러한 유대가 큰 힘을 발휘하지 못한다.

(4) 그러면 이처럼 개인적 차원의 노력이 지니는 한계를 극복하려면 어떻게 해야 할 것인가? 개인 간, 집단 간 유대의 끈을 맺을 수 있도록 사회적으로 제도적인 뒷받침이 이루어져야 한다. 다시 말해 개인 간, 집단 간의 정적인 유대를 맺어주는 공동체의 회복과 공동체 의식의 함양이 요구된다. 예를 들면, 열린 음악회 같은 문화 행사, 지역 간 노래 자랑이나 운동 경기 등을 갖는다면 개인 또는 집단 간에 화합과 일체감을 증진시킬 수 있을 것이다. 공무원 여성 할당 제도를 통해 여성들의 사회 참여도를 높이거나, 농어촌 특례 입학 제도를 통해 농어촌 출신 학생들이 도

시 학생들과 마찬가지로 소외되지 않고 대학에 진학할 수 있는 길을 열어주는 것
도 그러한 노력의 일환이라고 볼 수 있을 것이다.

검토 사항 :

(4)의 "개인 간, 집단 간 유대의 끈을 맺을 수 있도록"은 "개인 간, 집단 간에 정
적인 유대의 끈이 맺어질 수 있도록"으로 고치는 것이 더 자연스럽다.

"함양이 요구된다"는 "함양을 위한 사회적 장치가 요구된다"로 바꾸는 것이 좋을
것이다.

6. 논술문 평가의 기준과 실례

1) 논술문 평가 기준

(1) 주제의 명료성

무엇을 주장하려고 하는 것인지가 분명해야 한다. 주장은 결론에서 분명하게 드
러나도록 해야 한다.

서론에서 논점이 제시되면 그 논점을 일관성 있게 밀고 나가야만 주제가 분명해
진다. 그렇지 않고 논점이 왔다갔다하거나 논점에서 벗어나는 주장을 하면 무엇을
주장하려고 하는지 알 수 없게 되므로 유의해야 한다.

(2) 논거의 적절성

제시된 논거나 근거는 주장을 뒷받침하는 데 관련성과 타당성이 있어야 한다.
별로 관련성이 없거나 받아들이기 어려운 논거를 제시하면 안 된다. 성급하게 일
반화하거나 두 사태 간의 인과 관계가 긴밀하지 않은데도 인과적 진술을 내린다
면 잘못이다. 그 밖에 앞에서 검토한 여러 가지 다른 논리적 오류가 없는지를 확
인한다.

가치 주장에서는 명시적으로 제시된 사실 근거뿐만 아니라 암암리에 전제하고
있는 원리 근거(가치 원리)도 타당성이 있어야 한다(사실 주장에는 원리 근거가 없다).

원리 근거의 타당성은 앞에서 설명한 바 있는 네 가지 원리 검사법을 적용하여
검토한다.

(3) 논리의 정연성

우선 각 문단 안에서 명제들 간의 연결이 논리적이어야 한다. 각 문단의 중심 내용, 즉 소주제문은 전체 논술문의 근거이지만, 그 문단 안에서는 다른 근거, 즉 보조 근거에 의해 논리적으로 뒷받침되어야 한다. 다시 말해 개별 문단 안에서의 근거와 보조 근거 간의 관계는 전체 논술문에서의 주장과 근거의 관계와 같다. 따라서 그들 간의 관계는 논리적이어야 한다. 여기서는 주로 귀납법과 연역법이 사용되며 때로는 예시나 인과적 설명 또는 비유법 등이 사용될 수 있다.

다음으로 문단들이 서로 논리적이며 유기적으로 연결되어야 한다. 즉 서론에서 결론까지 자연스럽게 연결되어야 한다.

여기서 또한 강조하고 싶은 것은 문단을 정확하게 나누어야 한다는 것이다. 문단을 정확하게 나누지 못했다는 것은 생각을 제대로 정리하지 못했음을 의미한다.

(4) 사고의 창의성

다른 사람들이 다 알고 있는 진부한 내용은 아무리 논리적으로 전개했다 할지라도 읽는 사람의 흥미를 끌지 못한다. 다른 사람이 별로 생각하지 못한 참신한 내용을 주장한다면 그 논술은 돋보일 것이다. 물론 창의적인 내용일수록 깊은 사고와 논리적인 치밀성이 요구된다는 것은 더 말할 필요가 없다.

(5) 표현의 정확성

논술문이 논리적이고 깊은 내용을 담고 있다 할지라도 낱말이나 문장의 표현이 정확하지 못하면 좋은 논술문이 될 수 없다. 맞춤법, 띄어쓰기, 주어 술어의 호응 관계 등이 정확해야 한다.

논술문 평가를 위한 점검 사항

자신이 쓴 논술문을 다음의 점검 사항에 따라 점검해 보기 바란다.

1. 논술문의 서두에서 문제를 분명히 제시했는가?
   논점을 분명히 기술하였는가?
   (1. 주제의 명료성)

2. 충분하고 타당한 근거(이유)에 입각하여 자기 주장을 세웠는가?

(2. 논거의 적절성)

3. 주장을 세워가는 과정에서 부닥칠 수 있는 강력한 반론을 검토하고 적절히
그리고 충분히 반박하였는가?
(4. 사고의 창의성)

4. 근거와 주장 간에 논리적인 관련성이 있는가? 형식적인 또는 비형식적인 오
류를 포함하고 있지는 않은가?
(2. 논거의 적절성, 3. 논리의 정연성)

5. 문단을 중심 내용에 따라 정확하게 나누었는가?
각 문단에서 하나의 중심 내용만을 논의하고 있는가?
(1. 주제의 명료성, 3. 논리의 정연성)

6. 문단 간에 유기적인 연관성이 있는가?
(3. 논리의 정연성)

7. 각 문단에서 주장하는 중심 내용들을 맺는 말(논술문의 결론)에서 종합적으로
정리했는가?
(1. 주제의 명료성)

8. 문장이 간결한가? 애매모호한 말을 사용하지 않았는가? 필요할 때 개념의 정
의를 내렸는가? 적절한 어휘를 선택했는가?
(5. 표현의 정확성)

9. 문법이 정확한가? 맞춤법, 띄어쓰기, 주어와 술어의 관계, 연결어의 사용 등
이 정확한가?
(5. 표현의 정확성)

10. 분량을 규정대로 지켰는가?

2) 논술문 평가의 예

논술문 예 1 : 성비 불균형 해소는 제도 개선이 근본책

　얼마 전 돈을 받고 태아의 성을 감별해 준 의사들이 구속된 사건을 두고 신문, 방송은 이들이 인간 생태를 파괴하는 성비 불균형 문제를 일으키는 주범이며, 성감별 행위에 대한 감시와 처벌 강화가 문제의 해결책이라도 되는 듯 일제히 보도했다.

　물론 의사들의 반윤리적·반이성적 성감별 행위는 처벌받아 마땅하다. 그러나 성감별을 요구하고 그 결과 딸이면 임신 중절 수술까지 마다하지 않았다는 임신부와 그 가족부터 조사하는 것이 일의 순서가 아닐까. 성감별을 요구한 이들은 놔둔 채 그들의 요구에 응한 의사들만 구속하는 것은 옳지 않다고 생각한다. 남아 선호 의식은 이 사회의 불평등한 남녀 관계가 근본적으로 바뀌지 않는 한 여전히 극성을 부릴 것이고, 성감별을 하려는 임신부와 의사들도 사라지지 않을 거라고 생각한다. 이런 문제를 풀려면 무엇보다도 먼저 가족법을 개정해야 한다. 딸을 꺼리게 만드는 호주제의 즉각 폐지가 시급하다. 아이에게도 어머니의 성을 물려줄 수 있는 법적·제도적 장치를 마련해야 하는 것이다.

— 한겨레신문, 독자 의견

■ 수정

　얼마 전 돈을 받고 태아의 성을 감별해 준 의사들이 구속된 사건을 두고 신문, 방송은 이들이 인간 생태를 파괴하는 성비 불균형 문제를 일으키는 주범이며, 성감별 행위에 대한 감시와 처벌 강화가 문제의 해결책이라도 되는 듯 일제히 보도했다.

　물론 의사들의 반윤리적·불법적인 성감별 행위는 처벌받아 마땅하다. 그러나 성감별을 요구하고 그 결과 딸이면 임신 중절 수술까지 마다하지 않았다는 임신부와 그 가족들도 처벌받아야 한다고 본다. 성감별을 요구한 이들은 놔둔 채 그들의 요구에 응한 의사들만 구속하는 것은 형평성의 원칙에도 어긋난다.

　그러나 성감별 후 낙태 행위를 법으로 처벌하는 것만으로는 근절할 수 없다고 생각한다. 남아 선호 의식은 이 사회의 불평등한 남녀 관계가 근본적으로 바뀌지 않는 한 없어지지 않을 것이고, 성감별을 하려는 임신부와 의사들도 사라지지 않을 것이기 때문이다. 이런 문제를 풀려면 무엇보다도 먼저 가족법을 개정해야 한다. 딸을 꺼리게 만드는 호주제의 즉각 폐지가 시급하다. 어머니의 성도 아이에게 물려줄 수 있는 법적 · 제도적 장치를 마련해야 하는 것이다.

　그러한 제도가 마련되면 딸이 시집 가서 어머니가 될 때 그 자녀가 어머니의 성을 물려받아 대를 이어갈 수 있다. 물론 지금까지 아버지 쪽으로만 이어지는 성이 어머니 쪽으로도 이어지므로 한동안 혼란이 일어날 수 있을 것이다. 그러나 어떠한 제도건 그것이 바뀌게 되면 혼란이 있게 마련이다. 부계 쪽으로만 성이 계승되어야 한다는 사고는 남성 위주의 사고 방식이다. 그러한 사고 방식을 고쳐나가면 제도가 바뀜으로 인해 생기는 혼란은 그렇게 큰 문제가 되지 않을 것이다.

(1) 주제의 명료성(충실도 80%)

　논점은 "성감별 후 낙태 문제에 대한 해결책은 무엇인가?"일 것이다. 주제는 "성감별 후 낙태 행위를 근절하기 위해서는 어머니의 성도 아이에게 물려줄 수 있도록 가족법을 개정해야 한다"로, 원래의 표현을 약간 수정하면 분명해진다.

(2) 논거의 적절성(충실도 60%)

　위의 논술은 크게 보면 다음과 같이 세 가지를 주장하고 있다.
　① 의사뿐만 아니라 임신부와 그 가족까지도 처벌해야 한다.
　② 처벌만으로는 문제를 해결할 수 없다.
　③ 어머니의 성도 아이에게 물려줄 수 있도록 가족법을 개정해야 한다.

　①은 논점과 직접 관련이 없는 부분이므로, 오히려 논점을 흐리게 할 소지가 있다. 만약 ①을 논술 내용으로 꼭 넣고 싶다면 그것을 서론으로 처리하고, ②와 ③이 포함되는 본론의 내용을 훨씬 더 늘려야 할 것이다.
　주장 ②를 뒷받침하기 위해 "남아 선호 의식이 …… 사라지지 않을 것이다"를 이유로 제시하고 있는데, 이는 적절한 논거라고 생각된다.
　그리고 문제 해결을 위한 대안으로서 필자는 ③을 주장하고 있다. 이 주장은 상당히 논란거리가 될 수 있는 것이라고 생각된다. 그런데도 필자는 예상되는 반대 논거를 충분히 검토하고 있지 않다.

(3) 논리의 정연성(충실도 70%)

　"물론 의사들의 …… 옳지 않다고 생각한다"(①을 뒷받침해 주는 부분)는 논점에서 벗어나고 있다.
　그리고 두번째 문단은 둘로 나누는 것이 좋다.

(4) 사고의 창의성(충실도 60%)

③을 단정적으로 주장하는 것으로 끝나지 말고, 적절한 논거를 제시하여 정당화해야 할 것이다. 어머니의 성도 아이에게 물려줄 경우에 예측할 수 있는 여러 결과를 생각해 보고, 반대 입장에서 제기할 수 있는 반대 논거도 생각해 내어 적절히 반박하면 좋을 것이다. 그러나 어머니의 성도 아이에게 물려주는 것이 좋겠다는 생각 자체는 창의적이라고 생각된다.

(5) 표현의 정확성(충실도 70%)

'반이성적'이라는 말은 넓은 의미로 '반윤리적'이라는 말에 포함시켜 생각할 수 있기 때문에 삭제하고 그 대신 '불법적인'이라는 말을 넣는 게 좋을 것이다.

'여전히 극성을 부릴 것이고'에서 '극성'이라는 말은 보통 행동이나 태도와 관련하여 사용하므로 적합하지 않다.

'아이에게도 어머니의 성을'이 아니라 거꾸로 '어머니의 성도 아이에게'로 표현하는 것이 정확하다.

논술문 예 2 : 토론식 강의

(1) 대학이 변화되어야 하고 새롭게 태어나야 한다는 사회 일각의 걱정과 지탄 속에 오늘도 대학들은 새로운 변화를 모색하며 개혁을 서두르고 있다. 교육부는 교육부대로 개혁의 강도와 속도로 대학을 평가하여 예산 지원에 차등을 두겠다며 개혁을 촉구하고 있다.

(2) 변화와 개혁은 꼭 이뤄져야 하지만 그것은 외압과 타의에 의해서가 아니라 자생적이고 자발적인 대학인의 의지에 의해 점진적으로 이뤄지는 것이 바람직하다. 사회 경제 전반에 걸친 급한 변화가 대학 개혁의 속도를 가속화시키고 있는 현실을 외면할 수 없지만, 성급한 개혁은 자칫 시행 착오를 유발, 엄청난 해악을 가져올 수 있기 때문이다.

(3) 대학 개혁의 여러 과제 가운데 빠뜨릴 수 없는 게 주입식 강의를 토론식으로 전환하는 일이다. 일부 교수들은 벌써부터 토론식 강의를 통해 학생들을 토론 문화에 길들이면서 창의성을 고양시키고 있지만 아직도 많은 교수들은 주입식 강의에 의존하고 있다.

(4) 서양이 자유롭게 토론할 수 있는 수평 문화의 속성을 갖고 있는 반면, 동양은 침묵과 복종을 강요하는 수직 문화의 속성을 지녀왔기 때문에 토론식 강의에는 여러 가지 무리가 따르는 게 사실이다.

(5) 가정에서나 학교에서 수직적 문화에 길들여진 학생들을 대상으로 갑자기

토론식 강의를 전개하려 할 때, 그들이 개인의 의사를 자유롭게 발표하지 못할 수밖에 없다.

(6) 민주주의는 토론의 문화가 성숙한 곳에서만 꽃필 수 있다. 국회에서의 날치기 통과도 근본적으로 토론 문화의 미숙에서 비롯되고 있다.

(7) 토론 문화가 필요한 것은 스스로 문제를 던지고 해답을 찾게 하는 가운데 교육의 효율을 높이기 위해서만이 아니다. 국민의 민주 의식 함양을 위해서도 유치원에서부터 대학에 이르기까지 다양성을 존중하는 가운데 자신의 의사를 상대방에게 자유롭게 전달하고 상대 의견을 귀담아듣는 토론 문화가 정착되어야 한다.

조선일보, 일사일언

■ 수정

대학이 변화되어야 하고 새롭게 태어나야 한다는 사회 일각의 걱정과 지탄 속에 오늘도 대학들은 새로운 변화를 모색하며 개혁을 서두르고 있다. 교육부는 교육부대로 개혁의 강도와 속도로 대학을 평가하여 예산 지원에 차등을 두겠다며 개혁을 촉구하고 있다.

대학 개혁의 여러 과제 가운데 빠뜨릴 수 없는 게 주입식 강의를 토론식으로 전환하는 일이다. 일부 교수들은 벌써부터 토론식 강의를 통해 학생들을 토론 문화에 길들이면서 창의성을 고양시키고 있지만 아직도 많은 교수들은 주입식 강의에 의존하고 있다.

서양이 자유롭게 토론할 수 있는 수평 문화의 속성을 갖고 있는 반면, 동양은 침묵과 복종을 강요하는 수직 문화의 속성을 지녀왔기 때문에 토론식 강의에는 여러 가지 무리가 따르는 게 사실이다. 가정에서나 학교에서 수직 문화에 길들여진 학생들을 대상으로 갑자기 토론식 강의를 전개하려 할 때, 그들이 개인의 의사를 자유롭게 발표하지 못할 수밖에 없다.

그러나 토론식 강의를 하는 데 어느 정도의 어려움이 따른다 해도 그것을 기피해서는 안 된다. 민주주의는 토론의 문화가 성숙한 곳에서만 꽃필 수 있다. 국회에서의 날치기 통과도 근본적으로 토론 문화의 미숙에서 비롯되고 있다.

토론식 강의가 필요한 것은 스스로 문제를 던지고 해답을 찾게 하는 가운데 교육의 효율을 높이기 위해서만이 아니다. 국민의 민주 의식 함양을 위해서도 유치원에서부터 대학에 이르기까지 다양성을 존중하는 가운데 자신의 의사를 상대방에게 자유롭게 전달하고 상대 의견을 귀담아듣도록 하기 위해서도 토론식 강의가 정착되어야 한다.

(1) 주제의 명료성(충실도 80%)

주제가 "토론 문화가 정착되어야 한다"는 것인지, 아니면 "이제 대학은 토론식 강의로 전환해야 한다"는 것인지 분명하지 않다. 물론 토론식 강의도 토론 문화에 속한다고 말할 수 있지만, 오히려 사회 전반에 토론 문화를 정착시키기 위해 토론식 강의를 해야 한다라고 말하는 것이 더 정확할 것 같다. 필자가 주장하려고 하는 것은 오히려 후자라고 보는 것이 옳다.

(2) 논거의 적절성(충실도 90%)

교육의 효율성(창의성)을 높인다.
국민의 민주 의식을 함양한다.
자신의 의사를 상대방에게 자유롭게 전달할 수 있다.
상대 의견을 귀담아듣는다.
그 밖에 토론식 강의는 자신의 잘못된 생각을 검토할 수 있는 기회를 준다고도 말할 수 있다.

(3) 논리의 정연성(충실도 70%)

(4)와 (5)는 합쳐 한 문단으로 구성하는 것이 좋을 것 같다. (5)는 (4)를 뒷받침해 주는 근거라고 할 수 있다.
그리고 (6) 문단의 첫머리에서 앞 문단과의 자연스러운 연결을 위해, 토론식 강의가 어렵기는 해도 그것이 필요하다는 취지의 문장을 넣는 것이 좋을 것이다.
(2) 문단은 논점과 직접 관련성이 없고, 그것을 흐릴 가능성이 있기 때문에 생략하는 것이 좋을 듯하다.

(4) 사고의 창의성(충실도 90%)

'수직 문화'와 '수평 문화'를 토론문화와 관련지어 설명하는 것은 흥미롭다.

(5) 표현의 정확성(충실도 90%)

'상대 의견을 귀담아듣는'은 '상대 의견을 귀담아듣도록 하기 위해서도'로 고치는 것이 좋을 것 같다.

N I E

Ⅵ

NIE 토론 · 논술 학습법

1. NIE 토론 · 논술 학습의 요령

1. 선생님의 주도로 수업을 진행할 수도 있으나, 이 교재는 **열린 교육을 활성화**하려고 마련된 것이기 때문에 **소집단으로 나누어 여러분들이 자율적으로 진행하는 것이 바람직하다.** 먼저 전체 토론을 이끌 사회자를 선정한다. 한 학급을 5 ~ 7명 단위의 소집단으로 나누어 조장을 선정한 다음, 조장의 주도 아래 소집단끼리 진행한다. 전체 토론의 사회자도 어느 한 조에 소속해서 참여한다.

2. 강의식 수업과는 달리 여러분들의 자발적이며 적극적인 참여가 절대적으로 필요하다. 여러 관점과 측면에서 생각해 보고 **활발하게 자신의 의견을 발표해야 한다.** 그리고 다른 사람의 생각이 자신의 생각과 다를 때는 주저하지 말고 의견을 말하도록 한다. 의견을 말해야 할 때 침묵을 지키는 것은 미덕이 아니다.

3. **조장은** 논의와 토론이 활발하게 진행되도록 분위기를 이끈다. 그리고 논의가 충분히 진행되었다고 생각되면 **전체 토론에서 발표할 수 있도록 자기 조의 합의된 내용을 정리해 둔다.**

4. 마지막 전체 토론은 사회자의 주도로 진행하되, 각 조의 조장들이 자기 조의 합의된 내용을 순서대로 발표하도록 하고 종합 정리한다. **전체 토론에서 발표할 때에는 모든 조가 처음부터 마지막까지 모든 질문을 반복할 필요는 없다.** 각 조가 하나 또는 두 개의 질문을 맡아 발표하고 다른 조의 의견을 듣는 방식으로 진행하면 시간을 효율적으로 이용할 수 있을 것이다.

5. 논술 과제가 주어지는 경우에는 1시간 수업에서는 논술까지 하기가 어렵기 때문에 미리 앞에서 제시한 논술 작성 단계에 따라 집에서 해온 다음 논의하는 것도 좋다. 2시간 수업(예를 들면 특별 활동 시간)에서는 논술도 함께 할 수 있을 것이다. 어느 경우이건 각 조가 자기 조에서 작성한 논술문들을 앞에서 제시한 **논술문의 평가 기준에 따라 평가한 다음, 가장 잘 되었다고 생각되는 논술문을 선정해서 조장이나 작성자가 발표한다.**

2. NIE 토론 · 논술 학습의 예

예 1　기사 1 : 옷 사간 고객에 1주일 뒤 확인 전화

"처음 찾아온 고객이 1시간 반 뒤에 맞선 본다며 급히 옷을 사러 왔습니다. 소매가 약간 짧아 부랴부랴 수선을 해주고 보냈지요. '아차' 하면서 나중에 단추를 못 달아준 걸 생각해 냈습니다. R호텔이란 말을 떠올리며 수선사와 함께 뛰어갔습니다. 정문에 들어서기 직전 겨우 붙들어 화장실에서 수선해 줬습니다." 코오롱상사에서 대구백화점 '맨스타' 매장을 책임지고 있는 박성환 소장(35)은 "이제 그 분은 무조건 우리 매장에서 옷을 산다"며 세일즈란 그렇게 짜릿한 일이라고 말했다.

의류는 가전이나 보험과 달리 외판 세일즈가 보편화되지 않은 반면, 매장을 통한 승부가 결정적이다.

박 소장은 매장을 지휘하면서 외판 못지않은 세일즈 실력을 발휘한다.

"지난해 겨울엔 신혼 부부가 찾아와 곰으로 신혼 여행 간다며 카탈로그에 있는 반바지와 T셔츠를 찾았지요. 경기도 기흥의 회사 창고로 달려가 그 제품을 일일이 찾아서 전달했습니다. 고정 고객이 된 것은 물론이지요."

대구 성광고를 졸업하고 1986년 입사한 그는 1988년 모범 사원상을 시작으로 지난해 최우수 판매원상 등 각종 상을 휩쓸었다.

16명의 매장 직원들을 거느리고 지난해 판매한 액수가 맨스타 신사복 하나만 무려 16억 원어치.

"어디를 가도 경쟁 업체 매장보다 많이 팔았다는 데 자부심을 갖습니다. 직원들도 반드시 경쟁 업체 매장 직원들보다 20분 먼저 출근해 미리 준비를 합니다."

아침 조회 때는 부하들에게 세일즈 아이디어를 묻고 적극 채택해 주며, 때로는 토론을 벌인다.

그는 고객이 매장에 들어오면 절대 '어느 옷을 입겠느냐'는 식의 부담 가는 말을 하지 않는다. 다만 물건을 사지 않더라도 "고향이 같으시군요"라고 하거나, 환경 보호 세척제나 우산 같은 소품을 전해 주면서 기억을 시킨다. 하다 못 해 기분 좋은 농담을 건네기도 한다.

박 소장의 세일즈 공간은 매장에 한정되지 않는다.

매장이라는 좁은 공간을 뛰어넘어 안방 장롱까지 신경을 쓴다. 고객이 옷을 사면 1주일쯤 뒤 잘 입고 있는지 반드시 확인 전화하고, 클레임이 들어오면 1백% 반품과 환불을 해주고 있다.

7백~8백 명에 이르는 고정 고객들에게 생일 카드나 전보를 보내는 일은 기본이다. 평일엔 2~3벌, 바겐세일 때는 10여 벌에 이르는 양복을 일일이 배달해 주는 것도 그의 전략이다. "물건보다 마음을 팔아야죠. 그것이 세일즈맨의 기본입니다."

조선일보 기사

1. 박씨의 어떤 점이 좋다고 생각합니까?

   고객에 대한 친절한 태도
   - 고객의 입장에서 생각함
   - 고객에게 부담감을 주지 않음
   - 고객에게 세세한 부분까지 신경 써주는 성실성
   - 고객의 불만 사항을 들어줌
   - 고객을 기억해 주는 점
   - 기타

2. 왜 그것이 좋다고 생각합니까?

   고객의 마음을 즐겁게 해줄 뿐만 아니라, 매출 증대도 가져오고 결과적으로는 영업에 이익이 됨.
   그것이 전체 사회에 보편화되면 사회 분위기를 명랑하게 만들 수 있음.

3. "물건보다 마음을 팔아야 한다"는 말은 무슨 뜻인가요?

   물건을 팔려고 애쓰는 것보다는 고객의 마음을 편안하고 기분 좋게 해주는 것이 오히려 물건을 파는 데도 효과적이다.

4. 위의 기사를 통해서 볼 때 박씨의 판매 전략은 어떤 것이라고 생각됩니까?

   1에 제시된 것들

5. 여러분이 가게에서 물건을 사면서 당한 불쾌한 경험이 있다면 말해 보세요.

   며칠 전 동네 문방구에서 축구공을 사서 한두 번 찼는데 자꾸 바람이 빠졌다.
   공을 가지고 가서 가게 주인에게 안의 튜브가 좋지 않은 불량품이니 바꿔달라고 하니까 이미 사용한 것이라며 바꿔주지 않았다. 한참 실랑이를 벌이다가 "장사 잘 해요!" 하고 공을 가게에 던져버리고 나왔다. 그 후로는 전에 자주 가던 그 가게를 절대로 가지 않는다. 가끔 그 가게 아저씨와 마주치면 얼굴조차 보기 싫다. 그 아저씨도 나와 마주치면 피하려고 하는 것 같다.

6. 그런 경험이 있다면 그것이 어떤 점에서 바람직하지 않다고 생각합니까?
고객의 입장에서도 생각해 보고 가게 주인의 입장에서도 생각해 보세요.
고객의 입장에서는 가게 주인과의 관계가 안 좋아질 뿐만 아니라, 자기가 원하는 물건이 그 가게에 있어도 거기서 사기가 싫고 그렇다고 멀리 떨어진 가게로 가서 사기도 불편한 점이 있다.
가게 주인의 입장에서는 단골 손님을 영원히 놓치니까 매출 손실을 가져오는 불이익을 당한다.

7. 만약 여러분이 가게 주인이라면, 손님이 물건을 고르다가 원하는 물건이 없어 나가려고 할 때 어떻게 반응하겠습니까?
"손님이 원하는 물건이 없어 죄송합니다. 다음에는 갖다놓도록 노력하겠습니다. 다음에 또 한번 들르십시오. 감사합니다. 안녕히 가세요."

8. 왜 그와 같이 말하는 것이 좋다고 생각합니까?
첫째, 그 많은 가게 중에서 우리 가게를 찾아주는 것이 고맙고,
둘째, 손님이 원하는 물건을 갖추지 못해 손님의 귀중한 시간을 빼앗아서 미안하고,
셋째, 다음에도 우리 가게를 계속 이용하도록 하는 것이 좋다고 보기 때문에.

9. 위의 사례와 논의를 바탕으로 하여, "판매원이 고객을 대하는 바람직한 태도"라는 논제로 자신의 의견을 1,000자 내외로 논술한 다음 급우들과 함께 평가해 보세요.
이 논술은 어떠한 태도가 바람직하다, 또는 어떤 태도를 보여야 한다는 것을 주장하는 가치 주장의 논술이다. 앞에서 보여준 단계들 중 주장과 근거의 탐색 단계만 밟은 다음 곧장 논술을 해보면 다음과 같다.

주장 : 고객에게 친절해야 한다.

근거(예시) :

- 고운 말씨와 공손한 태도를 가져야 한다.
- 고객에게 부담감을 주는 태도를 보여서는 안 된다.
- 고객에게 자세하고 정직한 상품 정보를 제공해야 한다.
- 상품에 대한 불평 사항을 합리적으로 처리해야 한다.

● 논술문 예시 ●

가게에서 물건을 살 때 가끔 불쾌한 경험을 가져본 사람들이 많을 것이다. 그러한 경험 때문에 좀 비싸더라도 백화점을 이용하는 사람들이 많다. 정도의 차이는 있지만, 가게나 백화점 할 것 없이 대체적으로 우리 나라 판매원들은 외국에 비해 고객을 대하는 태도에 문제가 많다고 생각된다. 앞으로 유통 시장이 전면 개방되면 외국 유통업체들이 우리 나라의 시장을 야금야금 파고들어 올 것이다. 이러한 상황에서 판매원들은 고객에게 어떤 태도를 가져야 할 것인지 새삼스럽게 점검해 볼 필요가 있다.

무엇보다 판매원은 고객에게 고운 말씨를 쓰고 공손한 태도를 보여야 한다. 고객은 왕이라는 말이 있다. 고객이 없으면 영업을 하기가 어렵다. 고객이 돈이 있어 보이건 그렇지 않건, 어른이건 아이건 고운 말과 공손한 태도로 대해야 한다.

어떤 가게에서는 일단 손님이 들어오면 물건을 사지 않으면 안 될 것처럼 심리적 부담을 주는 경우가 있다. 그렇게 되면 원하지도 않는 물건을 사게 되고 나중에 후회하는 수가 많다. 그렇게 부담을 주는 가게는 나중에 이용하지 않는 경향이 있기 때문에 장기적인 관점에서 보면 그러한 판매 전략은 바람직하지 않다.

뿐만 아니라 고객의 입장에서 상품에 대해 자세하고 정직한 설명을 해줌으로써 고객이 객관적으로 판단하여 원하는 상품을 사도록 해야 할 것이다. 그렇게 하면 결국 고객에게 신뢰감을 주고 그를 고정 고객으로 확보할 수가 있다.

미지막으로 고객이 산 물건에 불평 사항이 있으면 합리적으로 처리해 주는 자세를 가져야 한다. 물건에 결함이 발견되면 마땅히 교환해 주어야 하며 교환해 줄 수 없으면 결함만큼 할인해 주어야 한다.

이와 같이 판매원은 고객을 친절한 태도로 대함으로써 고객의 마음을 즐겁게 해 줄 수 있고, 결국 그것이 매출 증대를 가져와 영업에도 도움을 줄 수 있는 것이다. 그러한 태도는 더 나아가 명랑한 사회 분위기를 만드는 데도 기여할 수 있다.

미국 대학에 유학 가려면 꼭 거쳐야 할 시험인 토플. 1984년 한국 토플사무국 개설 때부터 토플 신청 창구를 지켜온 김성희 씨(44)는 우리 나라 토플 응시자들의 부정 행위와 편법 응시 때문에 부끄럽고 속상할 때가 많다고 말했다.

"1992년 미국에서 열린 국제교육연합회에 참석했을 때의 일입니다. 미국의 6천여 대학 입학 사정 책임자들이 참가한 자리였는데 미국 토플 본부(ETS) 관계자가 나와 '한국은 치팅(부정 행위)의 왕국'이라며 한국에서 벌어지는 치팅을 일일이 열거했어요. 쥐구멍이라도 있으면 들어가고 싶었어요."

치팅과 편법 때문에 다른 나라는 누리지만 한국은 박탈당한 토플 관련 혜택이 한두 가지가 아니다. 토플 규정에는 1년에 12번 치러지는 시험 중 다섯 번에 한 해 응시자가 원할 경우 시험지를 밖으로 갖고 나갈 수 있도록 돼 있다. 하지만 한국에서는 절대 안 된다. 갑자기 시험을 봐야 할 사람이나 급한 사정으로 시험 장소를 변경해야 할 사람을 위한 '스탠바이 제도'와 '센터 체인지(시험장변경)'도 한국은 안 된다.

좋지 않은 점수가 누적되는 것을 피하기 위해 시험을 볼 때마다 이름의 영문 스펠링을 조금씩 바꾸는 응시자도 적지 않다고.

김씨는 "토플 본부로부터 받을 수 있는 혜택은 거의 다 빼앗겼기 때문에 앞으로 한국에서 어떤 문제가 생긴다면 토플 시험 자체가 취소되는 일만 남았다"며 "응시자들은 자신의 이익만이 아니라 국가 이미지와 후배들도 생각해 주길 바란다"고 당부했다.

동아일보 기사

1. 무엇에 관해 이야기하고 있습니까?

   토플 시험에서 우리 나라 사람들이 부정 행위를 잘한다는 것

2. 김씨는 무엇을 걱정하고 있습니까?

   우리 나라에서 토플 시험이 없어질지도 모른다는 것

3. 우리 나라 사람들이 다른 나라 사람들에 비해 치팅(부정 행위)을 잘하는 원인은 어디에 있다고 생각합니까?

   초 · 중등학교에서부터 부정 행위가 만연되어 있고, 부정 행위가 부도덕하다는 인식을 학생들이 갖지 못한 데 원인이 있다.

4. 외국에서 개인의 잘못으로 우리 나라 사람들 전체에 피해를 주는 예로는 또 어떤 경우가 있나요?

- 외국의 공항이나 호텔에서 추태를 부림으로써 국가 위신을 추락시킨 예가 있다. 공항에서 냄새 나는 오징어를 안주 삼아 소주잔을 기울이면서 왁자지껄 떠들어댄다든가, 호텔에서 라면을 끓여 먹는 등 꼴사나운 행위를 하는 사람들이 있다.
- 태국으로 보신 관광하러 간 우리 나라 사람들이 그 나라의 야생곰을 사냥해 쓸개즙을 빼 마시다가 현지 경찰에 체포되어 구속된 사건이 있었는데, 이 때문에 태국 국민들 사이에 한국인에 대한 비난 여론이 들끓었다.
- 우리 나라에 들어온 동남아와 중국 교포 노동자들을 악덕 기업주나 고용주가 그들의 약점을 이용하여 학대한 실례들이 있다.

5. 그리고 한 사람의 잘못이 어떻게 해서 전체 국민에게 피해를 주게 되나요?
   외국에서 우리 나라 국민 중 어떤 개인이 비행과 불법을 저지르면, 그것이 대한민국과 국민 전체에 나쁜 이미지를 심어주고, 그로 인해 선량한 국민들에게 피해를 준다.

6. 위의 토플 부정 행위 사례와 관련하여, 적절한 제목을 붙이고 신문사 논설 위원의 입장에서 1,000자 내외로 논술한 다음 급우들과 함께 평가해 보세요.

"나라 망신시키는 토플 부정 행위"

이 논술은 토플 시험의 부정 행위가 어떤 점에서 바람직하지 않은지 주장한 다음, 결론에서 그러한 부정 행위 문제를 해결하기 위해 어떻게 해야 할 것인가를 주장하는 가치 주장의 성격을 띠게 될 것이다. 앞의 논술 단계 중 개요 단계만 제시하여 논술해 보면 다음과 같다.

〈개요〉
서론 : 우리 나라 토플 응시자들의 부정 행위 때문에 대한민국이 국제적으로 망신을 당하고 있다고 한다.

본론 :
- 미국 대학이나 대학원은 토플 시험 성적을 하나의 중요한 기준으로 삼아서 입학 적격자를 뽑는다. 그런데 우리 나라 일부 토플 응시자들의 부정 행위 때

문에 우리 나라 입학 응모자들의 실력을 믿을 수 없게 된 것이다.

- 우리 나라의 응시자들은 각종 혜택을 박탈당하게 되었고, 국내에서 토플 시험 자체가 폐지될 가능성도 있다. 그렇게 되면 다른 나라에 가서 시험을 치러야 할 것이다.
- 대한민국과 전체 국민의 이미지와 이익에 심각한 타격을 주고 있다.

결론 : 토플 응시자들은 자신의 부정 행위가 국가와 전체 국민의 이미지에 먹칠을 하고 있다는 것을 알고 부정 행위를 자제해야 한다. 그리고 학교 교육을 통해서 부정 행위는 부도덕한 행위라는 인식을 심어줄 필요가 있다.

● 논술문 예시 ●

우리 나라 토플 응시자들의 부정 행위가 문제 되고 있다. 미국의 6천여 대학의 입학 사정 책임자들 앞에서 토플 본부 관계자가 '한국은 부정 행위의 왕국'이라면서 그 실상을 일일이 열거했다니, 참으로 부끄러운 일이다. 한국 학생들의 토플 점수를 그대로 믿을 수 없다는 것을 미국의 모든 대학에 알리고 참고하라는 뜻일 것이다.

토플은 미국으로 유학을 가려면 꼭 치러야 할 시험이다. 미국 대학이나 대학원은 그 시험 성적을 하나의 중요한 척도로 삼아 입학 적격자를 뽑는다. 그런데 일부 몰지각한 토플 응시자들의 부정 행위 때문에 이제 우리 나라의 선량한 입학 응모자들조차도 그 실력을 제대로 인정받지 못하게 된 셈이다.

우리 나라의 토플 응시자들은 부정 행위 때문에 다른 나라 응시자들이 다 받고 있는 각종 혜택을 박탈당하는 불이익을 당하고 있다고 한다. 모든 혜택을 박탈당했기 때문에 이제 우리 나라에서 어떤 문제가 생기면 토플 시험 자체가 취소될 수도 있다고 하니, 그렇게 되면 토플에 응시하기 위해 미국이나 다른 나라로 나가야 할 형편에 이르게 될지도 모른다.

이것은 다시 말해서 대한민국 국민은 믿을 수 없기 때문에 우리 나라의 시험 응시자들은 믿을 수 있는 다른 나라 사람들의 감독 아래 시험을 치러야 한다는 말이다. 이처럼 몇 사람의 부정 행위가 결국 우리 나라와 전체 국민들에게 부정적인 이미지와 불명예를 안겨주는 꼴이 되는 것이다. 그것은 더 나아가 국제 거래나 외국 사람들과의 일상적인 관계에서도 불이익으로 작용할 수 있다.

토플 응시자들은 자신의 부정 행위가 국가와 전체 국민의 이미지에 먹칠을 할

뿐만 아니라 우리 모두에게 피해를 준다는 것을 명심하고 부정 행위를 자제해야
한다. 그리고 학교 교육을 통해서 부정 행위는 매우 부도덕한 행위라는 인식을 심
어줄 필요가 있다.

예 3　시사 만평

　　아파트에서 개를 기를 때 그 개가 짖는 것만이 남에게 '다소의 피해'를 주는
것이 아니다. 개의 방뇨로 주변에 악취를 풍기는 등 위생상으로도 피해를 주고,
개가 튀어나와 무심코 지나가는 사람을 깜짝 놀라게 하는 경우도 많다. 개에 물
리는 사고도 일어난다.

　　옆집의 피아노 또는 오디오 소리와 아이들이 뛰어다녀 쿵쿵거리는 소리도 있
는데 개 짖는 소리쯤 어떠냐는 견해가 있다. 그러나 남들이 조용한 시간을 즐기
고 있을 때 피아노를 치는 것도, 옆집에까지 들리게 오디오를 크게 켜는 것도,
아이들이 마구 뛰도록 놓아두는 것도 개 기르는 것과 똑같이 잘못된 일이다.

　　아파트에서 개를 기르는 사람들은 자녀들의 정서 함양에 좋다고 말한다. 그럴
수도 있을 것이다. 그러나 꼭 개를 길러야 정서가 함양되고, 개를 기르지 않는
사람들은 정서가 메말라 있다고 할 수는 없다. 개를 기르는 것이 자기에게는
'정서 함양'이겠지만 남들에게는 '피해'가 될 수도 있다.

　　아파트 수칙을 위반하며 남에게 피해 끼치기를 예사로 하는 부모를 보고 자라
는 아이가 밖에 나가 규칙과 공중 도덕을 깍듯이 존중할지 의문이다. 그런 아이
가 나중에 성인이 되면 법을 우습게 알고 어기기를 예사로 하지 않을까도 걱정
된다. 자녀 장래를 행복하게 하는 길은 규칙을 어기며 정서를 함양하는 것보다
규칙을 지키도록 훈련시키는 일이다.

　　질서와 관련되는 일에서는 모든 사람이 나와 같이 행동하면 어떻게 되겠는가
를 늘 생각하는 마음가짐이 필요하다. 아파트에서 집집마다 개를 기르면 어떻게
되겠는가 생각해 본다면 동물을 기르지 못하게 하는 수칙을 이해할 수 있을 것
이다.

조선일보 만물상

1. 무엇이 문제 되고 있습니까?

　아파트에서 개를 기르는 것

2. 필자는 무엇을 주장하고 있습니까?

　아파트에서 개를 기르는 것은 옳지 않다(아파트에서 개를 길러서는 안 된다).

3. 개를 기름으로써 아파트 주민에게 주는 피해의 예는 무엇입니까?(또는 "개

를 기르면 아파트 주민에게 피해를 준다”는 주장을 귀납적으로 지지해 주는 근거는 무
엇입니까?)
  1) 개의 방뇨로 주변에 악취가 난다.(위생상의 피해)
  2) 개가 무심코 튀어나와 지나가는 사람을 깜짝 놀라게 하는 경우가 많다.(정
     신적 피해)
  3) 개에 물리는 사고가 일어난다.(신체적 피해)

4. 위의 주장(2)을 뒷받침하는 사실 근거는 무엇입니까?
  1) 아파트에서 개를 기르면 아파트의 다른 주민에게 피해를 준다.
  2) 아파트 수칙을 어기는 부모를 보고 자란 아이는 밖에 나가 규칙과 공중
     도덕을 어길 가능성이 많다.
  3) 그런 아이는 나중에 성인이 되어 법을 우습게 알고 어기기를 예사로 하
     는 경향이 있다.
  4) 자녀를 행복하게 하는 길은 규칙을 지키도록 훈련시키는 것이다.

5. 위의 주장(2)을 뒷받침하기 위해 암암리에 전제하고 있는 원리 근거는 무엇입
   니까?
  1) 남에게 피해를 주는 것은 옳지 않다.
  2) 규칙과 공중 도덕을 지키는 태도를 가져야 한다.
  3) 법을 존중하고 지키는 자세를 가져야 한다.
  4) 자녀가 행복하게 살도록 해야 한다.

6. 위의 4와 5에 제시된 사실 근거와 원리 근거들이 타당성이 있는지를 하나하나
   검토해 보세요. 이유나 예를 들어서 설명해 보세요.
   (‘사실 근거’와 ‘원리 근거’에 대해서는, Ⅳ장 가치 판단과 논쟁의 해결 참조)
   • 4의 2), 3), 4)에 이의를 제기할 사람은 별로 없을 것 같습니다. 그러나 1)에
     대해서는 논쟁이 일어날 것도 같습니다. 친구들과 논의해 보기 바랍니다.

   • 5의 원리 근거는 누구나 동의할 것이라고 봅니다.

7. “아파트에서 개를 길러서는 안 된다”는 아파트 수칙(규칙)을 정당화하는 논거
   로 필자는 4와 5의 근거 외에도 또다른 논증을 제시하고 있습니다. 그것을

'보편화 논증(보편화 결과 검사)'이라고 합니다.

윗글에서 보편화 논증에 해당되는 것은 무엇입니까?

('보편화 결과 검사'에 대해서는 Ⅳ장 가치 판단과 논쟁의 해결 참조)

- 아파트에서 집집마다 개를 기르면 어떻게 되겠는가(그 결과는 바람직하지 않을 것이다. 따라서 아파트에서 개를 길러서는 안 된다).

8. 보편화 논증에 비추어볼 때 "우리가 해서는 안 되는 행동"의 예를 윗글에서 찾아내고, 다른 예를 여러분의 생활 주변에서 찾아내 보세요.

- 옆집의 피아노 소리 또는 아이들이 마구 뛰도록 놓아두는 것

  다른 예 : 휴지나 껌을 아무 데다 버리는 경우, 화장실에 낙서하는 경우 등등

9. 위에 예로 든 것 중에서 여러분이 평소에 자주 하는 것을 들어보세요. 그것이 어떤 측면에서 바람직하지 않은지를 보편화 논증에 비추어 검토해 보세요.

- 휴지를 아무 데다 버린다 : 휴지를 한 번 정도 버리는 것은 그 자체로는 큰 문제가 되지 않을지도 모른다. 그러나 모든 사람들이 그렇게 생각하고 휴지를 아무렇게나 버린다면 사방이 휴지로 뒤덮일 것이다. 그리고 그렇게 되면 주변 환경이 지저분해져 좋지 않다. 따라서 누구든지 휴지를 함부로 아무 데다 버리는 것은 옳지 않다.

예 4　사설 : 독·불(佛)의 '환경식민주의'

10만 평방 킬로미터가 조금 넘는 북한의 그 좁은 땅덩어리가 국제 쓰레기장으로 변해 가고 있는 것이 아닌가 정말 걱정이다. 황해도 평산에 있는 폐탄광에 엄청난 양의 대만 핵폐기물을 묻겠다는 보도가 나온 지 며칠이 안 돼 이번엔 독일과 프랑스가 자기들 나라에서 처치하기가 힘든 산업 폐기물을 이미 대량으로 북한으로 실어 나른 것으로 보도됐다. 독일의 경우 이들 산업 폐기물 속에 핵폐기물까지 섞어 위장 반출했을 가능성이 있다는 주장까지 있고 보면 북한은 국제 핵쓰레기장이 되고 말았다는 비난을 받아도 할말이 없을 것이다.

독일 환경청은 이 같은 보도가 나오자 자신들이 반출한 폐기물이 플라스틱 등 재활용이 가능한 일반 쓰레기라고 해명하고 있지만 외화 벌이에 눈이 먼 북한이 이미 대만으로부터 핵폐기물을 반입하기로 협약을 맺은 정황에 비추어볼 때 아직은 독일 당국의 설명을 액면 그대로 받아들일 수 없을 것 같다.

문제는 독일의 주장대로 설사 그것이 무해한 폐기물이라 하더라도 국제적인 관례상 도저히 수긍할 수 없다는 것이 우리의 입장이다. 핵폐기물은 말할 것도 없지만 산업 쓰레기 역시 일반적으로 자기 나라에서 발생한 쓰레기는 자기 나라 땅에 묻는 것이 국제적인 상식이다. 더구나 독일이나 프랑스는 환경 정책, 환경

문화, 환경 의식 등의 면에서 가장 선진화되었다고 스스로 자부하고 있는 나라들이 아닌가. 자기 나라 땅에 묻기 힘들다고, 그리고 자국의 여론이 무섭다고 아무 거리낌 없이 환경에 대한 무지와 빈곤을 이용해 남의 나라에 이를 반출한다면 이것은 우선 도덕적인 측면에서 규탄받아야 할 것이고 더 나아가선 '환경식민주의'의 발로라는 비난을 받아 마땅하다.

　　제국주의는 식민지를 만들고 자원을 약탈하고, 현지 주민의 문화와 의식을 잠재우는 것만이 아닐 것이다. 지난날의 그 같은 형태의 제국주의는 이제 세월과 함께 종말을 고한 지 오래다. 21세기 전야에 인류가 안고 있는 가장 심각한 과제는 우리가 발붙여 살고 있는 이 지구촌의 생태계와 생명권(圈)을 어떻게 효과적으로 유지하고 개선해 나갈 수 있느냐 하는 것이다. 그런 문제를 그 어느 나라보다 잘 알고 있을 서구 국가들이 후진국을 상대로 환경 의식을 고취시켜 주지는 못할망정 오히려 산업 쓰레기장으로 이용한다면 우리는 이것을 또다른 형태의 제국주의적, 식민주의적 발상이라고 볼 수밖에 없다.

조선일보 사설

1. 무엇을 문제삼고 있습니까?
   - 독일과 프랑스가 자기 나라의 산업 폐기물을 자기 나라 땅에다 묻지 않고 북한으로 실어 나르는 행위

2. 필자는 결국 무엇을 주장하고 있습니까?
   - 독일과 프랑스가 자기 나라의 산업 폐기물을 (돈을 주고) 북한에다 내다버리는 행위는 옳지 않다.

3. 필자는 주장을 뒷받침하는 사실 근거로 무엇을 제시하고 있습니까?
   1) 독일과 프랑스가 자국의 산업 폐기물을 북한에다 내다버리는 것은 국제적인 관례에 어긋나는 것이다.
   2) 그러한 행위는 또다른 형태의 제국주의적·식민주의적 발상에서 나온 것이다.

4. 필자의 주장 속에 암암리에 전제되어 있는 원리 근거는 무엇입니까?
   1) 국제 관례에 어긋나는 행위를 하는 것은 옳지 않다.
   2) 제국주의적·식민주의적인 행위를 하는 것은 옳지 않다.

5. 위의 근거들(사실 근거와 원리 근거)이 타당성이 있는지(받아들일 수 있는지)를

검토해 보세요.

- 4의 원리 근거들에는 모두가 동의할 것이라고 생각하는데 여러분은 어떻게 생각합니까?

  물론 관례도 관례 나름이겠지요. 바람직하지 못한 관례는 버리는 것이 좋겠지만, 바람직한 관례는 계속 유지해야 될 것입니다. 자국의 쓰레기를 다른 나라에 버리지 않고 자국에 묻는 것은 바람직한 관례라고 볼 수 있지 않을까요?

- 3의 1)의 경우, 자국의 쓰레기를 자국에 묻고 다른 나라에 버리지 않는 것이 국제적인 관례인지는 확인해 볼 필요가 있습니다.

- 3의 2)의 경우는 '제국주의적' '식민주의적'이라는 개념의 정의를 어떻게 내리느냐에 의해 그 진위가 가려질 수 있다고 봅니다.

  '제국주의적' 또는 '식민주의적'의 개념을, 선진국이 후진국의 약점을 이용하여 부당하게 이익을 취하는 것으로 넓게 이해한다면 2)는 타당성이 있다고 생각되는데, 여러분은 어떻게 생각합니까?

예 5 독자 의견 : 연예인 비싼 메이커 옷 삼가야

요즈음 TV를 보면 시청자에게 정보나 웃음을 전하는 게 아니라 연예인들을 도구로 유명 메이커를 전국적으로 광고하는 게 아닌가 싶다. 청소년들은 옷이나 말·행동 등 모든 걸 대중 매체에 나오는 연예인을 보고 모방하는 경우가 많다. 이처럼 청소년들의 눈과 귀가 쏠려 있는 인기 연예인들이 비싼 메이커 옷을 입고 TV에 나온다면 결국 청소년들의 과소비를 부추기는 것밖에 되지 않을 것이다.

연예인들이 입고 나오는 옷들은 청바지 하나에 10만 원 이상, T셔츠 하나에 7만~8만 원 이상 하는 고가품이다. 과소비를 억제하자는 얘기가 온 사회의 이슈로 떠오르고 있는 마당에 이런 행동은 결코 올바르다고 생각하지 않는다. 이 문제는 연예인 스스로에게 달려 있다. 자라는 청소년들을 위해 인기 연예인들은 메이커 상품 입는 것을 자제해 주었으면 한다.

중앙일보, 이렇게 생각합니다

---

1. 무엇을 문제삼고 있습니까?

연예인들이 비싼 메이커 옷을 입고 TV에 출연하는 행위

2. 필자는 무엇을 주장하고 있습니까?

연예인들이 비싼 메이커 옷을 입고 TV에 출연하는 것은 옳지 않다(출연하는

것은 바람직하지 않다. 출연해서는 안 된다. 출연하는 것을 자제해 주었으면 한다).

3. 필자는 자신의 주장에 대해 어떤 사실 근거를 제시하고 있습니까?
   그런 옷을 입고 TV에 출연하면 청소년들의 과소비를 부추긴다.

4. 필자가 암암리에 전제하고 있는 원리 근거는 무엇입니까?
   과소비를 부추기는 행위는 옳지 않다(과소비는 옳지 않다).

5. 위에서 필자가 전제하는 근거가 타당성이 있다(받아들여질 수 있다)고 생각
   합니까?
   * 토론 참여자 : 기태(조장), 태우, 우정, 정두, 두환, 환철

기태 : 사실 근거와 원리 근거를 차례대로 검토해 보겠습니다. 그러면 먼저 연
      예인들이 비싼 메이커 옷을 입고 TV에 출연하면 청소년들에게 과소비
      를 부추기는지에 대해서 논의해 보겠습니다. 누구부터 이야기를 시작할
      까요?
      (논점은 비싼 메이커 옷이 청소년들에게 과소비를 부추기느냐 그렇지 않으냐의 사실
      문제를 따지는 것이라는 점을 유념하기 바랍니다.)

태우 : 그런 옷을 입고 TV에 출연하는 연예인들보다는 그러한 의류를 생산하고
      수입하는 사람들이 과소비를 조장한다고 봅니다.

우정 : 연예인들이 메이커 옷을 입고 나온다고 주체성도 없이 그저 좋다고 입고
      다니는 애들이 문제라고 봅니다.

정두 : 뭐가 어때요. 자기가 좋아하는 옷을 입고 다니는 것이 뭐가 나쁜가요?

기태 : 잠깐! 우리는 지금 연예인들이 TV에 메이커 옷을 입고 나오는 것이 과
      소비를 부추기느냐 그렇지 않으냐의 문제를 따지는 것이지, 그들의 옷차
      림을 모방하는 것이 옳으냐 그르냐를 따지는 것이 아닙니다.
      (여기서 조장인 기태는 제 역할을 잘 하고 있습니다. 우정과 정두는 연예인들의 옷차
      림을 모방하는 것이 옳으냐 그르냐의 문제를 가지고 이야기하고 있는데 이는 원래의

논점에서 벗어나는 것이죠. 논점 일탈의 오류를 범하고 있습니다. 토론자도 그렇지만, 조장은 특히 현재 논의하고 있는 문제, 즉 논점이 무엇이냐를 항상 염두에 두고 그것에서 벗어나면 논점으로 되돌아가도록 해야 합니다. 토론자들이 논점에서 벗어나 이야기를 하게 되면 토론은 질서가 없어지고 결국 생산적인 토론이 될 수 없습니다.)

두환 : 그런데 '과소비'라는 말이 무슨 뜻이야?

환철 : '과소비'라는 말이 무슨 뜻인지도 몰라? 국어 공부 좀 열심히 해라. 신문도 좀 보고…… 세상 돌아가는 것을 알아야 그런 말도 알지. 자신의 경제 능력에 맞지 않게 지나치게 소비하는 것을 '과소비'라고 하는 거야.

두환 : 너, 그렇게 사람 무시하는 말을 해도 되는 거야?

기태 : 잠깐, 인신 공격성 발언을 하면 안 됩니다.
(환철은 두환의 인격을 모독하는 인신 공격의 오류를 범하고 있습니다. 논쟁이나 토론에서 인신 공격성 발언을 하면 상대방도 역시 흥분을 하게 되고 결국 문제의 본질은 제쳐둔 채 상호 비방을 하는 것으로 끝날 수가 있습니다. 심지어는 폭력이 오는 경우도 있지요. 다른 오류도 물론 피해야 하겠지만 특히 인신 공격의 오류를 범하지 않도록 조심해야 합니다.)

'과소비'라는 말을 환철은 자신의 경제 능력에 맞지 않게 지나치게 소비하는 것이라고 풀이했는데 여러분은 동의합니까?
(논쟁을 하다 보면 가끔 핵심적인 용어나 개념이 불분명한 경우가 있습니다. 이러한 경우에는 그러한 개념을 명료화할 필요가 있습니다.)

……

자, 별다른 의견이 없는 것으로 봐서 모두 동의하는 것으로 간주하겠습니다. 다시 원래 논점으로 돌아가서, 연예인이 유명 메이커 옷을 입고 TV에 출연하면 청소년들의 과소비를 조장한다고 생각합니까?

환철 : 나는 조장한다고 봅니다. 특히 자기가 좋아하는 인기 연예인이 무슨 옷을

입고 나오느냐에 관심이 많은 청소년들은 그 옷이 아무리 비싸더라도 부모님을 졸라서 사려고 하지 않습니까?

태우 : 사실 청소년들의 과소비를 조장하는 책임은 연예인보다는 의류 제조업자나 수입업자에게 있다고 생각합니다. 그들이 유명 메이커 옷을 선전하기 위해 TV에 출연하는 연예인에게 입혀 청소년들의 구매 심리를 자극한다고 봅니다.

우정 : 나는 유명 메이커 옷을 사 입는 청소년들과 그 부모들에게 모든 책임이 있다고 생각합니다. 주관 없이 연예인들이 입고 나온다고 충동적으로 비싼 옷을 사 입으려고 하는 청소년도 문제고, 사달란다고 비싼 옷도 덥석 사주는 부모들도 문제라고 생각합니다.

기태 : 예, 두환이가 무슨 말을 하려고 하는 것 같은데…….

두환 : 계란이 먼저냐 닭이 먼저냐 하는 싸움 같습니다.

기태 : 그게 무슨 뜻인가요?
　(발언의 의미를 분명히 밝히도록 요구하는 것은 조장이나 사회자의 역할입니다.)

두환 : 우리 청소년들한테 책임을 뒤집어씌우는 것 같은데, 유명 메이커 옷을 사 입도록 자극하는 사람들이 누굽니까? 돈 좀 더 벌어보겠다고 외국에 비싼 로열티를 물고 유명 메이커 옷을 제작하거나 수입해서 파는 사람들이 있으니까 과소비 현상이 생기는 것 아닙니까?

기태 : 닭이 있으니까 계란이 있다는 말입니까?

두환 : 그렇지요.

기태 : 계란이 있으니까 닭이 있다는 것도 인정하는 것이지요? 다시 말해 청소년들이 그런 옷을 잘 사 입으니까 그런 옷을 수입하거나 제작해서 판다는 것이지요?

두환 : 물론 그렇지요.

기태 : 그렇다면 어느 한 쪽에만 과소비의 책임을 돌릴 수는 없을 것 같은데, 여
러분들의 생각은 어떻습니까?

모두 : ……

정두 : 여러분들 모두는 과소비가 옳지 않다는 것을 전제하고 이야기를 하는 것
같습니다.

기태 : 예, 그러면 우리 국민 모두에게 과소비의 책임이 있다는 것을 인정하고,
이제 과소비가 과연 옳은지 그른지를 따져보기로 할까요? 정두는 그것을
문제 삼을 필요가 없다고 말하려는 것 같은데…… 말해 보겠습니까?
(과소비의 원인이 어디에 있는가의 사실 문제를 토의한 다음 어느 정도 의견 통일을 본
상태이므로 이제 과소비가 옳은지 그른지를 따지는 원리 근거의 검토로 넘어갑니다.
물론 엄밀히 따지자면 과소비의 책임을, 관계되는 당사자들, 즉 소비자인 청소년, 연
예인, 의류 제조업자 또는 수입업자 중 어느 한 쪽에 더 무겁게 물을 수 있을 것이라고
생각합니다. 그러나 책임의 경중(가볍고 무거움)에 대해서는, 과소비가 옳으나 그르
냐를 먼저 논의한 다음 이 토론의 끝에서 또 논의해 보도록 하겠습니다.
원리 근거를 먼저 따지고 그 다음 사실 근거를 따졌더라면, 책임의 소재(책임이 누구
에게 있느냐)를 앞에서처럼 밝히고 그 다음 누가 책임이 가장 크냐를 밝히는 순서로
토론이 자연스럽게 흘러갔을 것입니다. 그러나 이왕 여기까지 왔으니, 이미 진행한 방
식대로 나아가겠습니다.
여기서 조장이나 사회자의 역할이 크다는 것을 또한 알 수 있습니다. 조장은 토론을
진행할 때 효율적이고 생산적인 토론을 위해 어떤 순서로 진행할 것인지를 미리 생각
해 두는 것이 중요합니다.)

정두 : 나는 과소비가 그렇게 큰 문제는 아니라고 생각합니다. 자유 경제 체제에
서는 개인의 소비 생활에 대해, 그것이 법을 어기는 것이 아니라면 이러
쿵저러쿵하는 것은 적절하지 않다고 생각합니다.

기태 : 법을 어기지만 않는다면 어떠한 소비 생활도 괜찮다는 이야기입니까?

(정두의 발언을 좀더 분명하게 하도록 합니다. 조장이나 사회자는 토론자의 발언이
분명하지 않을 때는 그것을 명료화할 필요가 있습니다.)

정두 : 그렇습니다.

우정 : 자기 분수를 넘어서 소비 생활을 하는 것이 바람직하다고 말할 수 있을까
요? 그건 합리적인 소비 생활이 아니에요.

정두 : 어떤 옷이 정말 좋아 설령 비싸더라도 사서 입어야만 행복해진다고 할 때
그것을 사서 입는다고 비난할 수는 없다고 봅니다. 사람마다 취미가 다르
기 때문에 자기가 좋아하는 물건을 사는 것을 두고 다른 사람이 왈가왈부
할 수는 없다고 생각합니다. 클래식 음악을 좋아하는 사람이 무리를 해서
비싼 오디오 제품을 구입한다면, 음악을 별로 좋아하지 않는 사람이 그것
을 과소비라고 말할 수는 없지 않아요?

우정 : 물론 경제적인 여유가 있다면 비싼 물건이라고 하더라도 자기가 정말 좋
아하는 물건을 산다고 해서 나쁘다고 말할 수는 없겠죠. 그러나 다른 사
람이, 특히 인기 연예인이 입고 있는 옷이라고 무리해서 충동 구매를 하
는 것이 문제가 된다는 말입니다.

환철 : 우정이 말이 맞다고 봐요. 인기 연예인의 옷차림을 모방하기 위해 부모님
의 경제 사정을 생각하지 않고 무리해서 충동 구매를 하려고 하는 것에
문제가 있다고 봅니다.

기태 : 우정이와 환철이는 청소년들이 비싼 유명 메이커 옷을 사서 입는 것 자체
가 문제가 아니라, 다른 사람, 특히 인기 연예인이 유명 메이커 옷을 입었
다고 그것을 아무런 주관도 없이 충동 구매하는 데 문제가 있다는 것을
지적하고 있는 것 같습니다. 정두는 동의합니까?
(조장은 토론자들이 어느 정도의 의견 일치를 보면 중간에 정리를 해두는 것이 좋습
니다. 그 일치된 의견으로부터 논의를 진전시키면 토론 진행이 한결 수월합니다.)

정두 : 글쎄, 청소년들이 모두 아무런 주관도 없이 충동 구매한다고 보지는 않는

데요.

기태 : 충동 구매하는 것은 옳지 않다는 것을 인정하나요?

정두 : 그건 옳지 않다고 생각합니다. 나는 충동 구매는 하지 않아요.

기태 : 자, 그러면 과소비 조장보다는 충동 구매가 더 문제가 되는 셈이네요. 다른 사람이 유명 메이커 제품을 가지고 있다고 덩달아 주관 없이 따라 구입하는 것이 더 문제가 된다는 말이죠. 그렇다면 과소비를 조장하는 사람보다는 그런 과소비 조장에 장단 맞춰 덩달아 물건을 구입하는 사람에게 문제가 있는 것이 아닐까요? 아무리 소비를 조장해도 주관만 뚜렷하면 문제가 없을 것 아닙니까?

태우 : 하지만 어른들은 내일을 위해 오늘의 소비 욕구를 억제할 수 있는 능력이 있는 데 반해 청소년들은 그런 욕구를 억제할 수 있는 능력이 부족하다고 생각합니다. 청소년들의 그런 약점을 어른들이 이용하면 안 된다고 생각합니다. 그 점에서 인기 연예인들도 책임이 전혀 없다고 말할 수는 없지만 자체 브랜드를 개발하지 않고 손쉽게 돈을 벌기 위해 외국의 유명 메이커 브랜드나 제품을 수입해서 소비자들을 갖은 방법으로 유혹하는 기업체들의 과소비 조장 행위는 더욱 옳지 않다고 생각합니다.

기태 : 다른 분 말씀 없습니까?…… 정해진 시간이 다 되어가는 것 같으니, 정리하도록 하겠습니다.

　　자체 브랜드를 개발하려는 노력은 기울이지 않고, 손쉽게 돈을 벌겠다고 외국에 비싼 로열티를 물고 유명 브랜드를 들여오거나 비싼 유명 제품을 수입해다 팔면서 사회 전반에 과소비를 조장하는 사람들에게 큰 책임이 있다고 말할 수 있을 것입니다.
　　물론 그런 과소비 조장에 장단 맞춰 공영 TV에 나와 유명 제품을 선전해 주는 인기 연예인이 있다면 그에게도 책임이 있을 것입니다.
　　자식들이 유명 제품을 사달라고 덥석 사주는 부모들에게도 문제가 있지만, 자신의 소비 욕구를 조절할 줄 모르는 우리 청소년들의 모방 구매, 충동 구매에도 문제가 있을 것입니다.

또 하나 사회자의 개인적인 의견을 덧붙인다면, 학생 신분으로서 지나치게 비싼 옷을 입고 다니거나 비싼 물건을 가지고 다니는 것이 자기보다 경제적으로 어려운 친구들에게 혹시 마음의 상처를 주지 않을까 하고 생각해 보는 것도 중요하다고 봅니다.

내일의 자신을 위해 그리고 주위의 어려운 사람들을 위해, 지금의 지나친 소비 욕구를 절제하는 현명하고 합리적인 소비 생활을 해나가려고 노력해야 할 것입니다.

토론에 열심히 임해 주셔서 감사합니다.

(위와 같이 조장은 지금까지 논의한 것을 정리한 다음, 전체 토론에서 발표할 수 있도록 간략하게 메모해 둡니다.

조장은 사회자로서 가능하면 중립적인 입장에서 토론을 주도하고, 개인적인 의견은 마지막 정리할 때 자신의 의견이라는 것을 전제하고 이야기하는 것이 좋습니다.

그리고 마지막으로 논술 과제가 주어진 경우에는 작성한 논술을 서로 평가하여 그 중 가장 좋은 것을 발표하도록 합니다.)

예 6　독자 의견 2 : 찬반 논쟁

찬성　자식의 성(姓) 어머니 성도 따를 수 있게 하자.

아들만 혈통과 가계를 이을 수 있고 딸은 출가 외인이란 그릇된 고정 관념 때문에 1년에 1백50만 명의 태아가 유산되고 있다 한다.

나는 붓글씨로 족보를 만들고 있는 60세 남자인데 이 일을 오랫동안 해오면서 딸은 아무리 많아도 소용이 없다는 것을 어쩔 수 없이 실감한다. 아들이 없으면 양자라도 해야지 그렇지 못하면 그만 대가 끊어지는 족보상의 기록을 너무도 많이 보고 있기 때문이다.

지금의 이 제도가 바뀌지 않고는 아무리 '남녀 평등이다' '잘 키운 딸 하나 열 아들 안 부럽다'고 외쳐대도 소용이 없다. 이것을 근본적으로 해결하기 위해서는 부모가 동의하면 아기의 성을 엄마의 성으로도 할 수 있도록 법을 고쳐야 된다.

옛날에는 남자는 씨앗이고 여자는 밭이라 하여 그 씨는 언제까지나 바뀔 수 없다는 관념에서 그랬지만 그건 잘못된 것이다. 옛날에도 가락국 김수로왕은 아들 중 둘째와 셋째에게 부인 허씨의 성을 따르게 한 예도 있었다.

그렇게 해야만 딸뿐인 집에서 그 딸이 결혼하여 아기를 낳으면 하나는 남편 성으로, 하나는 아내 성으로 하여 양가의 대를 떳떳이 이을 수 있게 된다.

지금도 사위가 양자처럼 처가로 입적하는 제도가 있다고 들었지만 활용이 제대로 안 되는 것은 체면 의식이 강한 우리에게 맞지 않기 때문이다. 지금 이대로

나가다가는 커다란 사회 문제가 될 것이 뻔하니 엉뚱한 소리라고 일축해 버리지
말고 하루빨리 대책을 세우기를 바라 마지않는다.

동아일보, 독자의 편지

반대　'자녀 성(姓) 어머니 성 허용' 주장은 성에 대한 모독

성(姓)이란 제도가 언제부터 생겼는지는 잘 모르지만 우리는 아무튼 성이란
변경할 수 없는 것으로 알고 있다. 그런데 11일자 「독자의 편지」에 게재된 K씨
의 글(자식의 성 어머니 성도 따르게 하자)을 읽고 너무나 어처구니가 없었다.

성을 변경할 수 있게 한다면 이것은 전무후무한 일대 개혁인데 구태여 이 같
은 개혁을 할 필요성이 있을 것인지 생각해 보지 않을 수 없다.

우리 나라의 성이란 변경할 수 없는 것인데 이를 변경할 수 있게 한다면 오랫
동안 내려온 우리의 전통은 깨지고 말 것이다. 성을 변경할 수 있게 한다면 대를
이어나간다는 관념도 필요 없고 또 족보 같은 것을 만들 필요도 없을 것이다.

아무리 남녀동등권을 부르짖고 있는 시대라 할지라도 자식의 성을 어머니 성
도 따를 수 있게 한다면 뒤죽박죽이 될 것이다. 이 같은 발상은 상식에 벗어난
행위로서 너무나 어처구니없는 일이며 이것은 우리 성의 의미를 잘 모를 뿐 아
니라 우리의 성에 대한 모독적 행위가 아닐 수 없다.

동아일보, 독자의 편지

1. 찬성 입장의 주장과 그 근거는 무엇입니까?

주장 : 부모가 동의하면 아기의 성을 엄마의 성으로도 할 수 있도록 법을 고
　　　쳐야 한다(자식이 아버지의 성만 따르게 되어 있는 호주제를 고쳐야 한다).

근거 :
① 남아 선호 의식을 고쳐야 한다.
보조 근거 : 남아 선호 의식 때문에 낙태 건수가 연간 1백50만 명이나 된다.
② 딸도 대를 이을 수 있도록 해야 한다.
보조 근거 : 그렇게 함으로써 딸도 중요하다는 생각을 가질 수 있다.
③ 씨는 언제나 바뀔 수 없다는 관념은 잘못된 것이다.
보조 근거 : 김수로왕은 두 자식들에게 부인 허씨의 성을 따르게 했다.

2. 반대 입장의 주장과 그 근거는 무엇입니까?

주장 : 자식이 어머니의 성을 따르게 하는 제도는 옳지 않다.

근거 :

① 성이란 변경할 수 없는 것이다.

② 우리의 전통을 깨는 것이다.

③ 대를 이어간다는 관념도 필요 없고 족보 같은 것도 만들 필요가 없다.

④ 뒤죽박죽이 될 것이다(성의 질서가 혼란스럽게 될 것이다).

⑤ 상식에서 벗어난 것으로 어처구니없다.

⑥ 우리 성의 의미를 잘 모르며 우리 성을 모독하고 있다.

3. 찬성 입장의 근거는 타당성이 있습니까?

근거 ①을 제시하면서 필자는 "아버지의 성만 따르게 되어 있는 호주제를 고치면 남아 선호 의식이 약화될 것이고, 그렇게 되면 사회 문제가 되고 있는 선별적인 여아 낙태 문제도 해결될 수 있다"는 것을 주장하고 있습니다.

- 남아 선호 의식이 선별적인 여아 낙태의 원인이 된다는 것은 누구나 동의할 것이다. 남아 선호 때문에 발생하는 낙태 건수는 1년에 1백50만 명이 아니라 약 3만 명인 것으로 추산된다. 어쨌든 그렇게 해서 생긴 성비 불균형 현상은 앞으로 심각한 사회 문제로 대두될 것이라 생각된다.

- 그런데 우리 나라 사람들이 왜 다른 나라 사람들보다 남아 선호 의식이 강한 것일까?

  a. 아마 아들은 자신의 대를 잇는다는 생각이 크게 작용할 것이다.

  b. 또 딸은 옛날부터 '출가외인(出嫁外人)'으로, 한번 시집 가면 남이나 마찬가지라는 생각을 갖게 되었다.

  c. 노후가 걱정되는 사람은 부양해줄 사람을 생각하지 않을 수 없는데, 출가외인인 딸에게 그 책임을 넘기기는 어렵다는 생각을 가질 것이다.

     아마 그 중에서도 우리 나라 사람들에게는 자신의 대를 이어야 한다는 의식이 우리 나라 사람들에게는 다른 나라 사람들보다 상대적으로 강하지 않나 생각된다.

- 이렇게 볼 때, 딸도 대를 이을 수 있도록 제도를 고치면 남아 선호 의식은 약화될 것으로 생각된다. 딸도 대를 이을 수 있도록 한다면, b, c와 같은 원인도 해소되고 따라서 남아 선호 의식은 더욱 약화될 것이라고 본다.

- 그렇게 되면 결국 선별적인 여아 낙태 행위도 없어질 것이다.

- 그러나 문제 해결 방안에는 거의 대부분 긍정적인 측면과 함께 부정적인 측

면도 있게 마련이다. 혹시 어머니의 성을 승계함으로써 생길 수 있는 부정적인 측면은 없는지 생각해 볼 필요가 있지 않을까? 부정적인 측면이 있는데도 앞에서 제시한 문제 해결 방안이 좋은 것이라면 그 방안을 선택하는 것이 합리적이라고 본다. 물론 그보다 나은 문제 해결 방안이 있다면 그것을 선택할 수도 있을 것이다.

근거 ②, 즉 "딸도 대를 이을 수 있도록 해야 한다"는 주장의 근거는, 딸도 대를 이을 수 있도록 함으로써 남아 선호 의식을 누그러뜨릴 수 있고 그렇게 함으로써 여아 낙태 문제도 해결할 수 있기 때문에, 이 문제 해결에만 초점을 맞춘다면 받아들일 수 있는 근거라고 봅니다. 그러나 앞에서 지적한 것처럼, 이러한 문제 해결 방안에 부정적 측면이 없는지도 생각해 본 다음 그것을 받아들일 수 있는지를 결정해야 할 것입니다.

근거 ③, 즉 "씨는 언제나 바뀔 수 없다는 관념은 잘못된 것이다"라는 주장의 근거로는, 김수로왕이 두 자식들에게 부인 허씨의 성을 따르게 했다는 역사적 사실을 들어 씨는 바뀔 수 있다고 주장하고 있습니다.
- 근거 ③은 필자의 주장을 적극적으로 뒷받침해 주는 근거라기보다는 반대 입장의 논거, 즉 "씨는 언제나 바뀔 수 없다"는 것을 반박하기 위한 소극적인 근거라고 보는 것이 좋습니다.
- 즉 역사적으로 씨가 바뀐 적이 있다고 해서 그것이 부계 위주의 호주제를 고쳐야 한다는 주장을 뒷받침하는 적극적인 근거는 되지 못한다는 것입니다.

4. 반대 입장의 근거는 타당성이 있습니까?

근거 ①, 즉 "성이란 변경할 수 없는 것이다"라는 주장의 근거는 선결 문제 요구의 오류를 범하고 있습니다. 다시 말해 "성은 변경할 수 있느냐 없느냐"가 문제가 되고 있는데, "성은 변경할 수 없다"(바로 이것이 의문시되고 있습니다)는 점을 근거로 전제하고 주장을 하는 까닭에 자기 주장이 증명될 수 없는 것입니다. ('선결 문제 요구의 오류'에 대해서는, Ⅲ장 논리적 오류 피하는 법 참조)

근거 ②, 즉 "우리의 전통을 깨는 것이다"는 근거도 역시 선결 문제 요구의 오류를 범하고 있습니다. 위에서 논점은 부계 혈통 위주의 호주 승계 전통을 계속 유지해야 하느냐 아니면 깨야 하느냐입니다. 그런데 부계 위주의 호주제를 고치는 것은 그러한 전통을 깨는 것이기 때문에 안 된다고 주장한다면, 이 주장은 문제가 되고 있는(의문시되고 있는) 명제를 전제로 삼고 있으니 증명할 수가 없는 것입니다.

근거 ②는 또한 **전통에의 호소**라는 오류를 범하고 있습니다(전통에의 호소는 일종의 **다중에의 호소**라는 오류에 속한다). 전통도 전통 나름이며 전통이 다 좋은 것은 아닙니다. 아마 필자는 그러한 오류를 피하기 위해 부계 혈통의 호주제를 고치는 것은 우리의 '좋은 전통'을 깨는 것이라고 주장할 수도 있을 것입니다. 그러나 이번에는 그 전통이 왜 좋은 것인지를 설명해야 할 것입니다.

근거 ③, 즉 "대를 이어간다는 관념도 필요 없고 족보 같은 것도 만들 필요가 없다"는 근거는 오히려 찬성 입장을 뒷받침해 주는 것이라고 생각됩니다. 찬성 입장에서는 대를 잇기 위해 엄마 성도 승계하도록 하자고 주장하기 때문입니다. 아마 필자는 부계 쪽의 대를 염두에 두고 주장했는지도 모릅니다. 그러나 반대 입장에서는 부계 쪽의 대만 잇는 것을 반대하고 있으므로, 그렇다면 이것 역시 선결 문제 **요구의 오류**를 범하고 있는 것입니다.

근거 ⑤와 ⑥, 즉 "상식에 벗어난 것으로 어처구니없다"와 "우리 성의 의미를 잘 모르며 우리 성을 모독하고 있다"는 주장은 **인신 공격의 오류**를 범하고 있습니다.

근거 ④, 즉 "뒤죽박죽될 것이다"(성의 질서가 혼란스럽게 될 것이다)는 주장은 반대 입장에서 제시할 수 있는 가장 강력한 근거라고 생각됩니다. 모계 쪽의 성도 승계할 경우 생길 수 있는 결과를 예측해 봅니다.

- 자식들이 서로 다른 성을 물려받는 경우 그들은 같은 혈통이라는 의식을 갖지 않게 될 것이다.
- 한배 자식들은 몰라도, 그들의 자손들은 성이 다르니까 서로 결혼하는 데 장애가 없을 것이다.
- 어머니 성(또는 아버지 성)을 물려받은 자식은 아버지 성(또는 어머니 성)을 물려받기를 원할지도 모른다. 왜 아버지 성(또는 어머니 성)을 물려받을 수도 있었는데 어머니 성(또는 아버지 성)을 물려받았어야 하는가? 너무 억울하지 않은가?

그 때는 성을 바꿀 수 있도록 해야 하는가?

만약 바꿀 수 있도록 한다면, 어떤 사람이 범죄를 저지르고 나서 성을 바꿀 때 문제가 없을까?

- 자식에게 자기 성을 물려주기 위한 부부 싸움이 치열해질 수도 있을 것이다. 특히 자기가 원하는 자식, 귀여운 자식, 똑똑한 자식에게 자기 성을 물려주려고 한다든지, 자식이 하나밖에 없는 경우에 서로 자기 성을 물려주려고 한다든지 등등.
- 부계 성을 물려받는 비율이 모계 성 쪽보다 훨씬 많은 경우, 모계 성을 이어받은 자식들은 열등감을 가질 수도 있을 것이다.
- 기타……

5. 위의 논의를 바탕으로 하여, 어느 한 쪽 입장에서 다른 쪽 입장을 반박하거나 두 입장을 절충하면서 자신의 견해를 1,500자 내외로 논술한 다음, 논술 평가 기준에 따라 평가해 보세요.

● **논술문 예시** ●

성감별 후 여아 낙태가 빈번히 발생하고 있다. 이 때문에 성비 불균형이 점점 심화되어 큰 사회 문제가 되고 있다. 이러한 문제의 해결책으로 남아 선호 의식을 바꾸기 위해 자식이 모계 쪽의 성도 승계할 수 있도록 현행 부계 혈통 위주의 호주제를 바꾸자는 주장을 하는 사람들이 있다.

물론 자식이 모계 쪽의 성도 이어받는다면 아들이 없는 집안은 모계 쪽으로 대가 이어지므로 남아 선호 의식이 지금보다는 더 약화될 수 있을 것이다. 그러나 그러한 긍정적인 측면이 있기는 하지만 부정적인 측면도 여러 가지로 생각해 볼 수 있다. 자식들이 서로 다른 성을 물려받는 경우 그들은 같은 혈통이라는 의식을 갖지 않게 될 것이다. 그렇게 될 경우 심지어 그들의 자손들이 서로 사랑에 빠져 결혼하는 데도 별다른 거부감을 느끼지 않을 것이다. 뿐만 아니라 자식에게 자기 성을 물려주기 위한 부부 싸움이 치열해질 수도 있다. 특히 자기가 원하는 자식, 귀여운 자식, 똑똑한 자식에게 자기 성을 물려주려고 한다든지, 자식이 하나밖에 없는 경우에 서로 자기 성을 물려주려고 한다든지 하는 등의 문제로 부부끼리 알력이 생길 수 있다. 또한 사회에서 부계 성을 물려받는 비율이 모계 성 쪽보다 훨씬 많을 경우, 모계 성을 이어받은 자식들은 열등감을 가질 수도 있을 것이다. 물론 그 반대의 경우도 생각해 볼 수 있다.

성비 불균형을 야기하는 남아 선호 의식은 다른 방식으로도 고칠 수 있다고 생

각한다. 예를 들면, 여성들이 사회에서 남자와 마찬가지로 사적이거나 공적인 활
동을 아무런 제약 없이 할 수 있도록 제도적으로 뒷받침해 줌으로써 그렇게 할 수
있다. 남자들에게 예속되지 않고 여자들이 독립적으로 살아가는 데 어려움이 없다
면 여성의 지위는 지금보다 훨씬 향상될 것이고, 그렇게 되면 노후에 의지할 데 없
는 것을 걱정하는 사람들은 구태여 아들을 선호하지는 않을 것이다. 아울러 부모
를 모시는 딸에게는 제도적으로 특별 혜택을 줌으로써 아들 못지않게 딸도 선호하
는 의식을 심어줄 수 있다고 본다.

자신의 대를 이어야 한다는 의식을 강하게 갖는 구세대 사람들은 노후의 걱정과
는 상관없이 여전히 아들을 선호할지 모른다. 아들로 대를 잇는다는 사고는 아들
위주로 혈통을 이어주는 우리 나라의 족보 문화와도 어느 정도 관련성이 있다고
생각된다. 그런데 요즈음 족보에 관심을 갖는 젊은이들은 그렇게 많지 않다고 본
다. 그래서인지는 몰라도 대를 잇는다는 사고는 구세대와 달리 요즈음 젊은이들에
게는 그렇게 강하지 않다. 남아 선호 의식으로 인한 선별적인 여아 낙태는 앞으로
세대가 바뀌면 차츰 줄어들 것이라고 생각된다.

서양에서는 여자가 결혼하면 부모의 성을 버리고 남편 성을 따른다. 그런데도
우리 나라보다 더 여권이 신장되어 있다. 그리고 서양에서 남아 선호 의식 때문에
성비가 파괴되는 등의 문제가 일어난다는 이야기는 들어보지 못했다. 부계 성을
따르느냐 모계 성을 따르느냐가 중요한 것이 아니라, 여성의 지위를 실질적으로
향상시킬 수 있는 사회 제도가 갖추어져 있느냐 아니냐가 중요한 것이다.

2부 교사를 위한 지침

N I E

/

인성 교육

1. 인성 교육의 의미

인성 교육에서 인성을 함양한다고 말할 때 '인성'은 인간의 모든 성격이나 특성을 말하는 것은 아닐 것이다. 왜냐하면 인간의 내재적 특성 중에는 잔인성, 교활함 등 바람직하지 못한 특성도 있기 때문이다. 인성 교육에서의 인성은 함양할 가치가 있는 인성, 즉 바람직한 인성을 의미한다고 말할 수 있다.

바람직한 인성에는 어떤 것이 있는가? 인성에는 창의성, 합리성과 같은 지적인 것뿐만 아니라, 친절, 정직, 박애, 동정심과 같은 도덕적인 것, 그리고 여유, 인내심, 끈기, 극기력, 진취성, 낙관적인 마음 등 개인의 행복한 삶을 영위하는 데 요구되는 것도 포함된다. 즉 지(知) · 정(情) · 의(意)라는 '인간됨'의 모든 요소가 포함되는 것이다. 이와 같은 넓은 의미의 인성을 염두에 둘 때 인성 교육은 곧 인간이 지니고 있는 모든 바람직한 잠재적 특성을 개발하는 것이라고 말할 수 있다.

넓은 의미의 인성 교육은 인간의 모든 바람직한 특성을 골고루 개발하는 것을 목표로 하기 때문에 '**전인 교육(全人敎育)**'이라고 말할 수 있다. 전인 교육으로서의 인성 교육은 모든 교과의 균형적인 교육을 통해서 달성될 수 있다.

'인성'은 좁은 의미로, 지 · 덕 · 체 가운데 '덕', 즉 '도덕성'이나, 또는 지 · 정 · 의 가운데 '정', 즉 '정서'를 가리킨다. 따라서 **좁은 의미의 인성 교육**은 인간의 도덕성이나 정서를 함양하는 것을 목표로 한다고 볼 수 있다. 요즈음 많이 이야기하고 있는 '**실천 위주의 인성 교육**'이란 바로 그와 같은 도덕성과 정서를 함양하여 도덕적인 실천과 연결시키는 교육을 의미한다고 볼 수 있다.

'사람됨'의 요소를 우리는 지·덕·체 또는 지·정·의로 가르기는 하나 이는 엄밀히 개념적인 구분이요, 실제로는 세 요소들이 상호 연관을 맺고 있다고 말하는 것이 옳을 것이다. 내가 무엇을 할 수 있고 해야 할 것인가를 안다면 그것을 실천에 옮길 수 있는 의지력은 더 강해질 수 있다. 반면에 다른 조건이 다 같다면 체력이 강하고 의지력이 강한 사람이 그렇지 않은 사람보다 지적인 탐구력도 더 강할 수밖에 없는 것이다.

우리는 개인의 도덕성을 보통 그의 행동 성향이나 나타난 행동을 놓고 판단하는 경향이 있다. "그 사람은 도덕성에 문제가 있다"고 말할 때, 그 사람의 행동을 하나하나 관찰한 결과 그의 사람됨을 도덕적인 관점에서 평가하는 것이다. 그러나 도덕성을 인지적 측면에서 접근하는 사람들도 있다. 콜버그를 비롯한 도덕 발달 이론가들은 특히 인지적 측면의 도덕성에 주안점을 둔다. 도덕 발달 심리학자들은 도덕 판단 능력이 높은 사람일수록 도덕적인 행동 성향이 높다고 말함으로써 도덕성의 인지적인 측면과 정의적 또는 행동적인 측면 간에는 상호 연관성이 있다는 것을 지적하고 있다.

이 말은 물론 도덕적인 판단 능력이 높다고 해서 언제나 도덕적인 행동을 한다는 것을 의미하지는 않는다. 다른 조건이 같다면 도덕적인 판단 능력이 높은 사람이 그렇지 않은 사람보다 더 도덕적인 행동을 한다는 말이다. 도덕적인 판단 능력이 높긴 해도 몸이 허약하여 자기 몸 가누기도 힘든 사람에게 어려운 사람을 도와줄 것을 기대하기는 어렵다. 평소 모범적이었던 학생이 부모의 갑작스런 이혼으로 심한 정신적 고통을 받은 나머지 일탈 행위를 보일 수도 있는 것이다.

도덕적인 행동의 구체적인 실천은 판단 이외에도 개인의 체력이나 의지 또는 주변 환경 등의 요인에 의해서도 영향을 받는다고 말할 수 있다. 도덕적인 판단이 도덕적인 행동으로 이어지기 위해서는 체력이나 바람직한 사회적 요인이 또한 수반되어야 한다. 도덕적인 판단 능력 그 자체는 도덕적인 행동의 필요 조건이긴 하지만 충분 조건은 아니다.

한편 체력이 뒷받침되고 의협심이 강하다고 해서, 혹은 다른 사람에 대한 동정심이 많다고 해서 언제나 도덕적인 행동을 한다고 말할 수는 없다. 의협심이 잘못 발동되어 결국 옳지 않은 행동을 할 수도 있고(예를 들면 김구 선생 저격범 안두희를 살해한 사람의 경우처럼), 동정심이 많아 남을 도와줬어도 도와줘서는 안 될 사람을 돕는 경우도 있다(예를 들면 범죄 집단에 연루되어 있는 구걸 소년을 도와주는 경우).

문제 상황에서 그런 행동을 하는 것이 옳으냐 그르냐를 판단할 수 있는 능력 또한 요구된다.

요컨대 도덕적인 행동에는 구체적인 실천으로 이끄는 정서, 의지, 체력 등의 정의적 요소 또는 행동적인 요소와 더불어 옳고 그름에 대한 판단 능력이 동시에 요구된다. 칸트식으로 표현하면, 정서(감성)나 행동이 없는 판단 능력(이성)은 공허(空虛)하고, 판단 능력이 없는 정서나 행동은 맹목(盲目)이다. 이 점에서 요즈음 EQ이론에서 강조하고 있는 정서나 감성의 개발은 그 자체만으로는 불완전하며 도덕적인 판단 능력(MQ)의 개발이 수반되어야 한다.

넓은 의미든 좁은 의미든 간에, 인성은 인지적, 정서적, 행동적 요소가 상호 연관을 맺음으로써 제대로 함양될 수 있다고 말할 수 있다. 다음에는 주로 좁은 의미의 인성 교육에 초점을 맞추면서 학생들의 인성을 효과적으로 함양할 수 있는 방법으로 신문 활용법을 검토할 것이다.

우선 인성 교육 방법론의 이론적 배경을 검토하기로 한다.

2. 인성 교육 방법론의 이론적 배경

A. 도덕 발달 이론(도덕성 함양을 위한 이론)

인성 교육 방법론의 이론적 배경으로, 우선 콜버그(Kohlberg)의 도덕 발달 이론을 생각해 볼 수 있다. 콜버그에 의하면 개인의 도덕성(도덕 판단 능력)은 개인이 성장하면서 6단계의 과정을 거쳐 발달한다.

도덕 발달 이론가에 의하면 개인의 도덕 판단 수준이 높을수록 도덕적 행동을 하는 경향이 높다. 따라서 도덕적 행동에의 경향성을 높이기 위해 교사는 학생의 도덕 판단 수준을 높여주는 것이 중요하다.

도덕 판단 수준은 판단의 결과에 의해 결정되는 것이 아니라, 그 판단을 떠받드는 근거에 의해 결정된다. 예를 들면, 어떤 학생이 이렇게 말했다고 가정하자. "내가 지각하더라도 이 할머니를 병원까지 모셔다 드려야 돼. 나중에 선생님께서 아시면 나를 칭찬하실 거야." 이 학생이 선행을 한 이유는 선생님한테 칭찬을 받기 위해서 한 것이다. 선행을 한 것을 보고 이 학생의 도덕 판단 수준을 알 수 있는 것이 아니라 선행을 한 이유를 보고 도덕 판단 수준을 알 수 있다. 이 학생의 도덕 판단 수준은 3단계이다.

판단에 대한 근거에 따라 도덕 판단 수준은 다음과 같이 6단계로 나뉜다.

인습 이전 수준

　1단계 : 처벌 회피, 절대적 권위에 대한 복종

　2단계 : 자기 이익 추구, "네가 내 등을 긁어주면 나도 너의 등을 긁어주겠다."

인습 수준

　3단계 : 타인의 시각 고려, 소속 집단으로부터 인정받으려고 함.

　4단계 : 법질서, 사회 규범 존중

인습 이후 수준

　5단계 : 인권 존중, "최대다수 최대행복"의 추구

　6단계 : 보편적인 도덕 원리 — 정의(공정성)의 원리에 따름.

이 도덕 판단 단계는 다음과 같은 특성을 갖고 있다.

1) 타율적 사고로부터 점점 자율적 사고로 발전해 간다.

2) 조망(眺望, perspective) 능력이 발전해 나간다. 즉 고려하는 대상들이 확대되어 간다.

3) 감정 이입 능력(empathy)이 발전해 나간다(감정 이입 능력은 감성 지능의 중요한 요소이다).

4) 개인의 도덕 판단 단계는 한 단계씩 발전되어 가며, 단계를 건너뛰어 발전하지 않는다.

5) 교육 여하에 따라 개인의 도덕성은 정상적으로 가장 높은 단계까지(대부분의 성인은 5단계까지) 발전할 수 있지만, 아주 낮은 단계에서 그 발전이 멈출 수도 있다.

도덕 수준(도덕 판단 단계)을 높이는 가장 효과적인 방법은 학생의 현재 수준보다 한 단계 높은 수준으로 이끌어주는 것이다. 그렇게 하기 위해서 교사는, 첫째, 학생의 말에서 도덕 수준을 알아낼 수 있어야 한다. 말한 사람의 가치관(또는 가치 원리)에서 도덕 수준을 알 수 있다(다음에 나오는 가치 분석 이론에서 예가 자세히 나옴). 둘째, 학생의 도덕 수준보다 한 단계 높일 수 있는 질문을 할 수 있어야 한다.

먼저 학생의 도덕 수준을 알아맞히는 연습을 해보자.

단계 알아 맞히기(단계는 근거에 의해 결정된다)

① 선생님한테 들키면 혼나니까 낙서를 안 하는 것이 좋을 것 같다.　___ 단계

② 나도 함께 담배를 안 피우면 친구들로부터 따돌림을 당하겠지.　___ 단계

③ 나한테 잘 해준 것도 없는데 내가 그 애 사정을 봐줄 필요가 뭐 있어.

___ 단계

④ 뇌물을 받는 것은 공무원 복무 규정에 어긋나는 거야.　___ 단계

⑤ 뭐 어때, 적발돼 감옥에 갈 염려가 없는데 슬쩍 집어넣지.　___ 단계

⑥ 자기 좋을 대로 법을 어긴다고 가정해 봐. 서로 살기가 불편하지 않겠어?

___ 단계

⑦ 우리 나라 사람들의 생존권도 중요하지만 그렇다고 북한에다 핵폐기물을 수출하는 것은 그들의 생존권을 또한 침해하는 것이다.(대만대학 모 교수)

___ 단계

학생의 도덕 판단 수준을 알아낸 다음, 교사는 학생의 현재 수준을 한 단계 끌어올려 주기 위한 질문(탐색 질문 : probing question)을 던진다. 다음의 대화들을 보고 생각해 보기로 한다.

예 1

교사 1 : 용석이는 어제 청소를 안 하고 도망가야 할 이유라도 있었니?

용석 2 : 예, 몸이 좀 불편해서…… 죄송합니다.

교사 3 : 선생님한테 죄송할 것은 없다. 지금 몸은 괜찮니?

용석 4 : 예.

교사 5 : 몸이 좀 불편하다고 해서 청소를 하지 않고 도망간 너에 대해서 친구들은 어떻게 생각할까?

용석 6 : 음……, 저를 좋게 생각하지 않을 거예요.

교사 7 : 그렇다면 친구들이 너에 대해서 좋은 감정을 갖도록 노력할 수 있겠구나, 그렇지?

용석 8 : 예.

용석(2)이는 몸이 불편하다는 이기적인 이유로 청소를 안 하고 도망갔다고 말하는 것으로 보아 2단계적 사고를 보이고 있다. 이 경우에 교사(5)는 그보다 한 단계 높은 3단계에서 사고를 할 수 있도록 용석이에게 탐색 질문을 던진다.

위의 대화에서 철식(2)이는 3단계적 사고를 보이고 있다. 교사(3)는 그보다 1단계 높은 4단계에서 생각해 보도록 유도하기 위해서 "남의 돈을 훔쳐서는 안 된다"는 사회 규범(또는 법규범)을 어겨도 괜찮겠는가 하고 탐색 질문을 던진다.

B. 가치 분석 이론(가치관 확립을 위한 이론)

가치 분석 이론은 가치가 관련되는 문제를 합리적으로 해결할 수 있는 능력을 길러주는 데 주안점을 둔다. 합리적이며 바람직한 가치관을 형성하는 데 도움을 줄 수 있는 가치 교육 이론이다. 가치 분석 이론은 가치가 관련되는 문제에 대하여 토론이나 논술을 할 때 유효적절하게 적용할 수 있는 이론이다.

가치 분석 이론에서 제시하고 있는 교수 학습 과정은 크게, 1) 문제의 인식, 2) 가치 판단과 근거 제시, 3) 사실 근거 검사, 4) 원리 근거 검사로 나뉜다.

$$\text{문제의 인식} \rightarrow \text{가치 판단과 근거 제시} \begin{cases} \text{사실 근거} \\ \text{원리 근거} \end{cases} \rightarrow \text{근거 검사} \begin{cases} \text{사실 근거 검사} \\ \text{원리 근거 검사} \end{cases}$$

1) 문제의 인식

문제 상황에서 무엇이 문제가 되고 있는지를 파악하지 못한다면 어느 방향으로 문제를 풀어나갈지 알 수 없을 것이다. 따라서 문제를 해결하기 전에 논점이나 쟁점을 먼저 파악하는 것이 중요하다.

2) 가치 판단과 근거 제시

먼저 제기된 문제에 대하여 가치 판단을 내린다. 가치 판단은 말한 사람의 주장이라고 할 수 있다(또는 다른 사람이 주장한 글에서, 예를 들면 신문의 사설이나 독자 의견에서 글쓴이의 가치 판단을 알아내도록 한다).

가치 판단(주장)에 대한 근거로는 사실 근거와 원리 근거가 있다. 사실 근거는 문제가 되고 있는 행위나 사태가 어떤 사실적 속성을 갖고 있거나 어떤 결과를 야기한다고 말하는 사실적 진술이다. 그리고 원리 근거는 그러한 속성 또는 결과를 야기하는 <u>모든</u> 대상이 좋다(바람직하다, 옳다, 해야 한다)거나 나쁘다(바람직하지 않다, 그르다, 해서는 안 된다)고 평가하는 일반적 진술이다. 일반적 가치 진술에는 도덕 원리(규범)나 법규범(예컨대, 살인을 해서는 안 된다) 또는 타산적 원리(예컨대, "정직은 최상의 방책이다") 등이 있다. 원리 근거에서 주장하는 사람의 가치관을 알 수 있다.

(* '국어'과에서 논거를 사실 논거와 소견 논거로 구분하는데, 소견 논거도 일종의 사실 근거이다. 사실 근거는 실제로 있는 사실에 관한 것이건 사실에 관한 소견이건 간에 사실적인 것이기 때문에 사실 근거라고 한다. 사실 근거는 경험적으로 참이거나 거짓으로 밝혀질 수 있다. 그리고 원리 근거는 사실이 아니라 가치에 관한 근거이다. 원리 근거는 사실 근거와 다른 방법으로 그것의 타당성을 밝혀야 한다. 그 방법은 원리 검사에서 자세히 나올 것이다.)

어떤 문제에 대하여 사실 근거와 원리 근거를 제시하면서 가치 판단을 내리는 것을 평가적 추론이라고 한다. 평가적 추론에는 예를 들면 도덕적 추론, 법적인 추론(판사의 판결) 등이 있다. 평가적 추론은 연역 논리의 구조를 갖고 있는데, 구체적으로 살펴보면 다음과 같다.

평가적 추론(연역 논법)의 예

추론 1

살인을 해서는 안 된다. (원리 근거 : 도덕 규범, 법규범)　　—대전제
낙태는 일종의 살인 행위이다. (사실 근거)　　　　　　　　—소전제
따라서 낙태를 해서는 안 된다. (가치 판단)　　　　　　　　—결론

"낙태를 해서는 안 된다"는 주장을 하고, 그 근거로 "낙태는 일종의 살인 행위이다"라는 사실 근거를 제시하면서 동시에 "살인은 해서는 안 된다"는 원리 근거를

또한 전제하고 있다.

추론 2

청소년 비행을 줄여야 한다. (원리 근거)
청소년 야간 통금 실시는 청소년 비행을 줄일 수 있다. (사실 근거)
따라서 청소년 야간 통금을 실시해야 한다. (가치 판단)

가치 판단을 떠받드는 근거는 논리적으로 언제나 원리 근거와 사실 근거의 쌍(雙)으로 구성되어 있다. 가치 판단(주장)의 타당성은 그 두 근거의 타당성에 의해 결정된다. 어느 하나의 근거라도 타당성이 결여되면 가치 판단의 타당성도 결여된다.

그런데 일상적인 주장이나 담론에서는 대개의 경우 두 근거 중 하나(대부분 원리 근거)를 암암리에 전제하고 명시적으로 표현하지 않는 경향이 있다. 그렇지만 가치 판단의 타당성을 검토하려면 반드시 암암리에 전제된 근거까지도 드러내어 그 타당성을 검토해야 한다.

다음의 평가적 추론에서는 어떤 근거를 암암리에 전제하고 있는지 알아보기로 한다.(Ⅱ장 연역 추론과 귀납 추론, '생략 논법' 참조)

(1) 커닝을 하면 처벌받을 위험이 있기 때문에 그런 행동을 하면 안 돼.
(2) 그 친구는 나한테 해준 게 없으니까 도와줄 필요가 없어.
(3) 내가 모임에 나가지 않으면 친구들에게 따돌림을 당하니까 모임에 나가야 해.
(4) 세금 포탈은 옳지 않아. 그것은 위법이니까.
(5) 지금까지 계속해 온 것이기 때문에 그걸 바꿀 수는 없어.

(1)의 추론은 "처벌받을 만한 행동을 하면 안 된다"라는 타산적인 원리(가치관)를 암암리에 전제하고 있다. 이와 같이 주로 처벌과 관련하여 행위의 옳고 그름을 판단하고 행동하는 사람은 콜버그의 도덕 발달 단계상 1단계 추론의 경향을 보인다. 이와 같은 1단계적 사고나 가치관을 지닌 사람은 처벌의 가능성이 없으면 부도덕한 행동을 할 가능성이 많기 때문에 인성 교육의 차원에서 그러한 가치관을 교정해 주는 것이 바람직하다(가치관의 교정에 대해서는 Ⅳ장 가치 판단과 논쟁의 해결, '근거의 검사' 참조).

(2)에서는 "나한테 뭐 해준 게 없으면 (누구든지) 도와줄 필요가 없다"라는 원리

근거(가치관)를 암암리에 전제하고 있다. 다분히 콜버그의 2단계적 사고를 하고 있다. 이런 경우에는 "다른 사람이 너를 이기주의자라고 해도 괜찮을까?"라고 말함으로써 3단계적 사고를 하도록 유도한다.

(3)에서는 "친구들로부터 따돌림을 당할 짓을 해서는 안 된다"는 원리 근거(가치관)를 전제하고 있으므로 콜버그의 3단계적 사고를 하고 있다.

(4)에서는 "법을 어기는 것은 옳지 않다"는 원리 근거를 전제하고 있다. 법을 존중하는 가치관을 보이고 있으므로 콜버그의 4단계적 사고를 하고 있다.

(5)에서는 "계속 유지해 온 관행은 바꿔서는 안 된다"는 원리 근거를 전제하고 있다. 관행은 지켜야 한다는 가치관을 보이고 있으므로 사회 규범을 존중하는 4단계 사고를 하고 있다.

3) 사실 근거의 검사

사실 근거에는 어떤 것들이 있는지 알아낸 다음, 그 사실들이 타당성이 있는가(참인가 또는 거짓인가), 그리고 그것이 가치 판단(주장)을 뒷받침하는 데 어느 정도 관련성이 있는가를 따져봐야 한다.

"본드 흡입은 바람직하지 않다"는 가치 판단(주장)을 뒷받침하기 위해 다음과 같은 사실 근거를 제시했다고 가정해 보자.

① 본드 흡입은 기분을 황홀하게 한다.
② 본드 흡입은 뇌세포와 간장을 손상시킨다.
③ 본드 흡입은 판단력을 저하시키며 인격 변화를 가져온다.
④ 본드를 흡입하고 나서 절도 등 비행을 저지를 수 있다.
⑤ 본드는 중독성이 있어 몇 번 흡입하고 나면 끊기가 어렵다.

위와 같이 평가 대상(본드 흡입)과 관련되는 가능한 모든 사실들을 생각해 낸 다음, 그것들의 타당성과 관련성을 검토해 본다. 위의 근거들은 그 자체만 놓고 볼 때 모두 타당성이 있지만(모두 참이지만), ①은 문제의 가치 판단을 뒷받침하는 데 관련성이 없다. 타당성이 없거나 관련성이 없는 것들은 근거에서 제외한다.

4) 원리 근거의 검사(가치관 검사)

본드 흡입 문제와 관련하여 앞에서 제시한 사실 근거들 각각에는 원리 근거가 암암리에 전제되어 있다. ② "본드 흡입은 뇌세포와 간장을 손상시킨다"는 사실 근거를 제시하면서, "건강을 해치는 (모든) 행위는 바람직하지 않다"는 원리 근거(가치관)를 암암리에 전제하고 있다.

③ "본드 흡입은 판단력을 저하시키며 인격 변화를 가져온다"는 사실 근거를 제시하면서 암암리에 "판단력을 저하시키고 인격 변화를 가져오는 (모든) 행위는 바람직하지 않다"는 원리 근거를 전제하고 있다.

④ 에서는 "비행을 유발하는 행위를 하는 것은 (모두) 바람직하지 않다"는 원리 근거를 전제로 하고 있다.

그리고 ⑤ 에서는 "중독성 물질을 사용하는 것은 (모두) 바람직하지 않다"는 원리 근거를 암암리에 전제하고 있다.

(* 원리는 하나의 행위에만 적용되는 것이 아니고 '그러한 종류의 모든 행위'에 적용된다. 따라서 진술 속에서는 '모두' '전부' 또는 '모든'이 생략되어 있어도 '그러한 종류의 모든 행위'라는 의미로 받아들여야 한다.)

"건강을 해치는 행위는 바람직하지 않다" 또는 "판단력을 저하시키는 행위는 바람직하지 않다"는 생각에 이의를 제기할 사람은 아마 거의 없을 것이다. ④ 와 ⑤ 에 전제되어 있는 원리 근거에 대해서도 반대할 사람은 없을 것이다. 이처럼 암암리에 전제하고 있는 원리 근거들이 모두 사실 근거와 마찬가지로 타당성이 있다면 "본드 흡입은 바람직하지 않다"는 가치 판단(주장)은 정당화되는 셈이다.

그런데 가끔 어떤 원리 근거에 대해서 이의를 제기하거나 반박하는 경우가 있다. 이런 경우에는 문제가 되는 원리 근거의 타당성을 검사해야 한다. 전제된 원리 근거는 개인의 가치관이다. 개인이 어떤 가치관을 지니고 있으면 대개의 경우 그러한 가치관에 따라 판단을 하고 행동하는 경향이 있다. 만약 학생과의 대화나 토론에서 학생이 바람직하지 못한 가치관을 드러낼 때 인성 교육에 관심을 갖고 있는 교사라면 그것을 지나칠 수가 없을 것이다.

바람직하지 못한 가치관을 바람직한 가치관으로 바꾸도록 유도하는 질문법을 생각해 보자. 가치관(가치 원리)을 검토해 보는 네 가지 방법은 다음과 같다.

(1) 포섭 검사(包攝檢査, Subsumption Test)

포섭 검사는 주장하는 사람의 원리가 상대방으로부터 도전을 받을 때 그것을 좀 더 상위의 원리를 제시해서 정당화하는 방법이다.

> **예 1**
>
> 교　사 : 쉬는 시간에 도시락 까먹으면 안 돼요.
> 학생들 : 배고프면 까먹을 수도 있지 않아요?
> 교　사 : 배고프다고 아무 때나 밥을 먹으면 결국 건강을 해치는 거예요.

　"쉬는 시간에 도시락 까먹으면 안 된다"는 원리가 학생들로부터 도전받으니까 교사는 그 원리를 좀더 상위의 원리에 호소하고 있다. 위의 추론에서는 그 상위의 원리가 명시적으로 드러나 있지 않다. "배고프다고 아무 때나 밥을 먹으면 건강을 해친다"는 사실 근거를 제시하면서 암암리에 "건강을 해치는 짓을 해서는 안 된다"는 원리 근거를 전제하고 있다. 이 추론은 다음과 같다.

(건강을 해치는 짓을 해서는 안 된다.) (원리 근거. 생략되어 있음) ― 상위의 원리
배고프다고 쉬는 시간에 도시락 까먹으면 건강을 해친다. (사실 근거)
따라서 쉬는 시간에 도시락 까먹으면 안 된다. (가치 판단) ― 도전받고 있는 원리

> **예 2**
>
> 교　사 : 얘들아, 삐삐를 학교에 가지고 다니면 안 된다.
> 학생들 : 왜 갖고 다니면 안 되지요?
> 교　사 : 수업 중에 삐삐가 울리면 수업에 방해가 되니까요.

　〈예 2〉에서 교사는 "수업에 방해되는 행위를 해서는 안 된다"는 상위의 원리에 호소해서 도전받고 있는 원리(삐삐를 학교에 가지고 다니면 안 된다)를 정당화하고 있다.

(2) 반증 사례 검사(反證事例檢査, New Cases Test)

포섭 검사는 주로 자신이 전제하고 있는 원리가 도전받을 때 그것을 상위의 원리를 제시해서 정당화하는 방법인 데 반하여, 반증 사례 검사는 주로 상대방이 전제하고 있는 원리를 반박할 때 사용하는 방법이다.

우리는 가끔 일상적인 대화나 토론에서, "당신의 주장이 맞다면, (같은 논리로) 이러이러한 것도 맞겠네?" 하면서 명백한 반증 사례를 제시하여 상대방의 주장을 논박하는 것을 볼 수 있다. 이것은 다음과 같은 논리적 구조로 되어 있다(논리의 '후건 부정식'임, 수학의 '귀류법'과 비슷함).

당신의 주장(원리)이 맞다면, 이러이러한 것(반증 사례)도 맞을 것이다.

그런데 이러이러한 것(반증 사례)은 맞지 않다.

따라서 당신의 주장(원리)은 맞지 않다.

교사 1 : 얘야, 옷 좀 단정하게 하고 다니는 것이 어떠냐? 설마 옷을 질질 끌고 다니면서 길거리 청소를 하는 것은 아니겠지.
지영 2 : 뭐가 어때서요? 그게 요즘 유행인데요.
교사 3 : 유행이라면 뭐든지 해도 된다는 말이구나. 그렇다면 꽁지머리도 해보는 것이 어떨까?
지영 4 : 참, 선생님두. 그런 걸 어떻게 해요?
교사 5 : 왜 안 되는 거지? 그것도 유행인데.
지영 6 : 그건 좀 보기에 꼴사납지 않아요?
교사 7 : 음, 그렇다면 유행이라고 뭐든지 좋은 것은 아니라는 말이겠다. 그렇지?
지영 8 : 물론이죠. 꼴사나운 것은 안 해요.
교사 9 : 꼴사나운 유행은 따르지 않는다는 말이구나. 선생님도 마찬가지란다. 옷을 질질 끌고 다니는 것이 선생님 눈에는 좋은 모습이 아니란다.

지영(2)이는 옷을 질질 끌고 다니는 것이 요즈음 유행이니까 그렇게 해도 괜찮다고 주장한다. 이 말은 "유행을 따르는 것은 괜찮다"는 원리(가치관)를 전제하고 있다. 그러자 교사는 "유행이라고 뭐든지 좋다면 꽁지머리도 괜찮을 것이다. 그런데 꽁지머리는 안 좋다(지영이가 인정함). 따라서 유행이라고 뭐든지 다 좋은 것이 아니다"고 반박한다.

반증 사례 검사가 효과적이려면, 반증 사례로서 명백하게 부도덕하거나 불합리하거나 거짓이어서 논쟁 당사자 간에 전혀 의문의 여지가 없는 것을 제시해야 한다. 위의 경우에는 지영이가 꽁지머리를 싫어한다는 것을 선생님이 확신하고 반증 사례로 제시한 것이다.

(3) 보편화 결과 검사(普遍化結果檢査, Universal Consequences Test)

어떤 사람이 그의 행위가 옳지 않은데도 "나 하나쯤이야 어때" 또는 "한 번쯤 한다고 뭐 큰일 나겠어?"라고 생각할 때, 그의 가치관에 문제가 있다는 것을 지적하기 위해 이 검사법을 사용할 수 있다.

이 검사법은 어떤 행위가 보편화될 때, 즉 모든 유사한 상황에서 그러한 행위를 하게 될 때, 그 결과는 바람직스럽지 않다는 것을 지적함으로써 그 행위를 해서는 안 된다고 주장하는 방법이다(일종의 공리주의적 논법으로 '보편화 논증'이라고도 한다).

예를 들면, 승용차를 몰고 가다 교통 법규 위반으로 적발될 때 교통 순경에게 좀 봐줄 수 있지 않느냐고 사정을 하는 경우가 있다. 사실 한 사람쯤 봐준다고 해도 그 자체로는 크게 문제 되지 않을 것이다. 그러나 이 경우에 (직업 의식이 투철한) 교통 경찰관이, "당신을 봐주면 다른 사람도 봐주어야 한다"(그렇게 되면 교통 질서가 엉망이 된다)면서 거절한다면 그는 보편화 결과 검사법을 사용하는 것이다(이 때 물론 그는 "같은 경우에는 같은 방식으로 대우해야 한다"는 형평성의 원리를 암암리에 전제하고 있다).

학교에서 일어날 수 있는 다음의 예를 보기로 한다.

상민 : 선생님 저 몸이 불편한데 내일 극기 훈련에 빠지면 안 될까요?
교사 : 안 된다. 모두가 참여해야 돼.
상민 : 저 혼자 빠지면 안 되겠어요?
교사 : 너 혼자 사정을 봐주면 다른 애들도 봐주어야 해. 그렇게 되면 많은 학생들이 빠지게 된단 말이야.

교사는 상민이의 사정을 봐주면 다른 애들도 그와 비슷한 사정으로 다 봐줘야 한다("같은 경우에는 똑같이 대우해야 한다"는 형평성의 원칙 때문에)고 말하면서 거절을 하고 있다. 상민이의 사정을 봐주면 다른 애들도 다 봐줘야 하고, 그렇게 되면 극기 훈련에 참여하는 학생들이 적어져 결과가 바람직스럽지 않을 것이다. 그러니까 상민이를 봐줄 수 없다는 논리이다.

(4) 역할 교환 검사(役割交換檢査, Role Exchange Test)

역할 교환 검사는 상대방의 입장, 특히 불리한 위치에 있는 사람의 입장에 서서 생각해 보는 방법이다. 역할 교환 검사 또는 역지사지 검사는 기독교의 황금률(네가 대접받고자 하는 대로 행위하라)이나, 또는 공자(孔子)의 '네가 원하지 않는 것을 남에게 베풀지 마라(己所不欲 勿施於人)'와 같은 정신을 지니고 있다. 이 방법은 감성 지능(emotional intelligence : EQ) 이론에서 특히 강조하는 감정 이입 능력 또는 공감 능력(empathy)을 길러줄 수 있는 가장 효과적인 방법이다.

교사 1 : 재성이를 왜 때렸는지 말해 볼 수 있을까?

흥준 2 : 재성이가 나를 화나게 했어요.

교사 3 : 그래? 무슨 일로 화가 났을까?

흥준 4 : 글쎄, 그냥 저한테 대드는 것이 기분이 나빴어요.

교사 5 : 물론, 화날 수도 있었겠구나. 그런데 만약 흥준이보다 힘이 센 다른 학
생이 화난다고 흥준이를 때렸을 때 그 기분은 어떨까?

흥준 6 : 음…… 기분이 안 좋겠지요.

교사 7 : 자, 그러면 재성이한테 뭔가 해야 된다고 생각하지 않니?

흥준 8 : 예, 알아요.

위의 대화에서 교사(5)는 흥준이가 재성이와 같은 약자의 입장에 서 있을 경우를 한번 생각해 보도록 유도하고 있다.

학생들에게 공감 능력을 높여주기 위해 항상 다른 사람, 특히 약자의 입장에 서서 생각해 보는 습관을 갖도록 하는 것이 중요하다. "네가 그 애의 입장에 있다면 어떻게 하겠니?" "그 애의 입장이라도 그렇게 하겠니?" 등의 말을 던짐으로써 상대방의 입장에 서서 생각해 보도록 유도할 필요가 있다. 미국의 TV에서 어떤 주제에 관한 토론을 지켜볼 것 같으면, "당신이 그러한 상황에 있다면 어떻게 하겠습니까?"와 같이 실제 당사자의 입장에 서서 생각해 보도록 유도하는 질문을 자주 듣게 된다. 대화와 토론이 거의 없는 우리 나라의 중·고등학교 교육에서는 그러한 입장 바꿔보기를 할 수 있는 교육을 학생들이 거의 받지 못하고 있다. 학급 안에서 심장 판막증을 앓고 있는 급우를 괴롭히면서 즐거움을 느끼고, 더군다나 다른 급우들이 그처럼 고통받고 있는 급우를 못 본 체하는 것 같은 행위들은 결국 우리 학생들이 약자의 입장에 서서 생각해 보는 교육을 거의 받지 못한 결과라고 볼 수 있다.

신문 활용 교육(Newspaper in Education : NIE)

1930년대 후반기 〈뉴욕 타임스(New York Times)〉는 미국 최초로 학급에서 신문 활용을 촉진할 수 있도록 주요 프로그램을 지원하였다(Morse, J. C., "The Newspaper in the Classroom"). 그 후 20년 동안 많은 신문들이 학급에서의 신문 이용이 중요하다는 사실을 인식하게 되었고, 1958년에는 미국신문발행인협회 (American Newspaper Publishers Association : ANPA)가 NIC 프로그램을 국가적으로 지원하기 위한 책임을 떠맡게 되었다.

1960년대에는 NIC 프로그램에 참여하는 신문들의 수가 급증하게 되었다. 교사들은 ANPA가 제공하는 다양한 교육 보조 자료를 무료로 제공받고, 학급에서 사용할 수 있는 신문은 절반값 아니면 무료로 제공받게 되었다.

1970년대 들어서는 교사들과 신문사들이 모든 학년과 대부분의 과목에서 신문 내용의 가치와 유용성을 깨닫기 시작했다. 신문사들이 서비스를 확장하기 위해 교사용 매뉴얼, 학생용 워크시트와 안내 책자 등을 개발하였다. 신문사와 학교는 대학 학점으로 인정해 주는 클래스를 운영하고 특정 주제에 관한 워크숍과 세미나를 개최하는 등, 교육 목적을 위해 신문 활용 방법을 배울 수 있도록 기회를 제공하였다(DeRoche, E. F., "Newspaper in Education in the ' 90s" in *The Newspaper as an Effective Teaching Tool*).

1976년에 NIC 프로그램은 NIE 프로그램으로 바뀌게 되었는데, 그것은 그 프로그램이 학교에서뿐만 아니라 병원이나 감옥, 기업체 등 다른 기관에서도 폭넓게 사용되고 있다는 인식 때문이었다. 오늘날 미국에서는 전체 신문사들의 절반 이상 (1990년도 현재 약 700개 정도의 신문사)이 NIE 프로그램을 제공하고 있다(ANPA,

The Newspaper as an Effective Teaching Tool).

지금도 학급에서 교육용으로 사용하는 신문은 절반값으로 또는 무료로 제공하고 있지만 각 신문들이 제공하는 프로그램에서는 차이가 난다. 학급용 신문과 함께 제공되는 무료 서비스와 자료들은 신문사마다 다르다(Morse, J. C.).

신문 활용 교육은 캐나다나 유럽의 각급 학교에서도 미국처럼 활발하게 실시해 왔고, 일본에서도 1980년대 중반부터 실시해 오고 있는 것으로 알려져 있다. 우리 나라에서도 대학 입학 시험에 논술이 도입된 후 신문 사설을 분석하는 과제를 학생들에게 내주는 등 일부 교사들이 활용하고 있다. 중앙일보사에서는 1995년부터 NIE 코너를 마련하여 NIE를 소개하고 있고, 조선일보는 1997년부터 '키드넷 NIE'라는 이름하에 NIE 운동을 전개하고 있다.

우리 나라의 신문들도 구미 선진국처럼 신문 활용 교육을 활성화할 수 있도록 교육용 보조 자료와 프로그램을 개발하여 제공하는 등 좀더 적극적인 참여가 있어야 한다고 생각된다. 그 이유는 신문 활용 교육이 다음과 같은 가치와 중요성을 지니고 있기 때문이다.

2. 신문 활용 교육의 가치와 중요성

(1) 신문은 교과서와 실제의 세계를 매개해 주는 다리 역할을 한다.

(2) 신문은 특히 요즈음과 같은 정보화 시대에 학생들로 하여금 삶의 모든 영역에 관한 다양하고 참신한 정보를 얻을 수 있게 해주기 때문에 교육 자료로서 중요하다.

(3) 신문은 교과서의 추상적인 개념과 원리를 적용할 수 있는 다양하고 생생한 자료를 제공해 줌으로써 교과서 내용의 이해를 돕는다.

(4) 학생들 자신의 일상 생활과 직접 관련 있는 자료들을 제공해 주기 때문에 학습에 흥미를 느낄 수 있다.

(5) 민주 시민으로서의 참여 의식을 길러주는 데 신문 활용 교육은 더할 나위 없이 중요하다.

(6) 신문 활용 교육은 사회 문제에 관심을 갖게 하고 사회 문제를 도덕적으로 민감하게 보는 능력, 즉 도덕적 민감성(moral sensitivity)을 길러주는 데 효과적이다.

(7) 신문 활용 교육은 실제 일어난 문제 상황을 다루므로 합리적인 도덕 판단

능력과 아울러 도덕적인 행동 의지를 길러주는 데도 효과적이다.

(8) 읽기, 말하기, 쓰기, 듣기 능력과 아울러, 종합적이며 창의적인 사고 능력, 통합 교과적인 사고 능력을 배양하는 데에도 도움을 준다.

(9) 신문은 학생들 수준에 따라 개별 학습이 가능하기 때문에 열린 교육의 자료로서 유용하다.

(10) 학생들은 신문 자료를 스스로 찾아 조사하고 연구함으로써 적극적인 탐구능력을 개발할 수 있다. 특히 자료 수집 능력, 자료 분석 능력, 자료 종합 능력을 기를 수 있다.

N I E

///

신문 활용 인성 교육

  신문을 활용한 인성 교육 방법으로 '가치지' 이용법을 제시하고자 한다. 우선 신문 자료를 지문으로 하고 그 지문에 대한 질문으로 구성되는 '가치지(價値紙, Value Sheet)'를 작성하도록 한다.

1. 가치지 작성 방법

1) 자료의 선정

— 지문으로 이용될 수 있는 신문 자료로는 기사, 사설, 시론, 시사 만평, 독자 의견, 만화, 사진 등이 있다.

— 기사가 인성 교육에 적합한 사례인지를 검토한 다음 선정한다.

— 미담이나 선행 등의 모범적인 사례와 부도덕한 사례를 가능하면 균형 있게 제시하도록 한다. 미담 사례만을 제시하면 학생들이 싫증을 내기가 쉬우므로 부도덕하거나 불법적인 사례 등도 제시하여 학생들에게 정의감을 심어주도록 한다.

— 학생들로 하여금 어떤 가치나 덕목을 내면화하도록 할 것인가를 고려하여 자료를 선정한다.

2) 자료에 따른 질문법

(1) 사실의 기사인 경우 : 보도 기사

① 문제가 무엇인가를 확인시키는 질문을 던진다.
　"무엇에 대해 이야기하고 있습니까?"
② 문제에 대해 판단하고 이유를 제시해 보도록 한다.
　"여러분은 위의 사태(문제)에 대해 어떻게 생각합니까?"
　"그렇게 생각하는 이유를 제시해 보세요."
③ 문제의 발생 원인을 생각해 보게 한다.
　"왜 위의 사태(문제)가 발생했다고 생각합니까?"
④ 문제에 대한 합리적인 해결 방안을 생각해 보도록 한다.
　"문제를 해결할 수 있는 합리적인 방안을 제시해 보세요."
⑤ 행동이나 의사 결정이 집단이나 전체 사회에 어떤 영향을 끼칠 것인지를 생각해 보게 함으로써 결과 예측 능력을 높이도록 한다.
　"모든 사람이 그와 같이 행동했을 때 어떤 결과가 발생할까요?"
⑥ 사회의 규범이나 법에 어긋나지 않는지를 생각해 보도록 유도한다.
　"그와 같은 해결 방안을 선택해서 실행에 옮길 경우 법에 위배되지는 않을까요?"
⑦ 문제 해결을 위한 행동 대안이 다른 사람의 권리를 침해할 소지는 없는지 생각해 보도록 한다.
　"그와 같은 해결 방안을 선택해서 실행에 옮길 경우 인간의 기본권을 침해할 가능성은 없을까요?"
⑧ 가능하면 역할 교환 검사(역지사지)를 이용하는 질문을 던짐으로써 역할 채택 능력(role-taking ability)을 높인다.
　여러분이 그 사람의 입장이라면 어떻게 하겠습니까?
⑨ 문제 행동 당사자 또는 피해자, 가해자, 혜택을 받은 자, 혜택을 주는 자의 감정을 인식할 수 있는 질문과 자신의 감정을 인식할 수 있는 질문을 던짐으로써 감성 지능(EQ)을 높인다.
　"그런 행동을 한 사람은 어떤 느낌일까요?
　"그런 행동으로 피해를 입은 사람의 심정은 어떨까요?
　"그런 행동을 본 자신의 느낌은 어떤가요?"

⑩ 예시문의 사례와 유사한 사례로서, 생활 주변에서 일어난 일이나 또는 신문 지상에 보도된 다른 사례를 함께 생각해 보도록 함으로써 도덕적 민감성을 길러준다.

"위의 사례와 비슷한 사례를 주변에서 찾아 이야기해 보세요."

"위의 사례와 비슷한 사례가 신문이나 뉴스에 보도된 것을 본 적이 있으면 이야기해 보세요."

⑪ 부도덕한 행위나 패륜 범죄 등이 사례로 선정되는 경우에는 가능하다면 그 반대 사례로서 미담이나 선행(신문에 보도된 것이거나 학생 주변의 사례)을 함께 대비하여 생각해 보도록 한다.

"위의 사례와 정반대 되는 사례를 여러분의 생활 주변이나 신문 또는 뉴스에서 찾아 이야기해 보세요."

⑫ 주어진 사례와 관련된 논제를 제시하고 자신의 견해를 일정한 분량으로 논술하도록 한다.

"위의 논의(와 다음의 읽기 자료)를 참조하여 자신의 의견을 800자 내외로 논술한 다음 급우들과 평가해 보세요."

* 그 밖의 문제 상황에 적합한 다양한 탐구 질문의 유형은 2권과 3권에 제시되어 있는 가치지들을 보고 참고하기 바람.

(2) 주장의 글인 경우 : 사설, 시론, 시사 만평, 독자 의견 등

① 논쟁점을 확인하는 질문을 한다.
　"무엇을 문제삼고 있습니까?"
　"논점(쟁점)이 무엇입니까?"
② 주장을 파악하는 질문을 한다.
　"무엇을 주장하고 있습니까?"
③ 근거를 파악할 수 있는 질문을 한다.
　"주장에 대한 근거로 무엇을 제시하고 있습니까?"
④ 사실 근거가 적합한지 알아보는 질문을 한다.
　"제시하고 있는 근거들이 주장을 뒷받침하는 데 관련성과 타당성이 있습니까?"
⑤ 원리 근거를 수용할 수 있는지 알아보는 질문을 한다.

"제시하고 있는 근거들을 받아들일 수 있습니까?"

"받아들일 수 없다면 어떻게 반박할 수 있습니까?"

(이 때 원리 검사법을 이용하도록 한다.)

⑥ 필자가 제시한 문제 해결 방안이 합리적인지 검토하도록 한다.

"필자가 제시한 문제 해결 방안을 받아들일 수 있습니까?"

"문제 해결을 위한 방안을 실천에 옮길 경우 발생할 수 있는 결과를 필자는 충분히 예측하고 있습니까?"

⑦ 논리적인 오류 — 인과적 오류, 논점 일탈의 오류, 인신 공격의 오류, 흑백 사고의 오류 등등을 범하고 있지는 않은지 검토하도록 한다.

⑧ 논쟁이 일어나는 원인을 지적하게 한다.

"두 사람 간의 논쟁은 어디에서 비롯되고 있습니까?"

"용어의 의미 차이 때문에?"

"사실에 대한 인식 차이 때문에?"

"아니면 전제하는 가치(관)의 차이 때문에?"

⑨ 찬성과 반대 의견을 함께 가치지의 예문으로 제시할 수 있다.

이 경우에는 위의 절차를 따르면서 그것들을 비판하고 종합적인 관점에서 문제를 해결하도록 하고, 마지막으로 상반되는 두 입장 중 하나를 택하거나 아니면 절충적인 입장에서 균형 있게 자신의 의견을 제시하는 논술을 작성하도록 하면 좋다.

"위의 논의(와 다음의 읽기 자료)를 참조하여 자신의 의견을 찬성, 반대 또는 절충하는 입장에서 ○○○자 내외로 논술한 다음 급우들과 평가해 보세요."

* 그 밖의 문제 상황에 적합한 다양한 탐구 질문의 유형은 2권과 3권에 제시되어 있는 가치지를 참고하기 바람.

(3) 만화나 사진인 경우

만화나 사진은 도덕적 민감성을 기르는 데 적합하다. 문제 상황을 그냥 지나치지 않고 도덕적 관점에서 민감하게 반응하고 생각해 보도록 하는 능력을 길러주는 데 적절하다.

내용을 보고 대체로 (1), (2)에서의 적절한 분석 방식을 따르면 된다.

(1) 가치지를 선정할 때는 교과서 내용과 일치되는 것으로 선정하거나, 또는 사회적 상황이나 학교의 상황에 적절한 것으로 선정한다.

(2) 1시간에 끝내기 어려운 가치지는 과제로 내주어 질문에 대한 답을 미리 써 오게 한 다음, 토론하고 나서 논술을 하게 한다.
또는 질문과 논술을 모두 과제로 써오게 한 다음, 토론만 수업 중에 한다.

(3) 논술은 항상 할 필요는 없고 상황에 따라 하도록 한다.

(4) 가치지를 학생들에게 과제로 내줄 때는 1주일 정도 시간적 여유를 주도록 하고 학생들이 관련된 자료를 신문이나 뉴스, 책 등에서 수집하도록 한다.

(5) 토론을 할 때 교사는 모든 학생들이 토론에 적극 참여하도록 유도하고, 토론의 흐름이 주제를 벗어나지 않도록 한다.

(6) 토론이나 쓰기에서 학생들의 도덕 수준을 높일 수 있는 질문을 해서 학생의 도덕 수준을 높이도록 한다.

(* 콜버그의 도덕 발달 단계를 참고로 해서 학생의 수준보다 한단계 높은 질문을 하거나 원리 검사법을 이용하도록 한다.)

(7) 토론이나 쓰기에서 논리적 오류가 있을 때는 꼭 지적해 주도록 한다.

(8) 상담에서 학생의 문제와 일치하는 가치지를 이용해 볼 수 있다.

IV
신문 활용 인성 교육을 통해 높일 수 있는 능력

인성 교육의 한 방법으로 신문을 활용해서 수업을 하는 동안 개발될 수 있는 능력은 다양하다. 그것들은 학습 목표 또는 지도 목표가 될 수 있는데, 구체적으로 살펴보면 다음과 같다.

1. 도덕적 민감성(moral sensitivity)을 높인다

신문 자료를 지문으로 하는 가치지를 수업에 이용하면 신문에 나오는 다양한 삶의 문제를 접할 기회를 가질 수 있다. 그런 기회를 많이 가질수록 문제 의식을 갖게 되므로 뉴스나 신문 또는 실제 상황을 접할 때 도덕적으로 민감하게 반응하는 능력을 기를 수가 있다.

또한 가치지에서 유사한 사례를 찾아보는 질문에 답을 할 때 도덕적 민감성을 높일 수 있다. 신문이나 뉴스를 볼 때 또는 자신의 생활 주변에서 일어나는 일들을 관찰할 때 도덕적인지 비도덕적인지를 염두에 두고 보기 때문이다.

■ 질문 예 :

"최근 신문에 보도되었거나 여러분이 경험한 사례 중에서 위의 사례와 반대되는 사례(고객에게 감동을 주는 사례, 정직하게 경영을 하는 기업의 사례)를 말해 보세요."

"그러한 가치 또는 권리들이 서로 충돌을 빚고 있어서 문제가 되는 사례들로는 또 어떤 것들이 있습니까?"

2. 도덕 지수(MQ, Moral Quotient) 또는 도덕 지능(Moral Intelligence)을 높인다

도덕 수준(또는 윤리 수준)을 점수로 나타낸 것을 도덕 지수(MQ) 또는 윤리 지수(EQ : Ethical Quotient)라고 한다. 사실 개인의 도덕성을 점수로 계산하는 데는 무리가 있다.

도덕 발달 심리학자인 로렌스 콜버그(Lawrence Kohlberg)는 도덕 수준을 6단계로 제시하고(1959), 각 단계에 속하는 사람의 도덕적 추론 능력을 구체적으로 설명하고, 어떤 사람의 말이나 글을 통해서 그 사람의 도덕 수준을 알아낼 수 있다고 주장했다.

제임스 레스트(James Rest)는 콜버그의 도덕 발달 단계에 맞추어 객관식 측정 도구를 개발하여 도덕 수준을 점수화하였다(1974).

1971년 노벨 물리학상을 받은 영국의 물리학자이자 미래학과 사회 문제에 관심이 많은 데니스 게이버(Dennis Gabor)는 1971년에 발표한 『성숙 사회』에서 윤리 지수(EQ)라는 용어를 처음 사용하였다. 그에 따르면, 윤리 지수가 130을 넘으면 자기를 희생하면서까지 남을 위해 선행과 봉사를 한다. 110에서 130 사이일 때는 사회적으로 유용한 일을 하며 이기적인 행동을 하지 않는다. 100에서 110 사이는 바른 환경에서는 바른 행동을 하지만 때로는 소속 집단의 규범을 따르기 쉽다. 90에서 100 사이는 일상적인 상황에서는 착하나 비열하고 이기적인 행동을 하며, 거짓말도 할 수 있다. 80에서 90 사이는 남의 감시가 있을 때에만 바른 행동을 하고 때때로 나쁜 짓도 한다. 70에서 80 사이는 시기와 증오의 경향이 있고, 때로 폭력과 범죄 행위를 하며 법을 어기는 일이 흔하다. 70 이하는 상습적인 범죄자이다.

하버드대의 아동 심리학자이며 퓰리처상 수상자인 로버트 콜스(Robert Coles)는 1997년 『아동의 도덕 지능(*The Moral Intelligence of Children*)』이란 책을 발표해서 도덕 지능 또는 도덕 지수(MQ : Moral Quotient)에 대한 관심을 불러일으켰다. 그가 특히 중요시하는 것은 친절과 타인에 대한 배려이다.

도덕성에는 정직, 친절, 타인에 대한 배려, 준법 정신, 인간 존중 등 많은 요소들이 함축되어 있다. 신문 자료를 지문으로 하는 가치지에는 도덕성의 다양한 요소들이 포함되어 있어서 질문에 대한 답을 생각하는 동안 도덕 지능이 자연스럽게 함양될 수 있을 것이다.

특히 다음과 같은 질문을 통해 도덕성을 높일 수 있을 것이다.

■ 질문 예 :

"부도덕한 경영을 한 T회사의 행위가 허용된다면 다른 회사가 그런 행위를 한다 해도 비난할 수 없을 것입니다. 다른 회사들도 물건을 팔기 위해 그와 똑같은 행위를 한다면 어떤 문제가 발생할까요?"

이 질문은 문제 행위가 보편화되면 사회가 어떻게 될 것인지 좀더 넓은 시야에서 생각하도록 유도하고 있다. 도덕 발달 단계를 5단계까지 높일 수 있다.

"'주변에 단속반이 없으니까 안심해도 돼' 하고 어떤 불법적인 행동을 한다고 가정해 볼까요?

그러나 단속반이 있든 없든 옳지 않은 행위는 하지 말아야 되겠지요? '단속반에 걸릴 위험성이 있으니까 나쁜 행위를 하면 안 된다'거나 '단속반에 걸릴 위험성이 없으니까 나쁜 행위를 해도 된다'고 생각하고 행동하는 사람의 속마음은 어떤 마음일까요? 이런 사람은 단속반에 걸리면 벌금을 물거나 감옥에 갈까 봐 남이 볼 때는 나쁜 짓은 안 하지요. 하지만 걸릴 가능성이 없으면 나쁜 짓을 하지요. 이와 같이 처벌을 받느냐 안 받느냐에 따라 행동을 결정하는 사람은 도덕 수준이 가장 낮은 1단계 사람입니다.

'주변에 단속반이 없으니까 안심해도 돼'라고 말하는 사람은 1단계의 사고를 하는 사람이죠. 그러한 사람의 사고와 행동을 고치려면 어떤 말을 해주는 것이 좋을까요?"

3. 감성 지수(EQ : Emotional Intelligence Quotient) 또는 감성 지능 (Emotional Intelligence)을 높일 수 있다

'감성 지능'이라는 말은 미국 예일대 피터 샐로비 교수와 뉴햄프셔대의 존 메이어 교수가 1990년에 「감성 지능」이라는 논문에서 처음 사용하였다. 그러나 1995년 10월 9일 〈타임〉지에 「감성 지수(EQ)」라는 제목으로 감성 지능이 소개된 후 '감성 지수'로 널리 알려지고 쓰이게 되었다.

감성 지능을 점수로 나타낸 것이 감성 지수지만, 감성을 점수로 나타내기는 어렵다고 감성 지능 이론가들은 말하고 있다. 감성의 하위 요소가 너무나 많은 것이 감성을 점수화할 수 없는 이유 중의 하나이다.

또한 학자들마다 감성 지능에 대한 개념이 다르다. 감성의 일부 측면을 검사할 수 있는 검사지가 나오긴 했으나, 그것은 모든 측면의 감성을 측정하는 것이 아니기 때문에, 그것으로 측정한 결과를 가지고 개인의 감성 지수가 전체적으로 어떻다고 단정하기는 어렵다.

샐로비와 메이어 교수는 감성 지능을 크게 세 요소로 구분하였다. ① 감정 이해, ② 감정 조절, ③ 감정 활용이 그것이다.

그들에 따르면, 자신과 타인의 감정을 알고, 자신의 감정을 적절히 처리하여, 자신의 삶을 바람직한 방향으로 이끌도록 자신이나 타인의 감정에 적절히 대처하는 능력이 감성 지능이다.

그러한 세 영역의 감성 지능을 샐로비는 다섯 가지 능력으로 확장해서 설명하고 있다. ① 자기 감정 인식 능력, ② 감정 조절 능력, ③ 동기화 능력, ④ 감정 이입 능력, ⑤ 대인 관계 관리 능력이 그것이다.

자기 감정 인식 능력은 자신의 감정을 빨리 정확하게 알아차리는 능력으로 감성 지능 중 가장 중요한 것으로 꼽고 있다. 감정 조절 능력은 알아차린 자신의 감정을 적절하게 처리하는 능력이다. 동기화 능력은 삶의 바람직한 목표를 위해 감정을 적절히 이용하는 것을 말한다. 감정 이입 능력(또는 공감 empathy)은 타인의 감정을 자신의 것처럼 느낄 수 있는 능력이다. 대인 관계 관리 능력은 타인의 감정에 적절하게 대처할 수 있는 능력을 말한다.

EQ 이론가들이 염려하는 것은 지능(IQ)처럼 EQ도 선이나 악 모두를 위해서 사용될 수 있다는 점이다. 천재가 자신의 지적 능력을 암 치료약을 개발하는 데 사용할 수도 있고, 치명적인 바이러스를 개발하는 데 사용할 수도 있다. 그와 마찬가지로 자신의 감정을 알고 조절하는 능력과 타인의 감정을 인식하는 능력이 뛰어난 사람이 자신의 감정은 철저히 감추고 타인의 감정을 이용하여 자신이 원하는 대로 타인을 감동시켜 자신의 이득을 취할 수도 있다는 것이다(「Time」, 1995. October. 9).

마시멜로 검사(아동들이 마시멜로 사탕을 더 먹기 위해 만족을 연기시킬 수 있는 능력이 있는지 없는지를 검사함)를 개발한 컬럼비아 대학의 심리학과 월터 미셀 교수는 만족 지연 능력이 아동을 훌륭한 시민이 될 수 있도록 할 수도 있지만 뛰어난 범죄자가 되도록 도와줄 수도 있다는 관찰 결과를 제시하고 있다.

따라서 감성 지능을 어떻게 사용할 것인가에 대한 지침이 될 수 있는 도덕적 한계가 주어지지 않으면 안 된다는 것이 감성 지능 연구가들의 한결같은 지적이다. 즉 도덕 지능(MQ)이 선행된 감성 지능(EQ) 개발 학습이 되어야 한다는 것이다. 이 책은 이 두 지능을 동시에 개발하는 것을 목적으로 하고 있다.

이 책을 통해 가치지를 자주 다루어보는 동안 문제 행동에 대한 자신의 감정 또는 문제 상황에 처한 사람들의 느낌을 인식할 수 있는 기회를 갖게 될 것이다. 글을 통한 자신의 감정 인식이 다소 어색할 수도 있고, 더구나 타인의 감정 인식은 더 어렵겠지만, 그런 연습을 많이 해봄으로써 감성 지능을 개발할 수 있다.

■ 질문 예 :
"여러분의 반에 상민이와 같은 처지에 놓인 학생이 있습니까? 만약에 있다면 그 학생에 대하여 어떤 심정을 갖고 있습니까?"
"여러분 주변에서 불친절하게 대하는 직장인이나 공무원을 대한 적이 있습니까? 있다면 그런 경험을 통해서 무엇을 느꼈습니까?"
"수달을 발로 차고 때려서 죽인 행동에 관한 기사를 보고 어떤 심정을 갖습니까?"
"여러분 자신은 최근에 남에게 피해를 끼친 적이 있습니까? 있다면 그 일을 적어보고 지금의 심정을 적어보세요."

4. 역할 채택 능력(role-taking ability) 또는 역지사지 능력을 높일 수 있다

다른 사람이 처해 있는 상황이나 다른 사람의 욕구 또는 감정 등을 알아내고 추론하는 능력이다. 도덕 수준을 높이는 것은 역할 채택 능력을 높이는 것과 같다.

콜버그의 도덕 발달 단계를 보면 단계가 올라감에 따라 다른 사람의 입장을 인식하는 범위가 확대되어 가는 것을 알 수 있다. 1단계에서는 자기 중심적이고, 2단계에서는 내가 원하는 것이 있는 것처럼 다른 사람도 원하는 것이 있다는 것을 알게 되며, 3단계에서는 가정이나 소속 집단까지 생각할 수 있고, 4단계에서는 사회를 생각하게 되며, 5단계에서는 가능한 한 많은 사람들의 이익을 배려하게 되고, 6단계에서는 관련되는 모든 사람들의 입장에서 공평하게 생각하는 수준에까지 도달하게 된다.

역할 채택 능력은 가치지에서 문제 행동과 관련된 사람들의 입장을 알아내는 질문을 통해서 길러질 수 있다. 특히 토론이나 다른 학생이 발표한 것을 듣고 다른 사람의 입장이 나와 다를 수도 있다는 것을 인식함으로써 역할 채택 능력이 개발된다.

■ 질문 예 :

"운전자가 횡단 보도 신호등을 지키지 않을 때 보행자로서 그런 행동에 동의할 수 있습니까?"

"보행자가 횡단 보도 신호등을 무시하고 길을 건너갈 때 운전자로서 그런 행동에 동의할 수 있습니까? 그 이유는 무엇입니까?"

"위의 상황에서 자신이 그 사람의 입장이라면 어떻게 하겠습니까?"

"위의 상황에서 자신이 아버지의 입장이라면 어떻게 하겠습니까?"

5. 감정 이입 능력(또는 공감 능력, empathy)을 높일 수 있다

다른 사람의 감정을 나의 것으로 느낄 수 있는 능력이 감정 이입 능력이다.

글을 통해서 다른 사람의 감정을 나의 감정으로 느껴보는 연습을 하게 됨으로써 감정 이입 능력이 높아질 수 있다. 감정 이입 능력은 EQ(감성 지수)뿐 아니라 MQ(도덕 지수)의 핵심이 된다. 감정 이입 능력은 애타심의 기본이다.

■ 질문 예 :

"여러분은 물건이나 돈을 잃어버린 적이 있습니까?

잃어버린 적이 있다면, 그 때의 심정은 어떠했습니까?"

"자신이 학교 안이나 밖에서 괴롭힘을 당해 본 적이 있습니까?

있다면, 그 때의 심정은 어떠했습니까?"

이 질문은 문제 행동의 반대 입장(당한 쪽)에 서서 생각해 보도록 한다.

6. 합리적 또는 윤리적 의사 결정 능력을 높인다

문제 상황에서 옳은지 그른지, 좋은지 나쁜지, 어떻게 해야 할 것인지를 결정하는 연습을 많이 하게 되므로 그와 같은 능력이 자연스럽게 길러진다.

■ 질문 예 :

"만약 S전자측이 해당 제품에 대하여 앞으로 더 쓸 수 있는 수명(앞에서 여러분이 기대한 수명에서 사용한 연수를 뺀 나머지 수명)만큼 적절한 보상(일반적으로 해주는 보상)을 해주고 그 회사의 새로운 모델로 물건을 사도록 종용한다면 여러분은 어떻게 하겠습니까?"

"자신이 골수암에 걸려서 골수를 이식받지 않으면 죽을 상황에 있다고 가정해 보세요. 유전자가 같은 사람이 없어서 다른 사람의 골수를 이식받을 수 없는 상황일 때, 자신과 유전자가 똑같은 골수를 이식받기 위해 자신의 복제 인간을 만드는 데 찬성하겠습니까, 아니면 반대하겠습니까? 그 이유는 무엇입니까?"(골수를 이식받지 않으면 자신이 죽고, 이식 수술을 하면 복제 인간이 죽을 수도 있다는 것을 염두에 두고 이 문제를 결정해 보도록 한다.)

7. 문제 해결 능력을 기를 수 있다

제기된 문제에 대한 다양한 해결 방안을 제시하고 토론함으로써 문제 해결 능력을 높일 수 있다.

■ 질문 예 :

"그 여중생(학교에서 아기를 출산한)은 어떻게 문제를 해결했어야 할까요?"
"국내 시장이 개방되어 외국 기업체들이 국내 시장에 파고들어 와 국내 소비자들의 호주머니를 노리는데 우리 나라 기업체들은 어떻게 하는 것이 좋을까요?"

8. 갈등 해결 능력을 기를 수 있다

가치지를 쓴 다음, 발표나 토론에서 다른 사람과의 의견 차이가 왜 생기는지를 인식하게 된다. 의견 차이의 이유(개념의 혼동, 사실의 인식 차이, 가치관의 차이)를 알게 되면 감정적으로가 아니라 이성적으로 어떻게 갈등 문제를 해결해야 하는지 알게 된다.

■ 질문 예 :

"어떤 문제가 해결되면 두 입장 간의 의견을 좁힐 수 있을까요?"
"두 입장 간에 어떤 가치들이 서로 대립하고 있나요?"

9. 결과 예측 능력을 기른다

문제 행동이 어떤 결과를 가져오는지, 즉 나에게, 다른 사람에게, 이 사회에, 국가에, 나아가 인류나 자연에 어떤 영향을 끼치는지 아는 것은 도덕성과 감성 지능을 높이는 데 대단히 중요하다.

■ 질문 예 :

"다른 사람의 돈이나 물건을 훔치는 행위가 결국 훔치는 사람 자신에게 미칠 수 있는 결과나 영향에 대하여 생각해 보세요."

"다른 사람의 돈이나 물건을 훔치는 행위가 결국 그 주인이나 사회 전체에 미칠 수 있는 결과나 영향에 대하여 생각해 보세요."

"많은 야생 동물이 멸종된다면 생태계가 어떻게 될까요? 인간에게 미치는 영향은 어떨까요?"

10. 자기 반성 능력을 기른다

문제 상황에서 학생 자신이 평소의 생각과 행동을 돌이켜봄으로써 자기 반성 능력을 함양한다.

■ 질문 예 :

"여러분은 반에서 선생님으로부터 꾸중을 듣지 않고 매를 맞지 않아도 자율적으로 학교 생활을 해나가고 있습니까? "

"여러분 자신은 가출 충동을 느껴본 적이 있습니까? 또는 가출한 적이 있습니까? 왜 그런 생각을 갖게 되었나요?"

"그 때 어떤 행동을 했습니까?"

"그렇게 한 것을 잘했다고 생각합니까? 아니면 후회합니까? 이유를 말해 보세요."

11. 도덕적 실천 의지를 기른다

도덕적 행동을 하겠다고 급우들한테 공언하거나 글로 쓰게 됨으로써 도덕적인 실천 의지를 기를 수 있다.

■ 질문 예 :
"정군의 친구와 같은 상황에 처해 있었다면 어떻게 행동했을까요?"
사실대로 말하겠다(   )
사실대로 말하지 않겠다(   )
사실대로 말하겠다는 사람에게 :
"만약 사실대로 말하는 경우에 보복당할 가능성이 있다면 어떻게 하겠습니까?"
사실대로 말하지 않겠다는 사람에게 :
"만약 여러분이 정군이나 정군의 가족 입장이라면 어떨까요?
그래도 괜찮겠습니까?"

12. 논리적, 분석적, 비판적 사고력을 기른다

사례를 분석하고 비판함으로써, 그리고 사례를 바탕으로 토론을 하거나 논술을
함으로써 그와 같은 능력을 효과적으로 기를 수 있다.

■ 질문 예 :
"그 자체가 옳지 않은 행위를 다른 사람들이 다 한다고 해서 그 행위가 정당화될
까요? 옳지 않은 행위는 다른 사람들이 하든 안 하든 옳지 않다고 말해야 되지 않
을까요? 다른 사람도 다 마찬가지(당신도 마찬가지다)라면서 자신의 옳지 않은 행
위를 합리화하려고 하면 '피장파장의 오류'를 범하게 되지요.
'다른 사람들도 야생 수목을 다들 캐나가는데 뭘' 하고 말한 사람에게 그런 생
각이 잘못이라는 것을 설명해 보세요."

"어떤 사람의 주장이나 의견을 그것 자체가 갖고 있는 문제점을 지적하면서 비
판하는 것이 아니라 그의 인격을 손상시킴으로써 그의 주장이나 의견을 공격하면
'인신 공격의 오류'라는 논리적 오류를 범하게 됩니다. 열띤 토론에서 흔히 범하게
되는 오류인데 여러분은 그러한 오류를 범하지 않도록 조심해야 합니다.
위의 사례에서 인신 공격의 오류에 해당되는 예를 지적해 보세요."

13. 창의적 사고력을 기른다

주어진 문제를 놓고 자신의 의견을 자유롭게 제시하고 토론과 논술을 함으로써 창의적 사고력을 기를 수 있다.

14. 발표력과 쓰기 능력이 향상된다

토론을 많이 함으로써 발표 능력이 향상되며 가치지에 답을 쓰고 논술을 함으로써 쓰기 능력이 길러진다.

부 록

제2권에서 다루고 있는 영역별 가치지의 관련 가치 또는 주개념을 정리하면 다음과 같다.

영역과 가치지 제목	관련된 가치 또는 주개념
1. 개인 생활	인격 형성, 자아 개념 자아 정체성, 자아 존중감 자아 실현, 진로 선택
1. 비행 부잣집 딸에 '충고 편지' 쓴 '대견한' 여중생에 격려 물결	올바른 삶, 행복
2. 제대로 튀어라	자아 정체성, 자아 개념, 개성
3. '멋있어 보여' 돈 뺏고 본드 불고	건전한 삶, 자기 반성
2. 가정 생활	부모 공경, 형제 간의 우애 가정의 화목
4. 견마지양(犬馬之養)	효도
5. 자식들 가슴도 찢어집니다	효도
3. 학교 생활	우정, 징직, 교육적 사랑, 선생님과 제자 간의 사랑과 존경,
6. 골육종 급우 돕기 "사랑의 달리기"	우정, 선행
7. 교실에서 없어진 돈 찾을 길 막막, 양심에 호소 결국 되찾아 흐뭇	정직, 자아 존중감
8. 비굴한 10대들	정직, 우정
9. 교내 삐삐 찬반 논쟁	소유권, 자유, 공공 질서
10. 체벌, 어디까지 사랑의 매인가?	교육적 사랑, 체벌, 생명의 존엄성, 자아 존중감
11. "중학생 커닝 막아라"	정직성, 타산성, 형평성

12. 남녀합반 찬반논쟁	이성 간의 건전한 교제, 성윤리
4. 시민 생활	이웃간의 예절, 화목, 노인 공경, 공공 질서, 고발 의식, 양보, 협동, 봉사, 친절, 공동체 의식, 타인에 대한 배려
13. 젊은이 길 묻는 예절 깜깜, 태도 불손에 인사도 없어	예절, 타인에 대한 배려 인간 상호 존중
14. 꼴불견 엄마들	예절, 공공 질서, 자녀 교육, 타인에 대한 배려
15. "애들이 다 그렇지, 그냥 둬요"	예절, 공공 질서, 자녀 교육, 타인에 대한 배려
16. 몸은 불편하지만 "진지하게 살아가는 우리 사회의 양심"	준법 정신
17. 용감한 시민의 어이없는 살인	시민 정신, 정의감
18. 뺑소니 차에는 관심 없고 돈 줍는 데에만 정신 팔려	생명의 존엄성, 고발 의식
19. 연주회장의 '제멋대로 행동'	공공질서, 공중 도덕
20. 월드컵 축하 공연장 쓰레기장으로 둔갑	공공 질서
21. 한국 관광객 외국 공항서 왁자지껄 술판	공중 도덕, 세계 시민 의식
5. 소비 · 경제 생활	검소와 절약 합리적인 소비 생활
22. "내 애는 특별" 뒷바라지 허덕	합리적인 소비 생활
23. "다시 몽당 연필에 깍지를 ……"	검약, 합리적인 소비 생활
6. 기업의 책임과 소비자 의식	기업의 사회적 책임 소비자의 권리와 의무
24. '염색'에 멍드는 제주 감귤	정직, 소비자 권리
25. 기한 지난 과자 미(美)서 수입 시판	정직, 소비자 권리

	국민 자존심
26. 서점 직원 "책 훔쳤다" 가방 뒤지고 사과도 안 해	친절, 직업 의식, 소비자 권리
27. 음란물 이용한 빗나간 상술	상도의, 소비자 의식
28. 자기 차에 불질러 화풀이	상도의, 소비자 권리
29. 4년밖에 안 된 카메라 부품 없어 못 고친다니	상도의, 소비자 권리 환경 보호
30. 낭비 심한 브랜드 도입	소비자 의식, 애국심

7. 직업 생활

직업 의식, 성실성
친절, 봉사 정신

31. "짜증길을 '웃음길'로"	친절, 직업 의식, 장애자에 대한 배려
32. 친절에도 나이 차별, 학생이라 짜증 일색	친절, 직업 의식, 평등

8. 종교 · 신앙 생활

종교 간의 관용, 사이비 종교
미신, 예언 신앙

33. 지하철서 예수 믿으라며 무례한 언동	공공 질서, 관용
34. 컴퓨토피아의 맹점	합리적 사고
35. 걱정스런 예언 신앙 풍조	합리적 사고

9. 문화, 예술, 언론, 정보

언론과 방송의 책임,
표절, 정보의 절취, 컴퓨터
사용과 윤리, 문화 정체성

36. 폭력 영상물 피해 우려, 영화 · 방송인 자제 절실	표현의 자유, 인간 생명의 존엄성
37. '가요 〈귀천도애〉 표절' 김민종, 가수 활동 중단	정직, 문화 정체성

38. 컴퓨터 통신 언어 이대로 좋은가	바른 언어 생활, 표현의 자유
39. 만화로 시작되는 일본(日本) 문화 침투	문화 정체성
40. 감쪽같이 번안된 일본 만화 보며 　　정체성 잃어가는 우리 아이들	문화 정체성, 국민 주체성
41. 젖먹이도 영어 배운다	국민 주체성
42. 여가수 성조기 그려진 옷 입고 　　TV 출연 불쾌	국민 주체성, 애국심

10. 환경 보호, 자연 보전	깨끗한 환경, 쾌적한 환경 동식물 보호와 사랑
43. 밀양 강변에서 생긴 일	환경 보호
44. 인간의 환경 파괴 …… 값 비싼 대가	환경 보호, 삶의 질, 후세대에 대한 배려
45. 야생 수목은 우리 모두의 것	자연 보전
46. 발에 차이고 짓밟힌 천연 기념물 　　'수달 부음(訃音)'	자연 보전, 동물 애호
47. 보신탕	동물 애호, 문화 상대주의

11. 생명·성문제	동물 복제, 인간 복제 안락사, 낙태 성문제
48. 유전자 주입 양(羊) 복제 영(英)서 　　성공	생명 윤리, 과학 활동의 한계
49. 안락사(安樂死)	생명의 존엄성
50. 1994년 한 해 동안 여아 3만 명 낙태	생명의 존엄성, 성비 불균형
51. 여중생 학교 출산 충격	성도덕
52. 청소년 임신 실태 심화 불구, 　　성교육 낙후	성도덕

12. 사회 복지, 인권, 자선	장애자 문제 인권, 선행, 박애

제3권에서 다루고 있는 영역별 가치지의 관련 가치 또는 주개념을 정리하면 다음과 같다.

영역과 가치지 제목	관련된 가치 또는 주개념
1. **개인 생활**	인격 형성, 자아 정체성 자아 실현, 진로 선택
1. 윤리 지수와 감정 지수	도덕 지수, 감성 지수
2. 노출의 잣대	규범 준수, 도덕성
3. 연예인의 얼굴 콤플렉스	자아 정체성, 미의 기준
4. "대학 안 가도 멋진 직업 많아요" — 고 3 남학생 요리 학원 몰려	자아 실현, 진로 선택
2. **가정 생활**	효도, 부모 공경 가정의 화목
5. 거리로 나앉은 할머니 6남매 "나 몰라라"	효도, 부모 공경
6. "아이 양육 네가 맡아라"	사랑, 책임감
7. "정말 산타가 왔어요"	올바른 삶, 책임감
3. **학교 생활**	교우, 정직성 선생님과 제자 간의 사랑과 존경
8. '가만히 있는 것 거슬린다' 심장병 급우 1년 괴롭혀	인간의 존엄성 교우
9. 소지품 검사	사생활권, 교육적 간섭
10. 선생님께 존경을	책임감, 은혜에 대한 감사
11. '수렁'서 돌아온 아이들	자아 정체성, 책임감

| 12. 망국의 커닝 행위 엄단해야 | 정직성 |

4. 시민 생활

정직, 고발 정신, 친절
노인 공경, 공공 질서
공동체 의식, 협동
타인에 대한 배려

13. 길에서 주운 수표 7천5백만 원	정직
14. 비정한 이웃 '눈앞 살인' 외면	시민 정신, 고발 정신
15. 실종된 시민의식 찬반논쟁	시민 정신, 공동체 의식
16. 노인 박대	노인 공경, 친절
17. 용감한 관객	공공 질서, 공중 도덕
18. 오물 던지는 응원석, 관중 수준 달라져야	공공 질서, 스포츠 관전 예절
19. 프랑크푸르트발 서울행 비행기	공중 에티켓, 공중 도덕

5. 소비·경제 생활

검소와 절약
검약, 합리적 소비 생활

| 20. 외제 옷 걸쳐야 행세하는 사회 | 검약, 애국 |
| 21. 과소비 풍조 | 합리적 소비 생활 |

6. 기업의 책임과 소비자 의식

고객 존중, 소비자 권리
사회적 책임

22. 베스트 셀러 조작 우려 …… 출판사가 서점서 구입	상도의, 정직성
23. 'T화학' 남성용 화장품 용기에 인터넷 음란 정보 주소 인쇄	상도의, 소비자 의식
24. 수입 양곡 농촌서 도정 '국산' 둔갑	소비자 권리 의식
25. 8MB 메모리칩 호환성 없어, S전자 '쉬쉬' 하며 판매	정직성, 고객 존중

14. 국가, 민족, 통일

국가 간의 관계, 국가 정체성
애국심, 통일 의식

토론이 된다 논술이 된다

NIE 인성교육-토론 논술 프로그램 〈원리편〉

1997년 7월 10일 1판 1쇄
2006년 10월 31일 1판 12쇄

지은이 : 조성민 · 정선심

책임 편집 : 조영준
편집 관리 : 청소년 교양팀
제작 : 박홍기
마케팅 : 이병규, 이민정
홈페이지 관리 : 최영미

인쇄 : 대원인쇄
제책 : 경문제책

펴낸이 : 강맑실
펴낸곳 : (주)사계절출판사 | 등록 : 제 406-2003-034호
주소 : (우) 413-756 경기도 파주시 교하읍 문발리 파주출판도시 513-3
전화 : 마케팅부 031)955-8588 | 편집부 031)955-8558
전송 : 마케팅부 031)955-8595 | 편집부 031)955-8596
홈페이지 : www.sakyejul.co.kr | 전자우편 : skj@sakyejul.co.kr

ⓒ 조성민 · 정선심, 1997

값은 뒤표지에 적혀 있습니다. 잘못 만든 책은 서점에서 바꾸어 드립니다.

사계절출판사는 성장의 의미를 생각합니다.
사계절출판사는 독자 여러분의 의견에 늘 귀기울이고 있습니다.

ISBN 89-7196-938-5 53380